D E S P I E R T A
A L   D E M O N I O

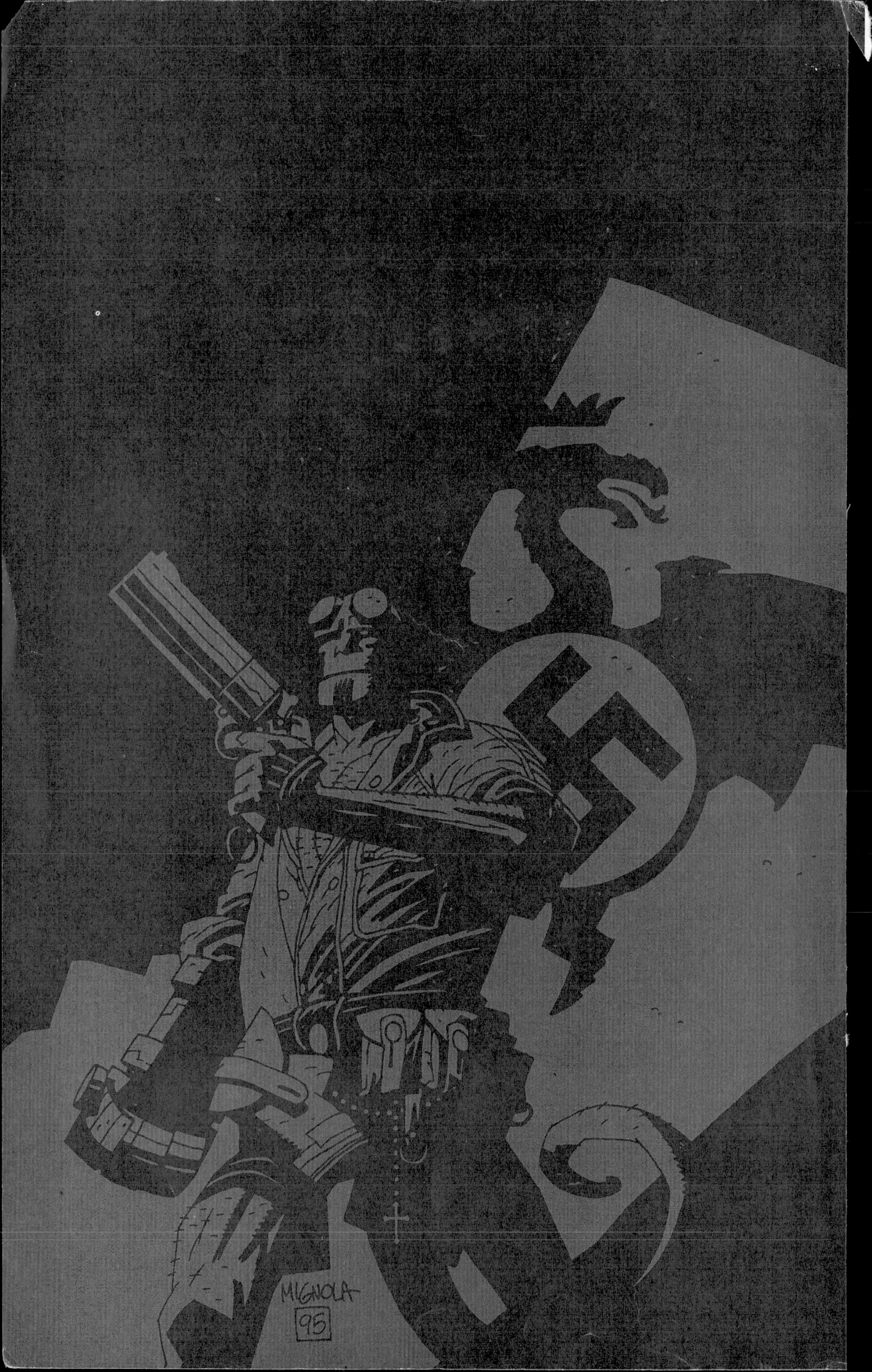
MIGNOLA
95

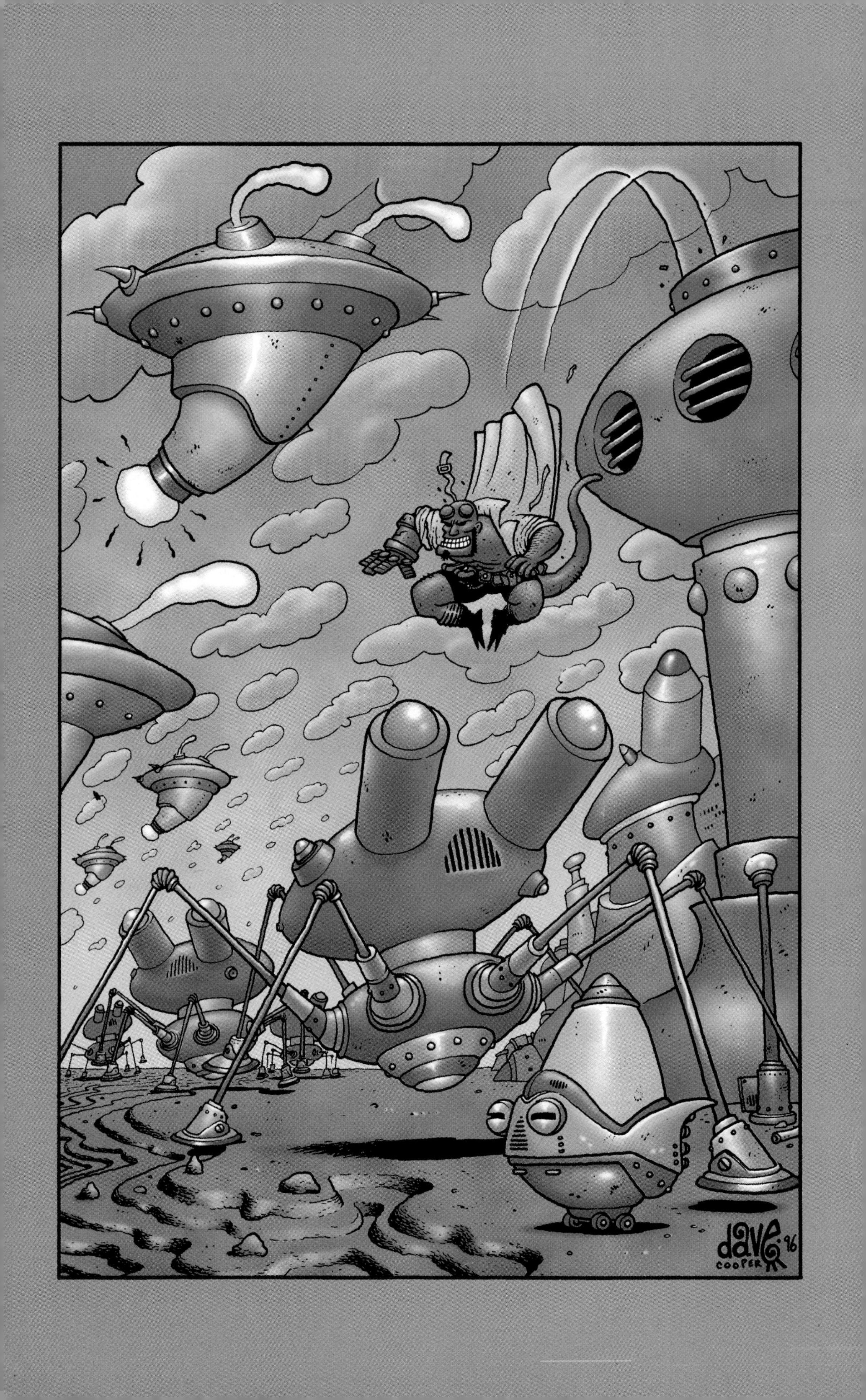
dave
COOPER
'96

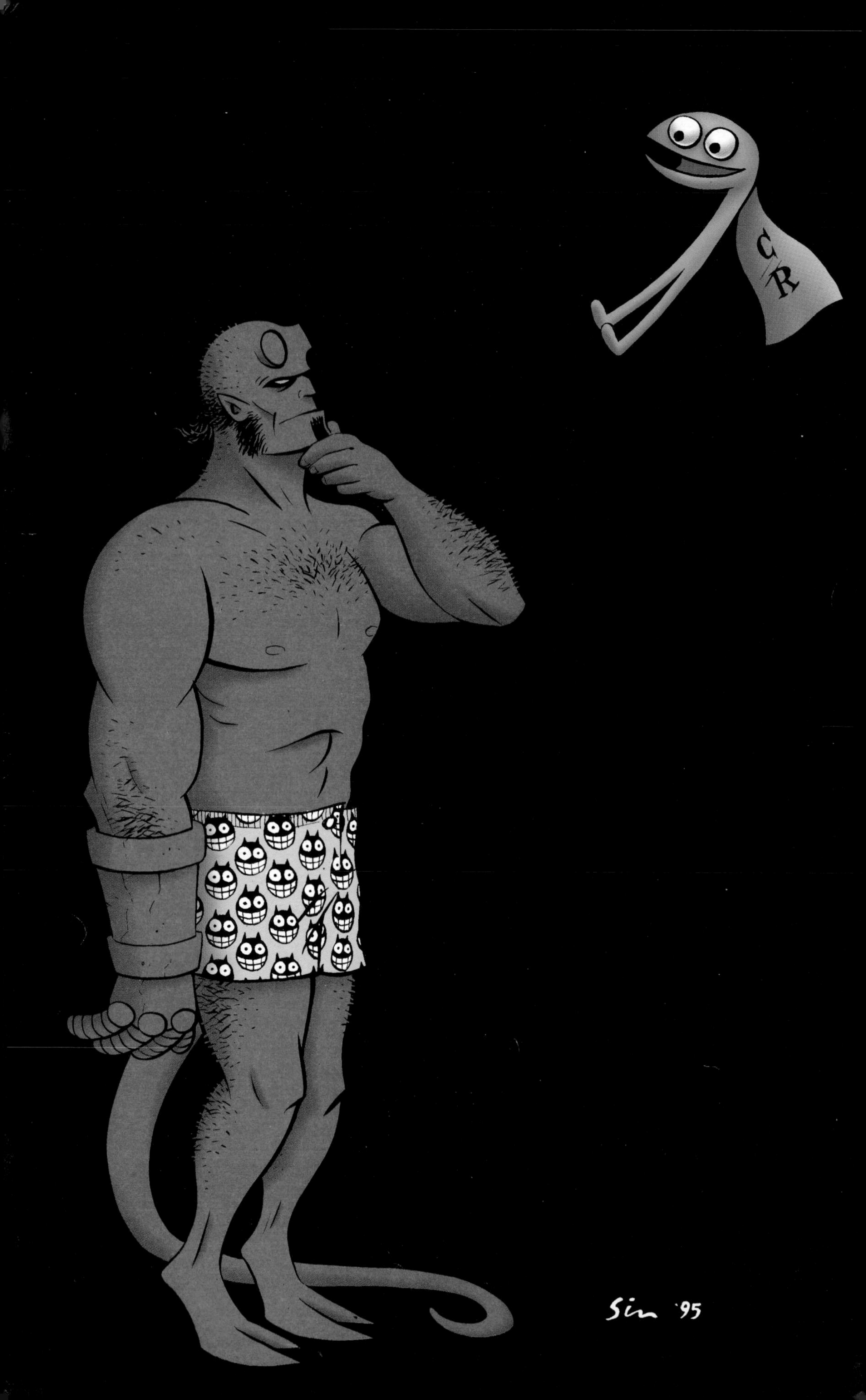
CR
Sim '95

HELLBOY

DESPIERTA AL DEMONIO

Guión y dibujo
MIKE MIGNOLA

Color
JAMES SINCLAIR

Introducción
ALAN MOORE

Logo de Hellboy
KEVIN NOWLAN

DARK · HORSE · COMICS

NORMA
Editorial

Títulos publicados

SEMILLA DE DESTRUCCIÓN

❖

LOS LOBOS DE SAN AUGUSTO

❖

DESPIERTA AL DEMONIO

❖

**EL CADÁVER, ZAPATOS DE HIERRO
Y EL ATAÚD ENCADENADO**

❖

GHOST/HELLBOY

❖

CASI UN COLOSO

❖

HELLBOY ESPECIAL

❖

BABA YAGA Y OTROS RELATOS

❖

BATMAN/HELLBOY/STARMAN

❖

LA CAJA DEL MAL

❖

LA MANO DERECHA DEL DESTINO

❖

EL GUSANO VENCEDOR

En la Colección Brainstorming

EL EJÉRCITO PERDIDO

(escrito por Christopher Golden)

Otros títulos de Mike Mignola

ZOMBIEWORLD: EL SEÑOR DE LOS GUSANOS

(dibujo de Pat McEown)

Hellboy: Despierta al demonio. Junio 2003. Publicación de NORMA Editorial, S.A. Fluvià, 89. 08019 Barcelona. Tel.: 93 303 68 20 – Fax: 93 303 68 31.
E-mail: norma@normaeditorial.com. Hellboy™ copyright© 1996, 1997, 2003, Michael Mignola. All rights reserved. Dark Horse Comics ® and the
Dark Horse Logo are registered trademarks of Dark Horse Comics, Inc. All rights reserved. El resto de material así como los derechos por la edición en
castellano son © 2003 NORMA Editorial, S.A. Presidente: Rafael Martínez. Director general: Óscar Valiente. Director financiero: Vicente Campos.
Editor: Carles M. Miralles. Coordinación ¡Dibus!: Mary Molina. Coordinación editorial: Abel Ubach. Redacción: Cristina Doncel. Marketing: Cristina
Puigpinós. Derechos internacionales: Jane Pilgrem y Julie Jaunasse. Representación de autores: Jesusa Iglesias. Jefe de producción: Marià Martí.
Coordinación de producción: Flor Castellanos. Preimpresión: Héctor Tomás. Coordinación gráfica: Vanessa M. Bayó. Diseño gráfico: Manu Ansemil,
Verónica Pérez, Joan Moreno, Jordi Carlos, Miki Ramos y Eva Álvarez. Contabilidad: Rosa García y Raúl Coll. Departamento comercial: Mª del Mar
Rodríguez, Mireia Tomás, Rafel Porta, Miguel Ángel Parra y Alexandra Aranda. Export Department: Rebeca Martínez. Distribución: Xavi Doménech
y Sergio Gómez. Internet: Albert Badosa. Prensa: Josefina Blaya. Ayudante de prensa: Pamela Santacroce. Traducción: Cristina Macía. Rotulación:
Fernando Fernández. ISBN: 84-8431-725-0. Depósito legal: B-17153-2003.

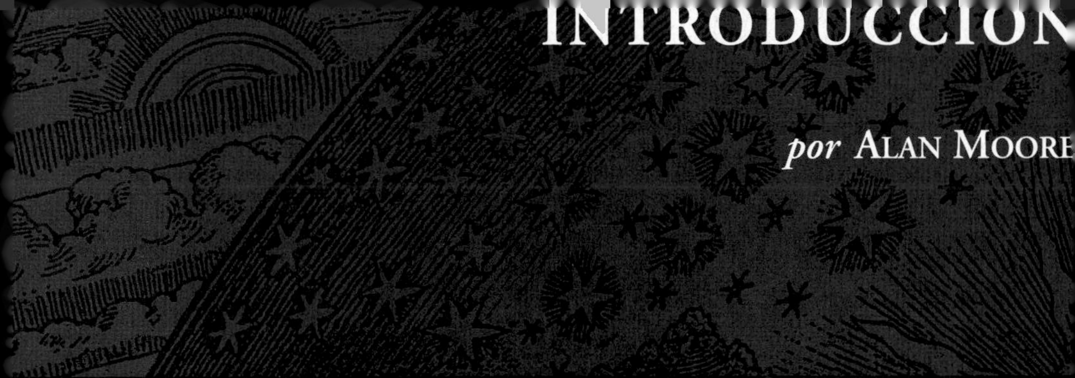

INTRODUCCIÓN

por ALAN MOORE

La historia de la cultura de los cómics es, al igual que la historia de cualquier cultura, como una cinta transportadora: avanzamos por ella con dificultad, y la cinta nos lleva a nuevos territorios. Hay periodos deslumbrantemente brillantes, tormentas borrascosas y largos trechos de una niebla gris y deprimente, intercalados, supuestamente, al azar. La única condición de nuestro transporte es que no podemos detener la cinta ni tampoco bajarnos de ella. Nos movemos de la Edad de Oro a la de Plata, y después a la Edad de Silicona, y en ninguna parte tenemos la oportunidad de decir: "Me gusta esto. Paremos aquí." La historia no es así. La historia es movimiento, y si no te mueves con ella, lo más probable es que acabes debajo de las ruedas.

Últimamente, de todas formas, parece que el aire tiene un nuevo aroma de posibilidades nuevas y diferentes; caminos nuevos por donde interactuar con la historia. En este lejano fin del siglo XX, más alejados de nuestro pasado, hay otra manera de ver las cosas de las que el pasado nunca ha estado tan cerca. Sabemos mucho más, y con mucho más detalle, del camino que hemos dejado atrás, de lo que nunca hemos sabido. Las nuevas tecnologías de la información hacen que este conocimiento sea accesible al instante a cualquiera que tenga una idea de cómo usar un ratón de ordenador. En una palabra, entendemos mejor el pasado y tenemos mejor acceso a él que la gente que vivía allí.

Con esta nueva perspectiva, parece que tendría que haber nuevas oportunidades para liberarnos, tanto a la cultura como a nosotros mismos, de la implacable rueda del tiempo. Quizá no podemos saltar aún, pero ya no estamos completamente atrapados en el movimiento del presente, con el pasado como un campo yermo, inalcanzable, que se extiende detrás de nosotros. Desde nuestro punto de vista, nuevo y elevado, la Historia se convierte en un paisaje vivo que nuestras mentes, libres, pueden visitar, para sacar de él alimento e inspiración. Ahora podemos recoger las grandes cosechas acumuladas durante años y siglos. En el espectro cultural, vemos a algunas personas despertarse para aprovechar el potencial y las ventajas que esto les ofrece.

Ha pasado en la música popular, donde ya no vemos la progresión lineal de las distintas tendencias que existía en los cincuenta, los sesenta y los setenta. En lugar de eso, el campo de la música actual es un mosaico de estilos que se componen de elementos del pasado o de un futuro imaginado, sin ningún estilo de los noventa que predomine. Lo mismo ha ocurrido en la ciencia, ya que los matemáticos han llegado a resolver algunos interrogantes teóricos al examinar la pasión victoriana, ya pasada de moda, por el estudio geométrico de los nudos marineros. Ha pasado en el arte y podríamos encontrar argumentos para demostrar que también lo ha hecho en la política. No hay duda de que los cómics no son una excepción: un vistazo rápido a los libros más interesantes, como JIMMY CORRIGAN, de Chris Ware, o de MADMAN, de Mike Allred, revelará que incluso en los cómics modernos más contemporáneos, domina la herencia del pasado y, en muchos aspectos, es lo más importante. Lo que nos lleva a HELLBOY, de Mike Mignola.

HELLBOY es un diamante, y de un tamaño considerable y muy brillante. Aunque sea, obviamente, un diamante excavado del filón inconmensurablemente rico que exploró por primera vez Jack Kirby, es en el hermoso tallado y en la presentación de la piedra donde podemos reconocer la aguda sensibilidad de Mignola. Etiquetar HELLBOY como un trabajo "retro" sería no comprenderlo del todo: es una voz clara y moderna, no una voz de un espíritu venido de la tumba hecha por un ventrílocuo. Mignola, según las pruebas que vienen a continuación, ha entendido a Jack Kirby como una voz viva que no murió con su cuerpo. Como en cualquier otro creador notable, en su trabajo hay una energía pura que perdura, una fuente que los dibujantes posteriores no pueden ignorar sólo porque los tiempos hayan cambiado y las tendencias hayan variado. ¿Dejamos de trabajar acaso con hierro y piedra cuando se descubrió la formica? No. Comprendimos que esos materiales eran todavía formas vitales de mineral con el que construir nuestro futuro, si teníamos suficientes ingenio e imaginación.

A Mike Mignola le sobran estas cualidades. Los fondos negros de HELLBOY chisporrotean con el júbilo y el entusiasmo de un dibujante casi embriagado por el placer de poder plasmar esas líneas en papel, de dar vida a situaciones épicas titánicas. Se da una nueva mano de pintura a imágenes, ideas e iconos vagamente disfrazados del rico tesoro de cuatro colores de la historia de los cómics y, de repente, son tan evocadores y están tan llenos de energía como la última vez que los vimos. Esto, quizá, sea el mayor y menos obvio logro de HELLBOY: el truco, la habilidad que implica este conjuro nigromántico de cosas pasadas no está, como se puede pensar, en el trabajo artesanal, que nunca es tan bueno como el trabajo que lo inspiró, sino en hacer que el trabajo artesanal sea tan bueno como todo el mundo recuerda que fue el original. Esto quiere decir que la obra tiene que ser tan fresca e innovadora como lo fue en su tiempo la que lo precedió. Repetir el pasado no es suficiente. Tenemos que moldearlo con habilidad con la manera de ver las cosas ahora y nuestras visiones de futuro, si queremos preparar una mezcla tan rica y encantadora como las pociones que recordamos de años pasados.

HELLBOY es una poción de este tipo, fuerte y efervescente, servida en un tubo de ensayo espumoso del típico Científico Loco encerrado en su laboratorio. La recopilación que tenéis en las manos destila todo lo mejor de los cómics para convertirlo en un vino tinto, de color rubí, intoxicante... Siéntate y bébetela de un trago, y después espera a que la experiencia de la lectura se convierta en una transformación alarmante y desconcertante. HELLBOY es un pasaporte a un rincón del paraíso de los tebeos que nunca quizás abandonar...

Para Drácula
y todos los otros vampiros que me han gustado

I

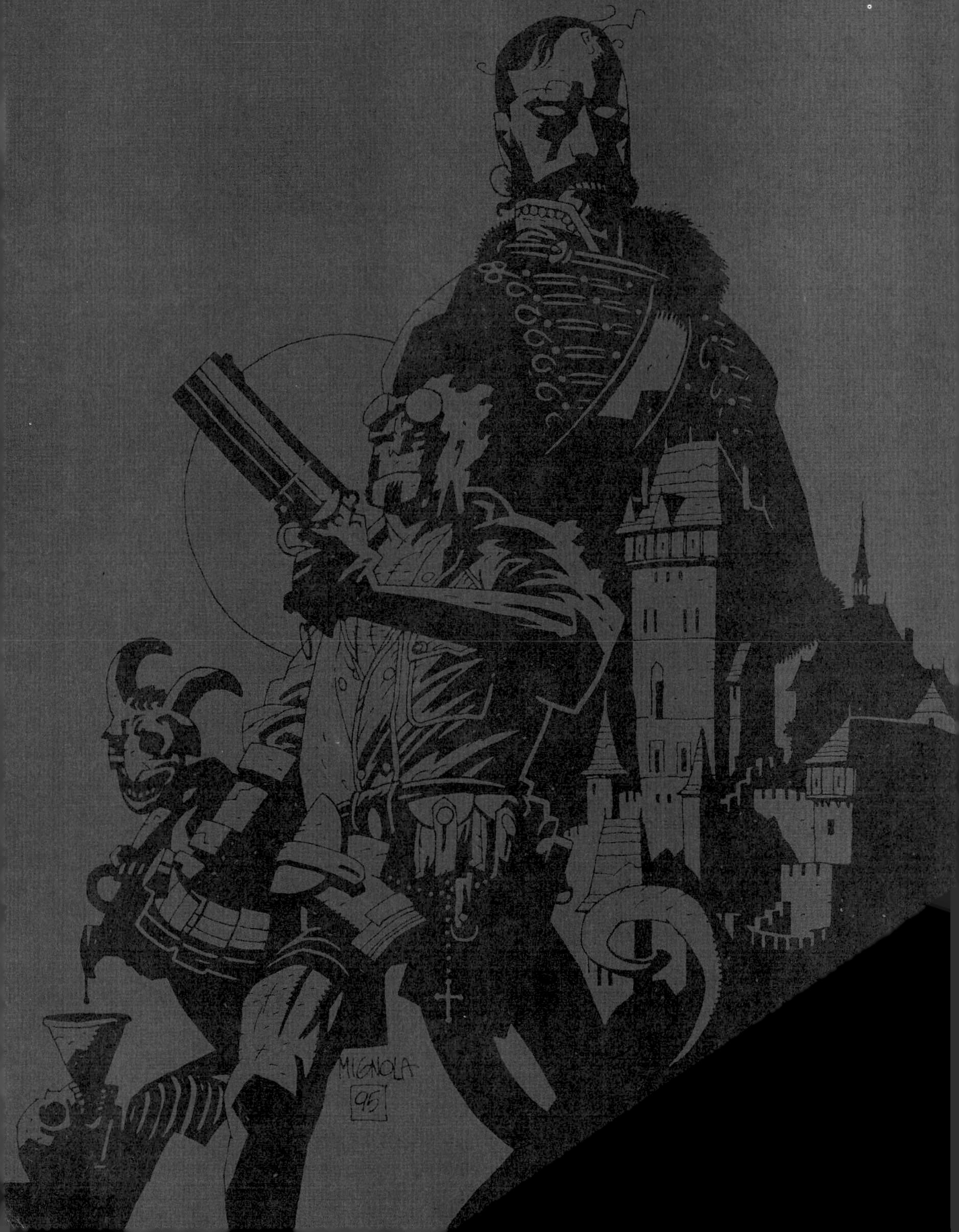
MIGNOLA
95

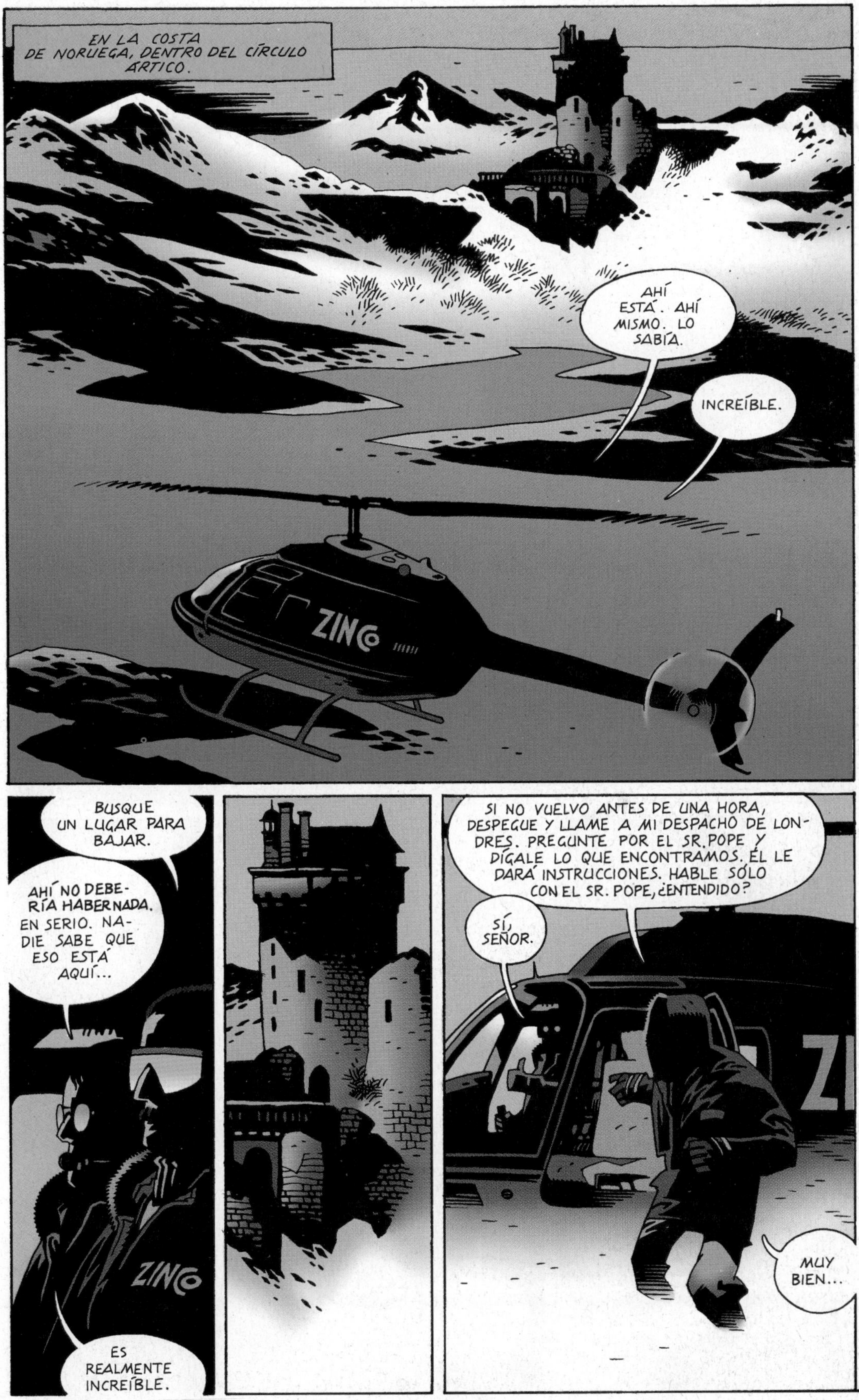
EN LA COSTA DE NORUEGA, DENTRO DEL CÍRCULO ÁRTICO.
AHÍ ESTÁ. AHÍ MISMO. LO SABÍA.
INCREÍBLE.
ZINCO
BUSQUE UN LUGAR PARA BAJAR.
AHÍ NO DEBERÍA HABER NADA. EN SERIO. NADIE SABE QUE ESO ESTÁ AQUÍ...
ES REALMENTE INCREÍBLE.
SI NO VUELVO ANTES DE UNA HORA, DESPEGUE Y LLAME A MI DESPACHO DE LONDRES. PREGUNTE POR EL SR. POPE Y DÍGALE LO QUE ENCONTRAMOS. ÉL LE DARÁ INSTRUCCIONES. HABLE SÓLO CON EL SR. POPE, ¿ENTENDIDO?
SÍ, SEÑOR.
MUY BIEN...

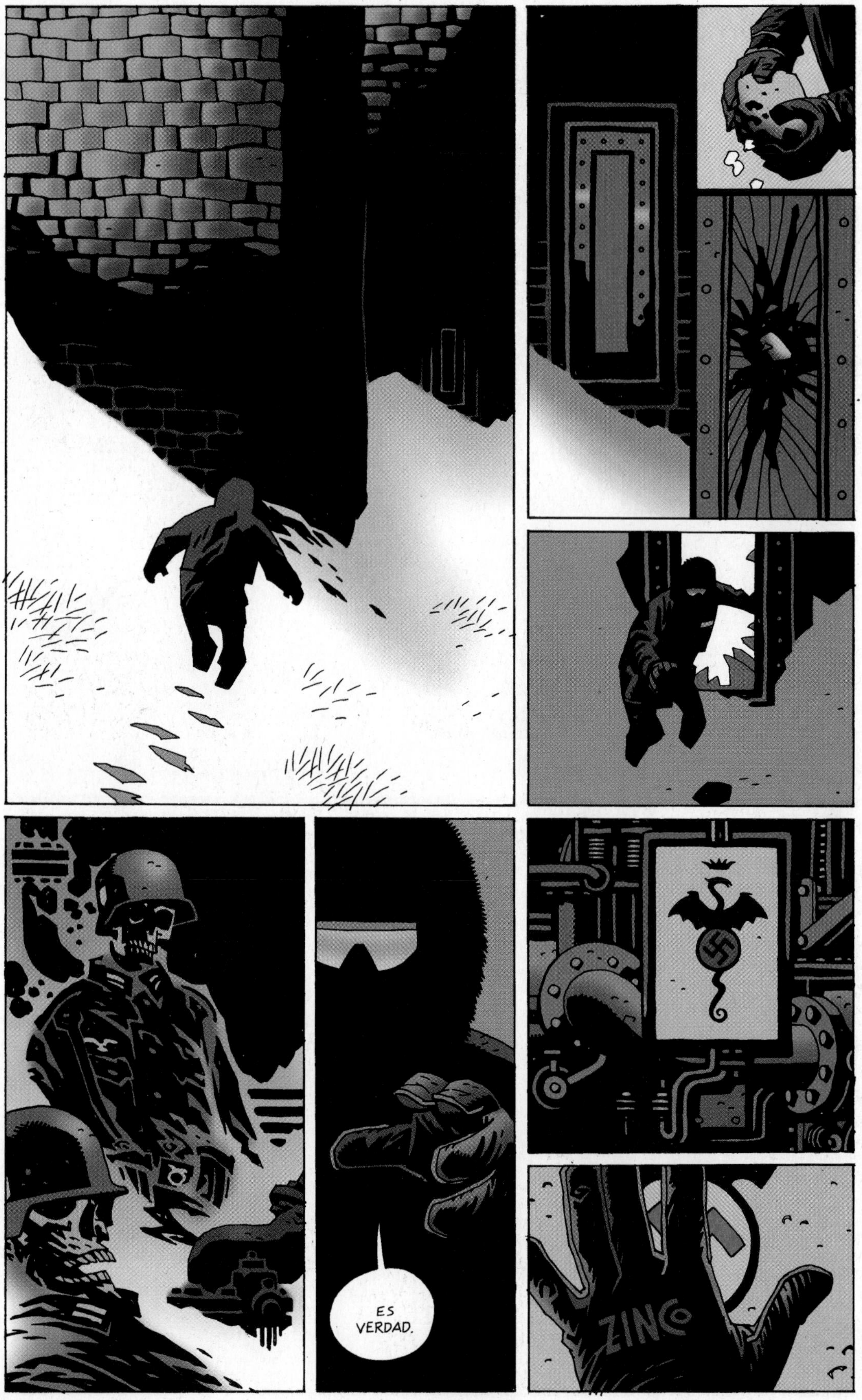
ES
VERDAD.
ZINC

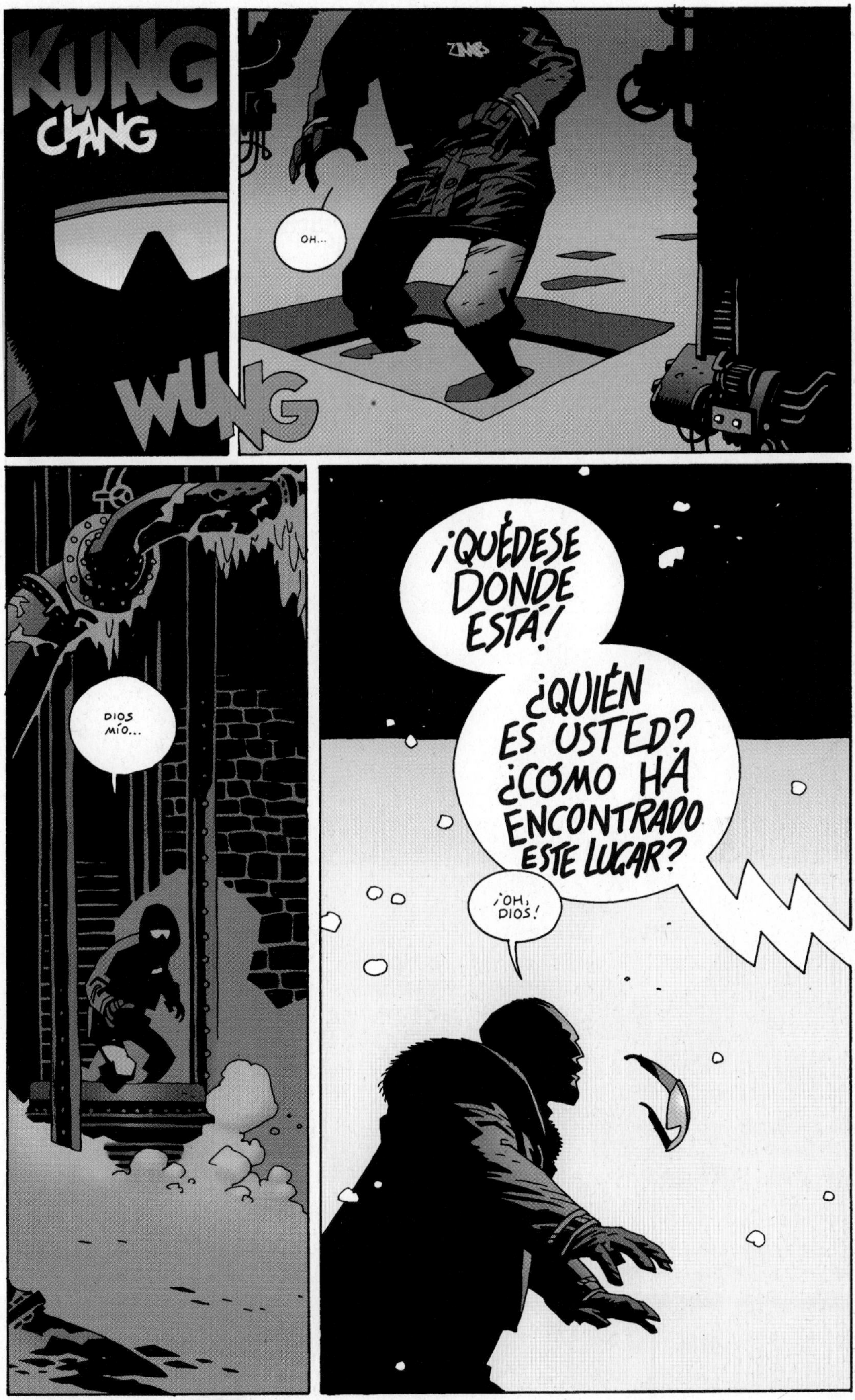
KUNG
CLANG
WUNG
OH...
DIOS MÍO...
¡QUÉDESE DONDE ESTÁ!
¿QUIÉN ES USTED? ¿CÓMO HA ENCONTRADO ESTE LUGAR?
¡OH, DIOS!

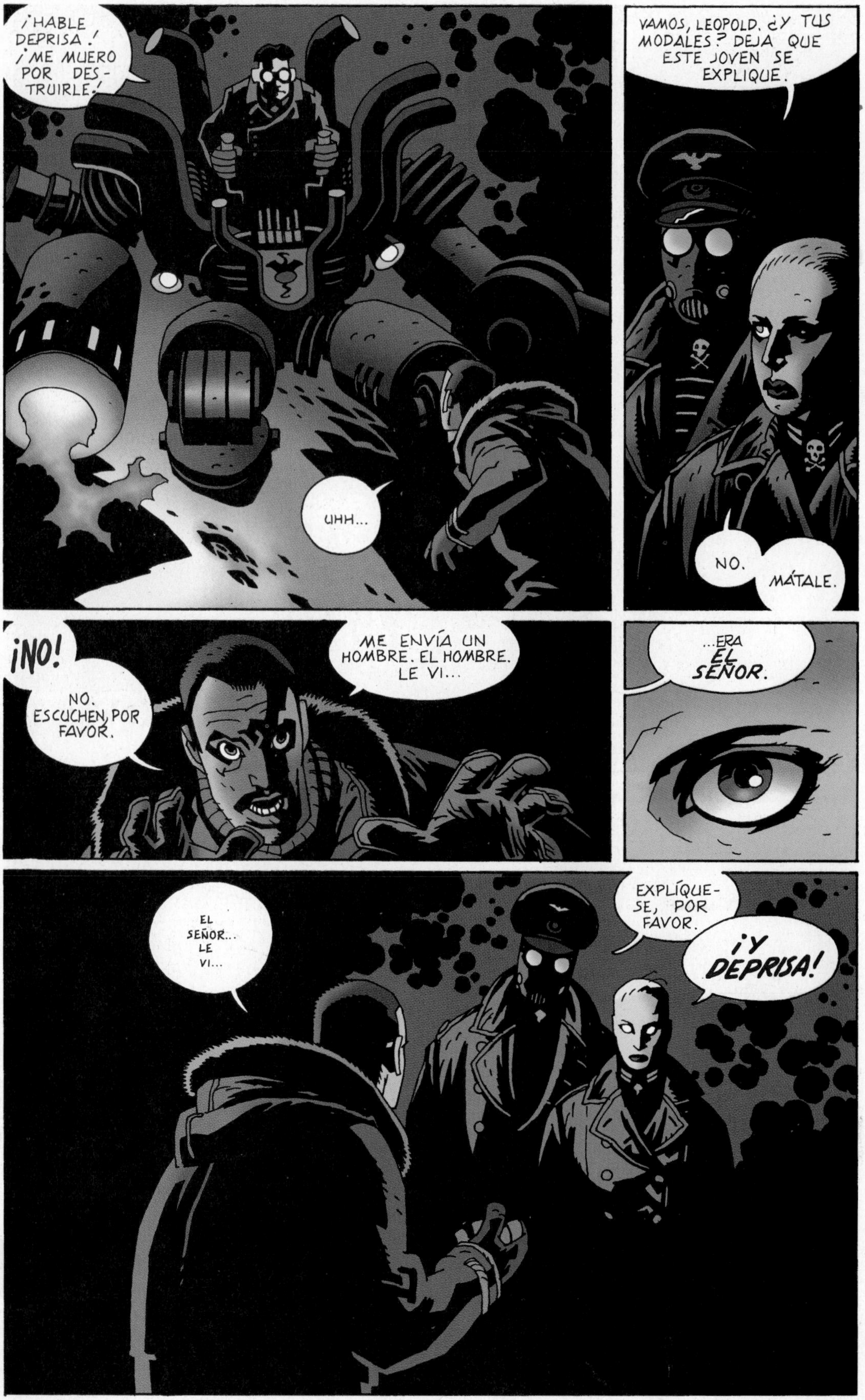
¡HABLE DEPRISA! ¡ME MUERO POR DES-TRUIRLE!
UHH...
VAMOS, LEOPOLD. ¿Y TUS MODALES? DEJA QUE ESTE JOVEN SE EXPLIQUE.
NO.
MÁTALE.
¡NO!
NO. ESCUCHEN, POR FAVOR.
ME ENVÍA UN HOMBRE. EL HOMBRE. LE VI...
...ERA EL SEÑOR.
EL SEÑOR... LE VI...
EXPLÍQUE-SE, POR FAVOR.
¡Y DEPRISA!

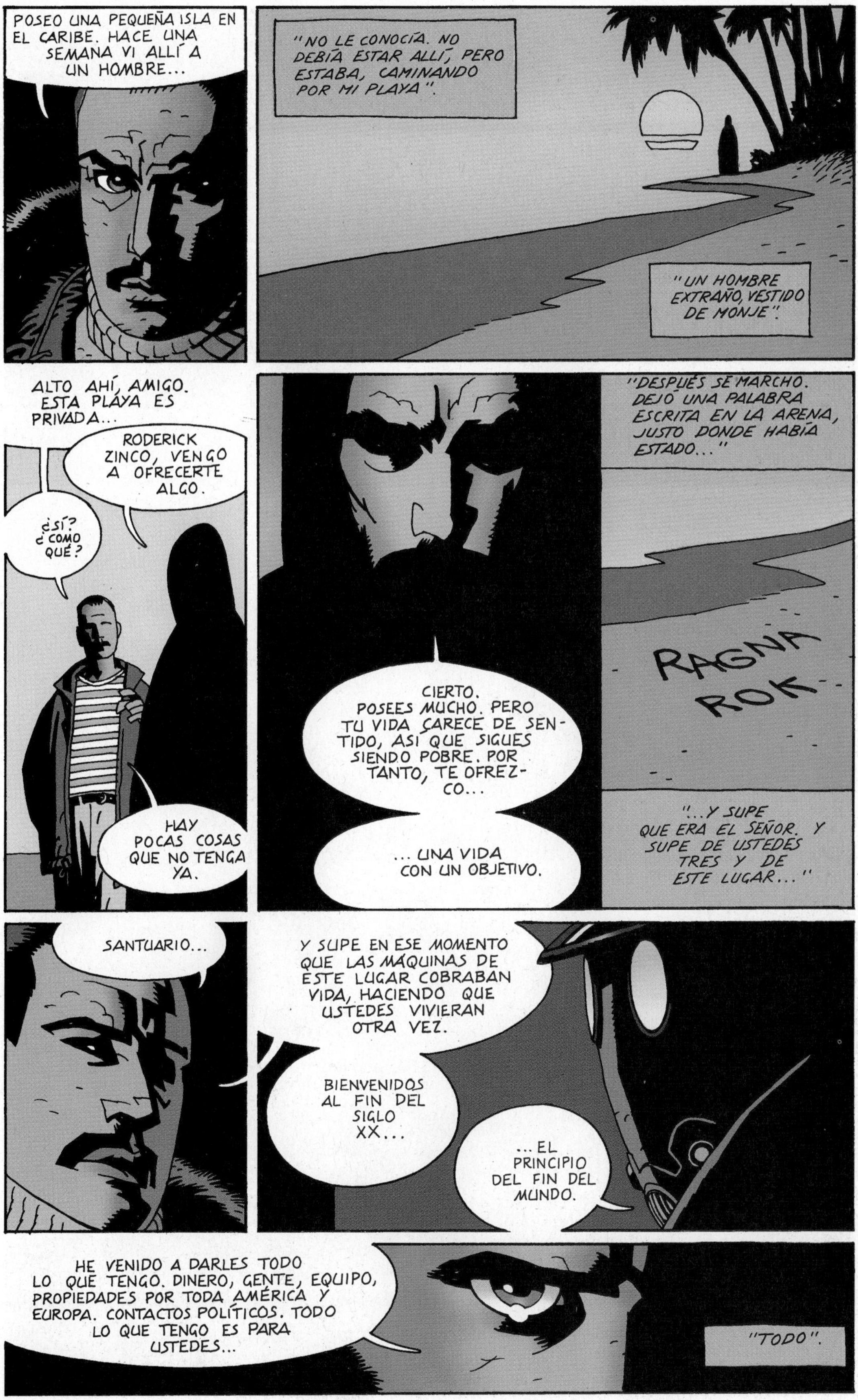

POSEO UNA PEQUEÑA ISLA EN EL CARIBE. HACE UNA SEMANA VI ALLÍ A UN HOMBRE...
"NO LE CONOCÍA. NO DEBÍA ESTAR ALLÍ, PERO ESTABA, CAMINANDO POR MI PLAYA".
"UN HOMBRE EXTRAÑO, VESTIDO DE MONJE".
ALTO AHÍ, AMIGO. ESTA PLAYA ES PRIVADA...
RODERICK ZINCO, VENGO A OFRECERTE ALGO.
¿SÍ? ¿COMO QUÉ?
HAY POCAS COSAS QUE NO TENGA YA.
CIERTO. POSEES MUCHO. PERO TU VIDA CARECE DE SENTIDO, ASÍ QUE SIGUES SIENDO POBRE. POR TANTO, TE OFREZCO...
... UNA VIDA CON UN OBJETIVO.
"DESPUÉS SE MARCHO. DEJÓ UNA PALABRA ESCRITA EN LA ARENA, JUSTO DONDE HABÍA ESTADO..."
RAGNA ROK
"...Y SUPE QUE ERA EL SEÑOR. Y SUPE DE USTEDES TRES Y DE ESTE LUGAR..."
SANTUARIO...
Y SUPE EN ESE MOMENTO QUE LAS MÁQUINAS DE ESTE LUGAR COBRABAN VIDA, HACIENDO QUE USTEDES VIVIERAN OTRA VEZ.
BIENVENIDOS AL FIN DEL SIGLO XX...
...EL PRINCIPIO DEL FIN DEL MUNDO.
HE VENIDO A DARLES TODO LO QUE TENGO. DINERO, GENTE, EQUIPO, PROPIEDADES POR TODA AMÉRICA Y EUROPA. CONTACTOS POLÍTICOS. TODO LO QUE TENGO ES PARA USTEDES...
"TODO".

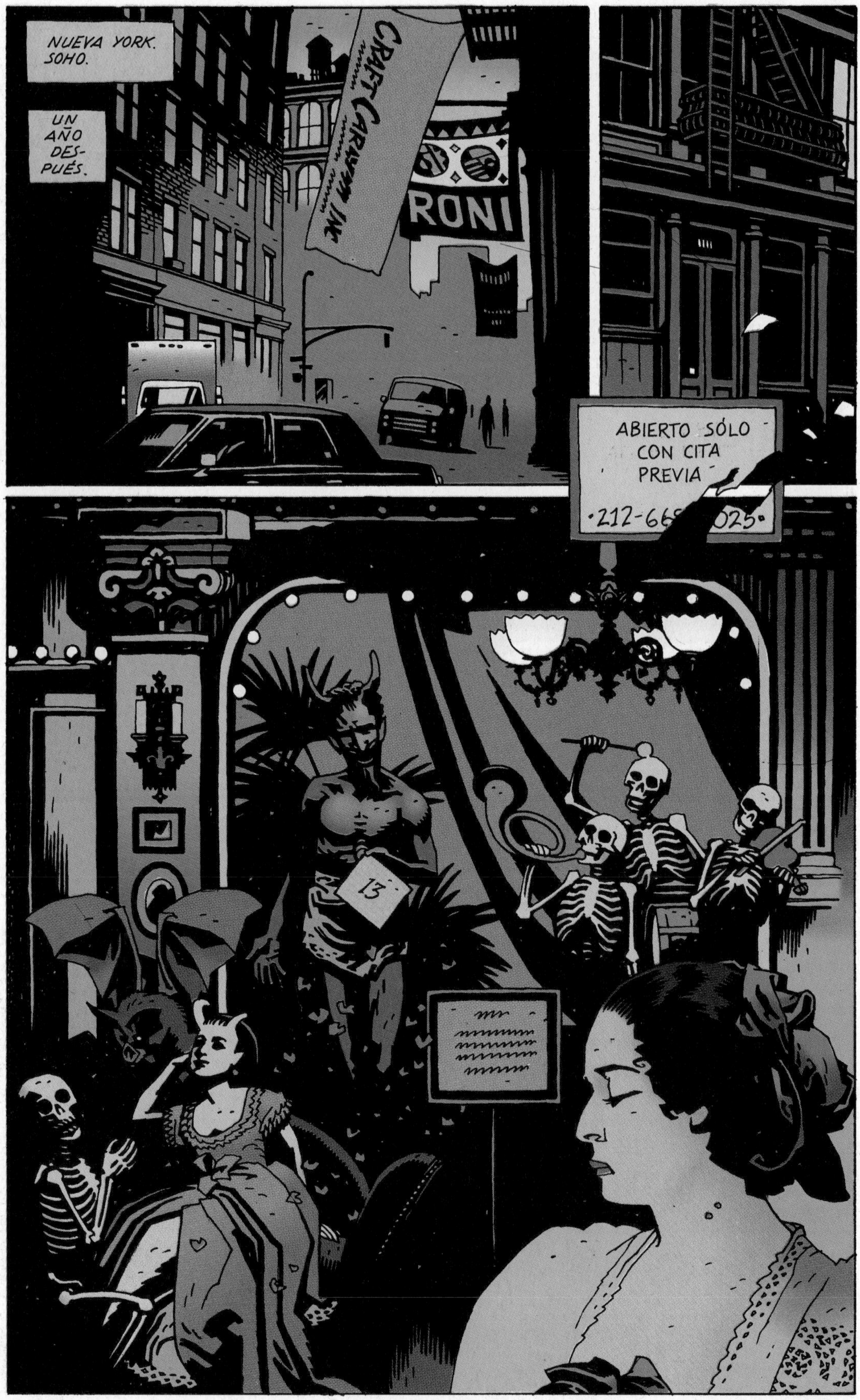
NUEVA YORK. SOHO.
UN AÑO DES-PUÉS.
RONI
ABIERTO SÓLO CON CITA PREVIA
13

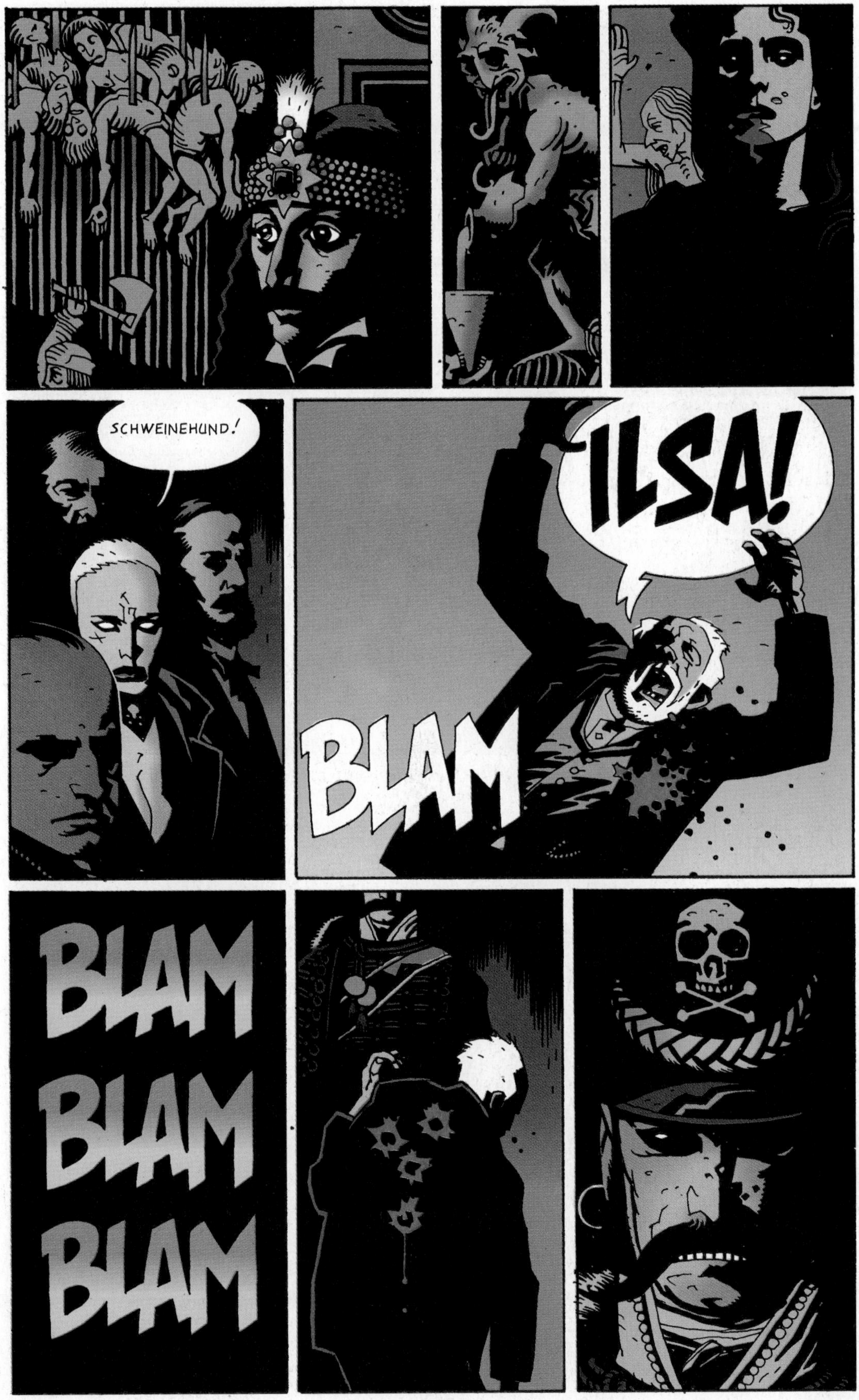
SCHWEINEHUND!
ILSA!
BLAM
BLAM
BLAM
BLAM

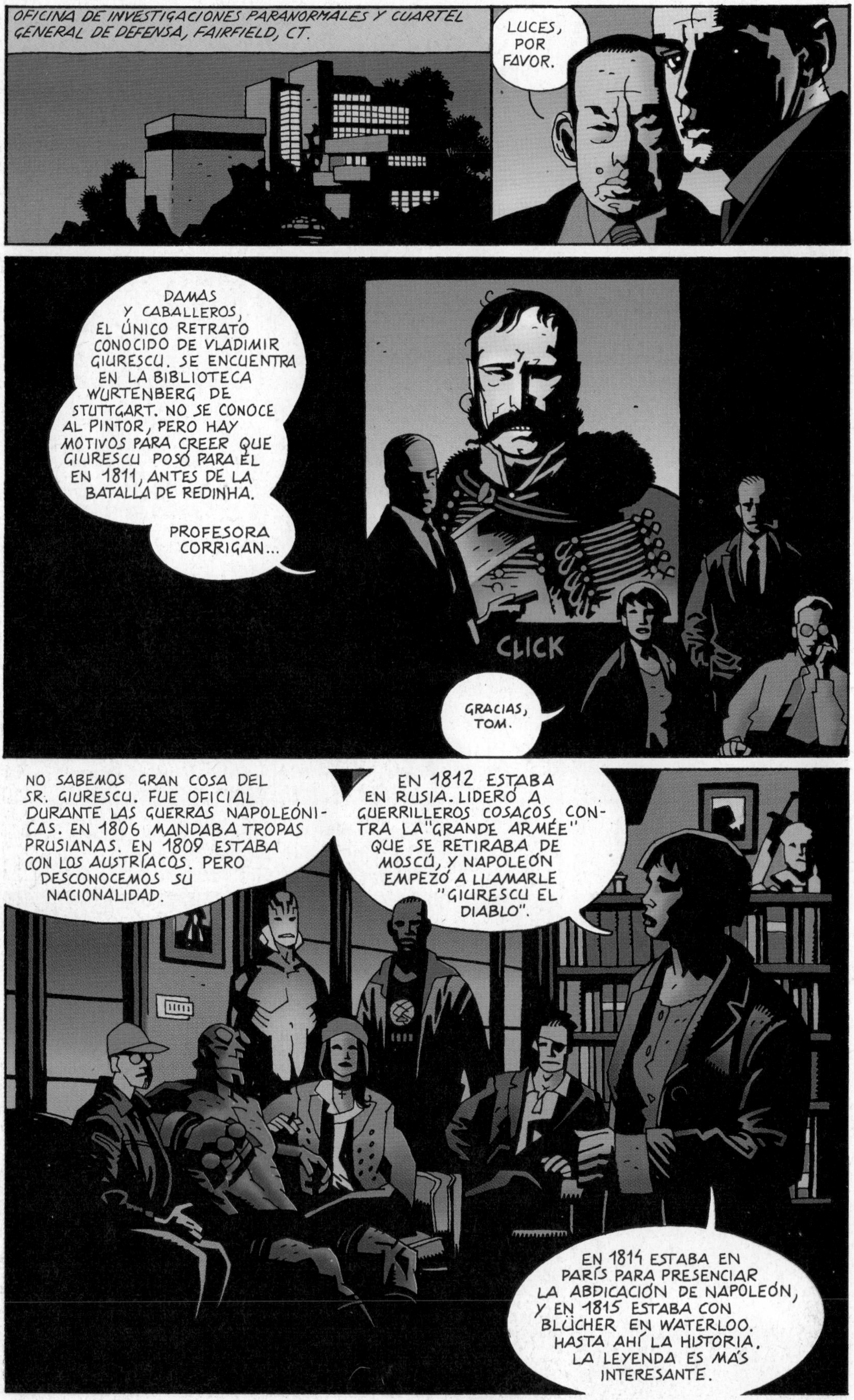
OFICINA DE INVESTIGACIONES PARANORMALES Y CUARTEL GENERAL DE DEFENSA, FAIRFIELD, CT.
LUCES, POR FAVOR.
DAMAS Y CABALLEROS, EL ÚNICO RETRATO CONOCIDO DE VLADIMIR GIURESCU. SE ENCUENTRA EN LA BIBLIOTECA WURTENBERG DE STUTTGART. NO SE CONOCE AL PINTOR, PERO HAY MOTIVOS PARA CREER QUE GIURESCU POSÓ PARA ÉL EN 1811, ANTES DE LA BATALLA DE REDINHA.
PROFESORA CORRIGAN...
CLICK
GRACIAS, TOM.
NO SABEMOS GRAN COSA DEL SR. GIURESCU. FUE OFICIAL DURANTE LAS GUERRAS NAPOLEÓNICAS. EN 1806 MANDABA TROPAS PRUSIANAS. EN 1809 ESTABA CON LOS AUSTRÍACOS. PERO DESCONOCEMOS SU NACIONALIDAD.
EN 1812 ESTABA EN RUSIA. LIDERÓ A GUERRILLEROS COSACOS CONTRA LA "GRANDE ARMÉE" QUE SE RETIRABA DE MOSCÚ, Y NAPOLEÓN EMPEZÓ A LLAMARLE "GIURESCU EL DIABLO".
EN 1814 ESTABA EN PARÍS PARA PRESENCIAR LA ABDICACIÓN DE NAPOLEÓN, Y EN 1815 ESTABA CON BLÜCHER EN WATERLOO. HASTA AHÍ LA HISTORIA. LA LEYENDA ES MÁS INTERESANTE.

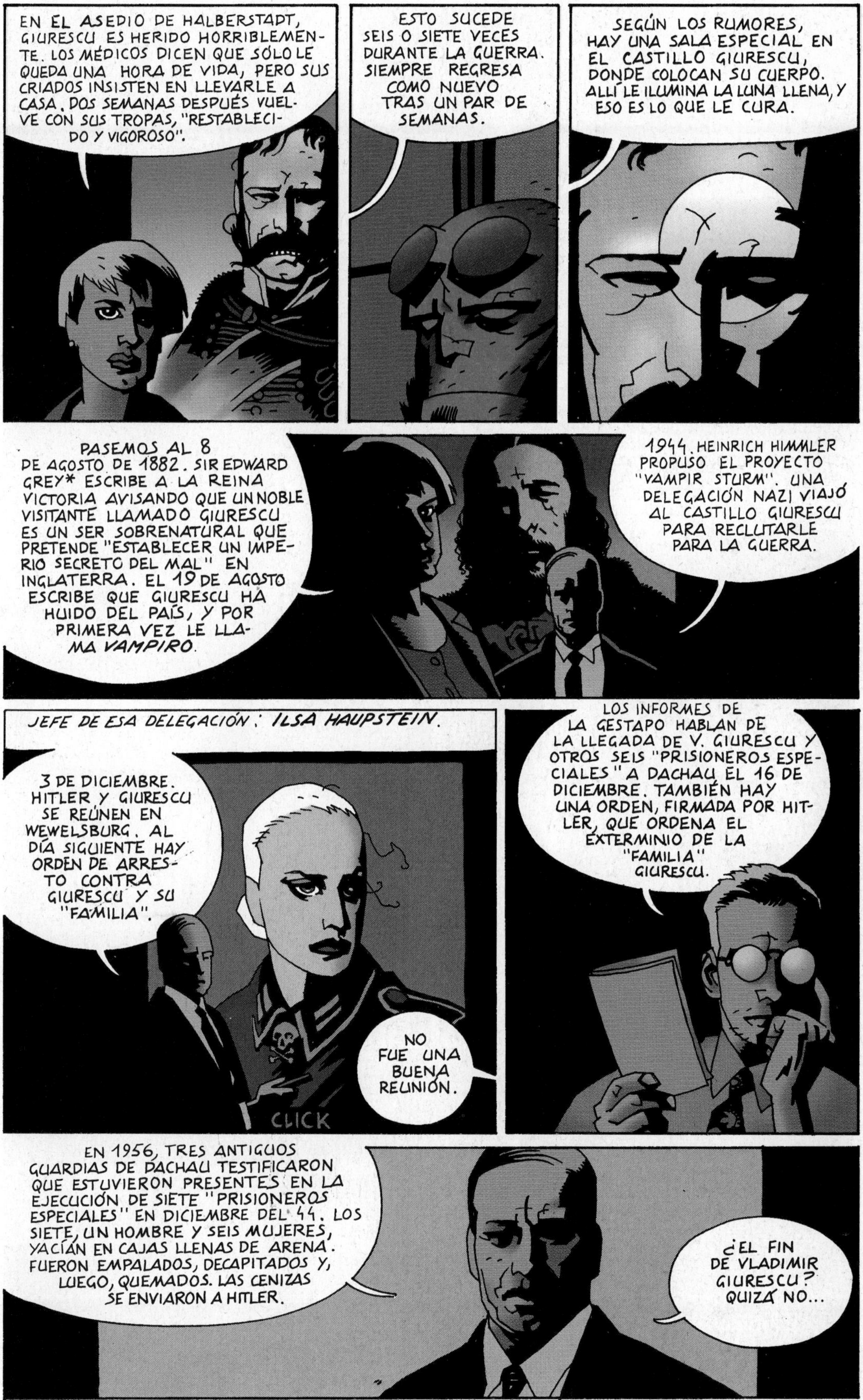
EN EL ASEDIO DE HALBERSTADT, GIURESCU ES HERIDO HORRIBLEMENTE. LOS MÉDICOS DICEN QUE SÓLO LE QUEDA UNA HORA DE VIDA, PERO SUS CRIADOS INSISTEN EN LLEVARLE A CASA. DOS SEMANAS DESPUÉS VUELVE CON SUS TROPAS, "RESTABLECIDO Y VIGOROSO".
ESTO SUCEDE SEIS O SIETE VECES DURANTE LA GUERRA. SIEMPRE REGRESA COMO NUEVO TRAS UN PAR DE SEMANAS.
SEGÚN LOS RUMORES, HAY UNA SALA ESPECIAL EN EL CASTILLO GIURESCU, DONDE COLOCAN SU CUERPO. ALLÍ LE ILUMINA LA LUNA LLENA, Y ESO ES LO QUE LE CURA.
PASEMOS AL 8 DE AGOSTO DE 1882. SIR EDWARD GREY* ESCRIBE A LA REINA VICTORIA AVISANDO QUE UN NOBLE VISITANTE LLAMADO GIURESCU ES UN SER SOBRENATURAL QUE PRETENDE "ESTABLECER UN IMPERIO SECRETO DEL MAL" EN INGLATERRA. EL 19 DE AGOSTO ESCRIBE QUE GIURESCU HA HUIDO DEL PAÍS, Y POR PRIMERA VEZ LE LLAMA *VAMPIRO*.
1944. HEINRICH HIMMLER PROPUSO EL PROYECTO "VAMPIR STURM". UNA DELEGACIÓN NAZI VIAJÓ AL CASTILLO GIURESCU PARA RECLUTARLE PARA LA GUERRA.
JEFE DE ESA DELEGACIÓN: ILSA HAUPSTEIN.
3 DE DICIEMBRE. HITLER Y GIURESCU SE REÚNEN EN WEWELSBURG. AL DÍA SIGUIENTE HAY ORDEN DE ARRESTO CONTRA GIURESCU Y SU "FAMILIA".
NO FUE UNA BUENA REUNIÓN.
CLICK
LOS INFORMES DE LA GESTAPO HABLAN DE LA LLEGADA DE V. GIURESCU Y OTROS SEIS "PRISIONEROS ESPECIALES" A DACHAU EL 16 DE DICIEMBRE. TAMBIÉN HAY UNA ORDEN, FIRMADA POR HITLER, QUE ORDENA EL EXTERMINIO DE LA "FAMILIA" GIURESCU.
EN 1956, TRES ANTIGUOS GUARDIAS DE DACHAU TESTIFICARON QUE ESTUVIERON PRESENTES EN LA EJECUCIÓN DE SIETE "PRISIONEROS ESPECIALES" EN DICIEMBRE DEL 44. LOS SIETE, UN HOMBRE Y SEIS MUJERES, YACÍAN EN CAJAS LLENAS DE ARENA. FUERON EMPALADOS, DECAPITADOS Y, LUEGO, QUEMADOS. LAS CENIZAS SE ENVIARON A HITLER.
¿EL FIN DE VLADIMIR GIURESCU? QUIZÁ NO...

*FAMOSO INVESTIGADOR DE LO PARANORMAL EN EL SIGLO XIX.

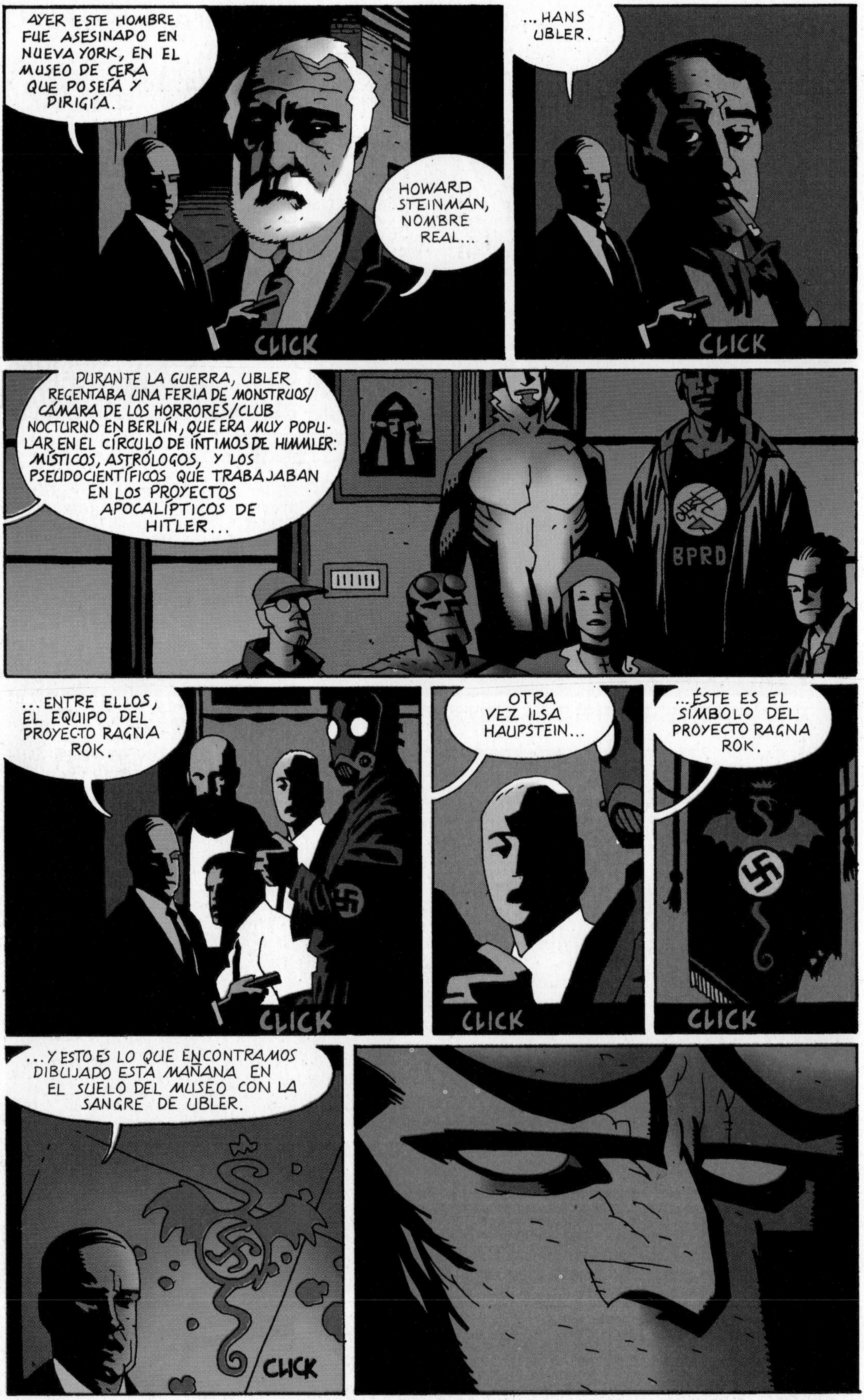
AYER ESTE HOMBRE FUE ASESINADO EN NUEVA YORK, EN EL MUSEO DE CERA QUE POSEÍA Y DIRIGÍA.
HOWARD STEINMAN, NOMBRE REAL...
CLICK
...HANS UBLER.
CLICK
DURANTE LA GUERRA, UBLER REGENTABA UNA FERIA DE MONSTRUOS/CÁMARA DE LOS HORRORES/CLUB NOCTURNO EN BERLÍN, QUE ERA MUY POPULAR EN EL CÍRCULO DE ÍNTIMOS DE HIMMLER: MÍSTICOS, ASTRÓLOGOS, Y LOS PSEUDOCIENTÍFICOS QUE TRABAJABAN EN LOS PROYECTOS APOCALÍPTICOS DE HITLER...
BPRD
...ENTRE ELLOS, EL EQUIPO DEL PROYECTO RAGNA ROK.
CLICK
OTRA VEZ ILSA HAUPSTEIN...
CLICK
...ÉSTE ES EL SÍMBOLO DEL PROYECTO RAGNA ROK.
CLICK
...Y ESTO ES LO QUE ENCONTRAMOS DIBUJADO ESTA MAÑANA EN EL SUELO DEL MUSEO CON LA SANGRE DE UBLER.
CLICK

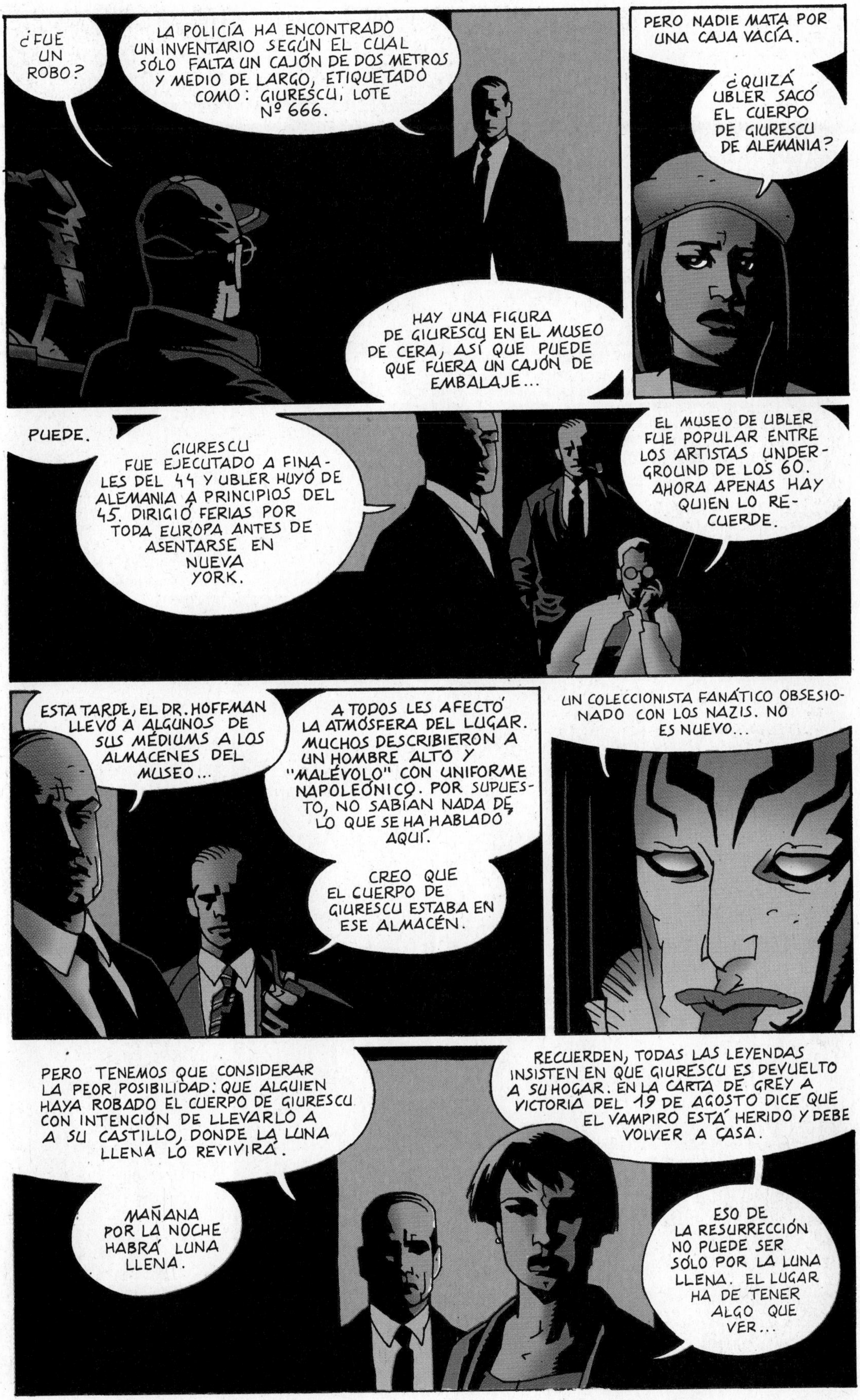
¿FUE UN ROBO?
LA POLICÍA HA ENCONTRADO UN INVENTARIO SEGÚN EL CUAL SÓLO FALTA UN CAJÓN DE DOS METROS Y MEDIO DE LARGO, ETIQUETADO COMO: GIURESCU, LOTE Nº 666.
HAY UNA FIGURA DE GIURESCU EN EL MUSEO DE CERA, ASÍ QUE PUEDE QUE FUERA UN CAJÓN DE EMBALAJE...
PERO NADIE MATA POR UNA CAJA VACÍA.
¿QUIZÁ UBLER SACÓ EL CUERPO DE GIURESCU DE ALEMANIA?
PUEDE.
GIURESCU FUE EJECUTADO A FINALES DEL 44 Y UBLER HUYÓ DE ALEMANIA A PRINCIPIOS DEL 45. DIRIGIÓ FERIAS POR TODA EUROPA ANTES DE ASENTARSE EN NUEVA YORK.
EL MUSEO DE UBLER FUE POPULAR ENTRE LOS ARTISTAS UNDERGROUND DE LOS 60. AHORA APENAS HAY QUIEN LO RECUERDE.
ESTA TARDE, EL DR. HOFFMAN LLEVÓ A ALGUNOS DE SUS MÉDIUMS A LOS ALMACENES DEL MUSEO...
A TODOS LES AFECTÓ LA ATMÓSFERA DEL LUGAR. MUCHOS DESCRIBIERON A UN HOMBRE ALTO Y "MALÉVOLO" CON UNIFORME NAPOLEÓNICO. POR SUPUESTO, NO SABÍAN NADA DE LO QUE SE HA HABLADO AQUÍ.
CREO QUE EL CUERPO DE GIURESCU ESTABA EN ESE ALMACÉN.
UN COLECCIONISTA FANÁTICO OBSESIONADO CON LOS NAZIS. NO ES NUEVO...
PERO TENEMOS QUE CONSIDERAR LA PEOR POSIBILIDAD: QUE ALGUIEN HAYA ROBADO EL CUERPO DE GIURESCU CON INTENCIÓN DE LLEVARLO A A SU CASTILLO, DONDE LA LUNA LLENA LO REVIVIRÁ.
MAÑANA POR LA NOCHE HABRÁ LUNA LLENA.
RECUERDEN, TODAS LAS LEYENDAS INSISTEN EN QUE GIURESCU ES DEVUELTO A SU HOGAR. EN LA CARTA DE GREY A VICTORIA DEL 19 DE AGOSTO DICE QUE EL VAMPIRO ESTÁ HERIDO Y DEBE VOLVER A CASA.
ESO DE LA RESURRECCIÓN NO PUEDE SER SÓLO POR LA LUNA LLENA. EL LUGAR HA DE TENER ALGO QUE VER...

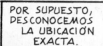

POR SUPUESTO, DESCONOCEMOS LA UBICACIÓN EXACTA.

EN NINGÚN LISTADO OFICIAL SE HABLA DE UN CASTILLO GIURESCU. CON LA INFORMACIÓN QUE TENEMOS, HE HECHO TRES SUPOSICIONES EXCELENTES.

TRES SITIOS. TRES EQUIPOS.

POR DESGRACIA, USTEDES SEIS SON LOS ÚNICOS AGENTES DISPONIBLES, ASÍ QUE HE DE HACER EQUIPOS MÁS PEQUEÑOS DE LO QUE QUISIERA.

ROMANIA

CLICK

HELLBOY, LO SIENTO, TENDRÁ QUE IR SOLO.

EH, NO ES JUSTO.

SR. CLARK...

SÍ, JEFE.

...CON EL SR. SAPIEN.

SR. WALLER...

SRTA. SHERMAN...

LES CONFÍO AL AGENTE MÁS NOVATO, EL SR. LEACH. POR FAVOR, NO LO PIERDAN.

ESTÁS EN BUENAS MANOS, CHICO.

ESO ES TODO. UN AVIÓN LES ESPERA. LES QUIERO DE UNIFORME Y A BORDO EN QUINCE MINUTOS.

YA.

ME ALEGRO DE VERTE, LIZ, PERO ME SORPRENDÉ. ME DIJERON...

SE EQUIVOCARON.

SÓLO ME TOMÉ UNAS VACACIONES. Y POR LO QUE ME DIJERON A MÍ, A TI TAMBIÉN TE CONVENDRÍAN.

YO GUARDO LA LÍNEA COMBATIENDO MONSTRUOS.

EH, ¿NO TENÍAIS QUE COGER UN AVIÓN?

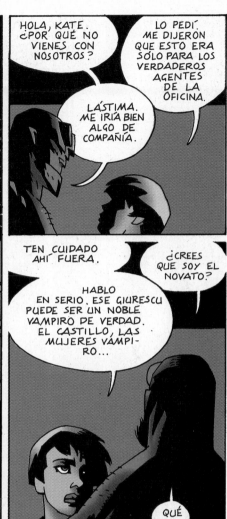

HOLA, KATE. ¿POR QUÉ NO VIENES CON NOSOTROS?

LO PEDÍ. ME DIJERON QUE ESTO ERA SÓLO PARA LOS VERDADEROS AGENTES DE LA OFICINA.

LÁSTIMA. ME IRÍA BIEN ALGO DE COMPAÑÍA.

TEN CUIDADO AHÍ FUERA.

¿CREES QUE SOY EL NOVATO?

HABLO EN SERIO. ESE GIURESCU PUEDE SER UN NOBLE VAMPIRO DE VERDAD. EL CASTILLO, LAS MUJERES VÁMPIRO...

QUÉ VA.

DEMASIADO REBUSCADO.

DEMASIADO ROLLO DE CONSPIRACIÓN.

ESTE VIAJE ES UNA TONTERÍA, PERO POR MÍ... CONOZCO RESTAURANTES MUY BUENOS EN RUMANÍA.

BUENO...

...PERO TEN CUIDADO.

¡A LA ORDEN, NENA!

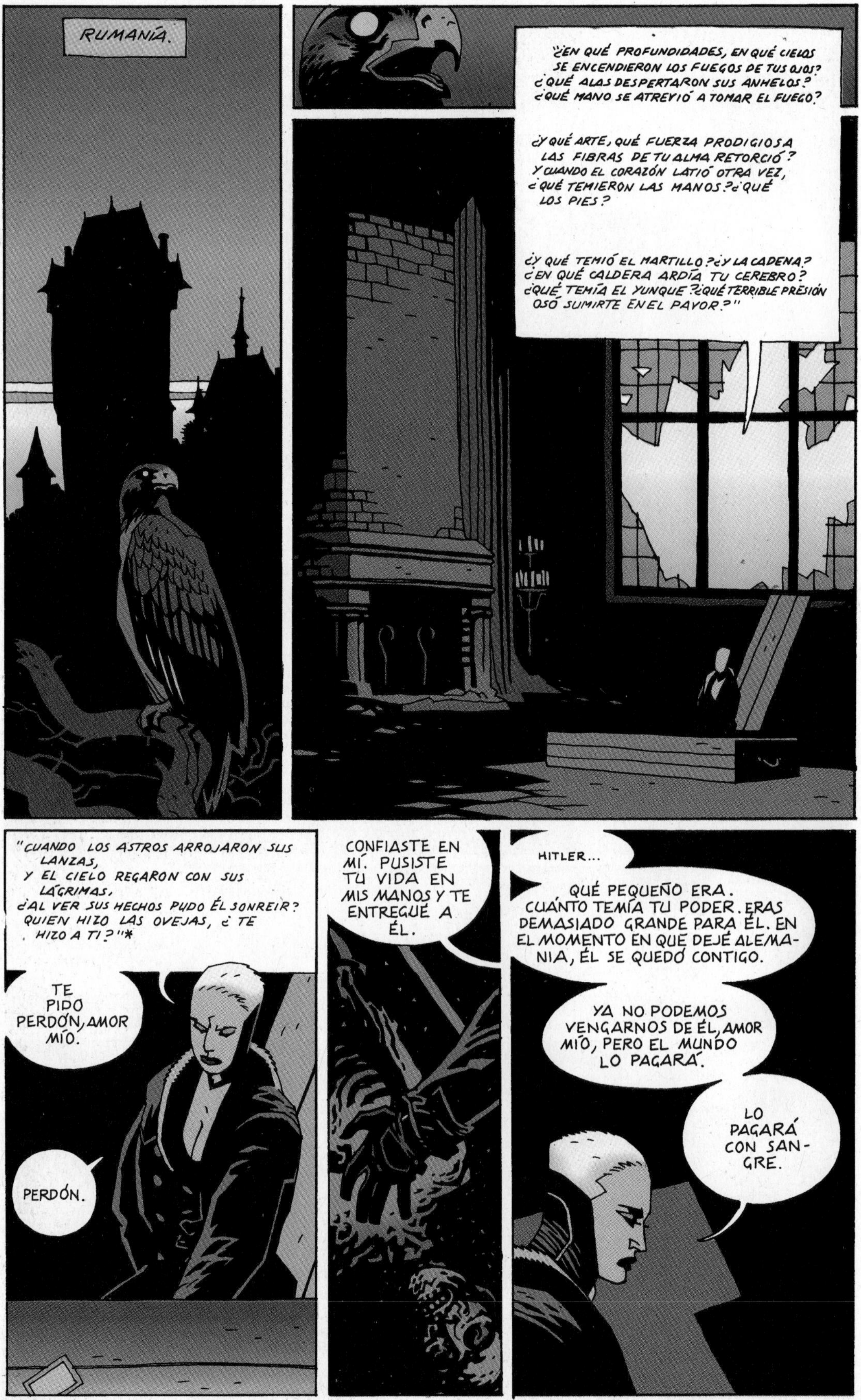
RUMANÍA.
"¿EN QUÉ PROFUNDIDADES, EN QUÉ CIELOS SE ENCENDIERON LOS FUEGOS DE TUS OJOS? ¿QUÉ ALAS DESPERTARON SUS ANHELOS? ¿QUÉ MANO SE ATREVIÓ A TOMAR EL FUEGO?
¿Y QUÉ ARTE, QUÉ FUERZA PRODIGIOSA LAS FIBRAS DE TU ALMA RETORCIÓ? Y CUANDO EL CORAZÓN LATIÓ OTRA VEZ, ¿QUÉ TEMIERON LAS MANOS? ¿QUÉ LOS PIES?
¿Y QUÉ TEMIÓ EL MARTILLO? ¿Y LA CADENA? ¿EN QUÉ CALDERA ARDÍA TU CEREBRO? ¿QUÉ TEMÍA EL YUNQUE? ¿QUÉ TERRIBLE PRESIÓN OSÓ SUMIRTE EN EL PAVOR?"
"CUANDO LOS ASTROS ARROJARON SUS LANZAS, Y EL CIELO REGARON CON SUS LÁGRIMAS, ¿AL VER SUS HECHOS PUDO ÉL SONREIR? QUIEN HIZO LAS OVEJAS, ¿TE HIZO A TI?"*
TE PIDO PERDÓN, AMOR MÍO.
PERDÓN.
CONFIASTE EN MÍ. PUSISTE TU VIDA EN MIS MANOS Y TE ENTREGUÉ A ÉL.
HITLER...
QUÉ PEQUEÑO ERA. CUÁNTO TEMÍA TU PODER. ERAS DEMASIADO GRANDE PARA ÉL. EN EL MOMENTO EN QUE DEJÉ ALEMANIA, ÉL SE QUEDÓ CONTIGO.
YA NO PODEMOS VENGARNOS DE ÉL, AMOR MÍO, PERO EL MUNDO LO PAGARÁ.
LO PAGARÁ CON SANGRE.

* DE "THE TYGER", DE WILLIAM BLAKE

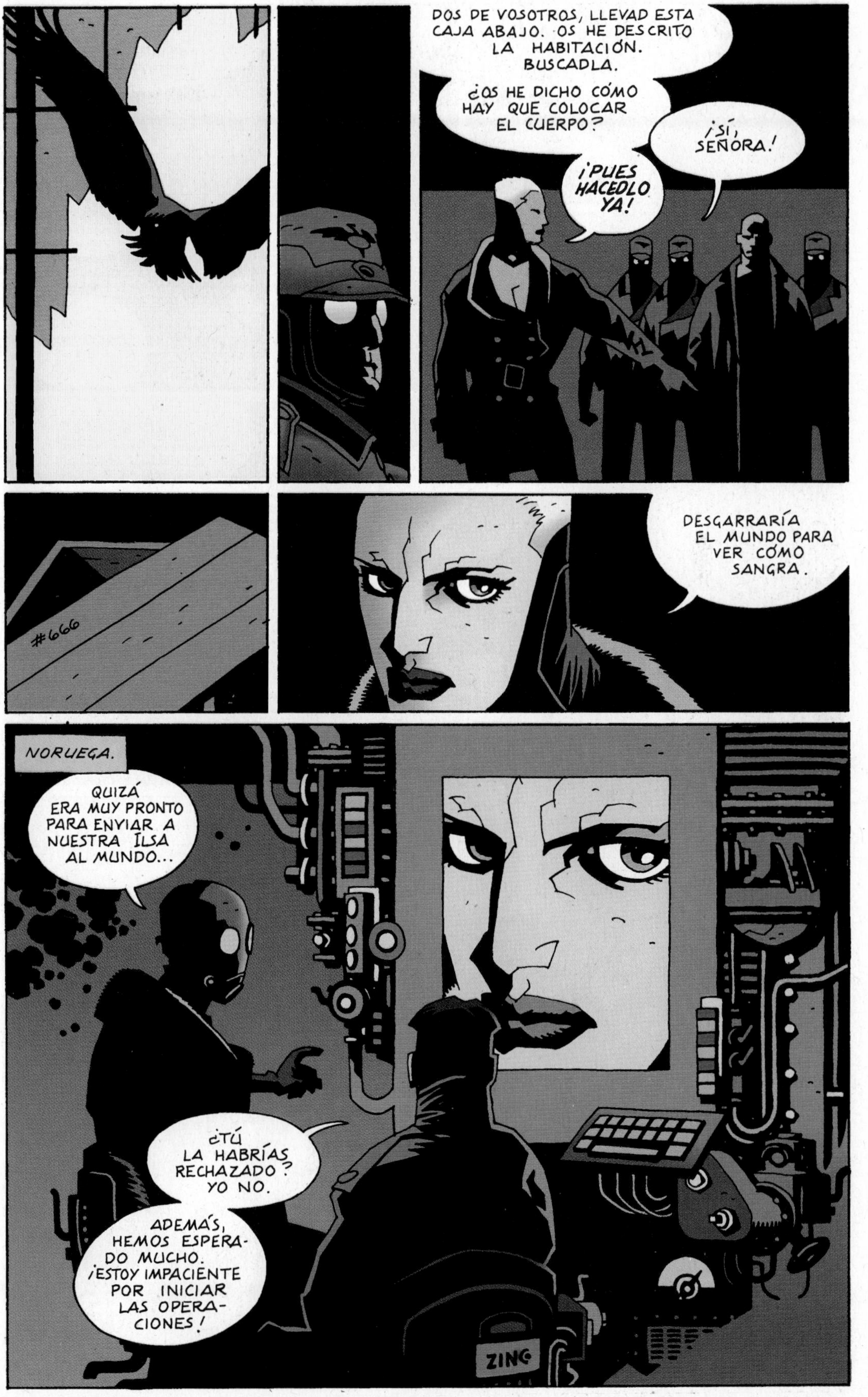
DOS DE VOSOTROS, LLEVAD ESTA CAJA ABAJO. OS HE DESCRITO LA HABITACIÓN. BUSCADLA.
¿OS HE DICHO CÓMO HAY QUE COLOCAR EL CUERPO?
¡SÍ, SEÑORA!
¡PUES HACEDLO YA!
#666
DESGARRARÍA EL MUNDO PARA VER CÓMO SANGRA.
NORUEGA.
QUIZÁ ERA MUY PRONTO PARA ENVIAR A NUESTRA ILSA AL MUNDO...
¿TÚ LA HABRÍAS RECHAZADO? YO NO.
ADEMÁS, HEMOS ESPERADO MUCHO. ¡ESTOY IMPACIENTE POR INICIAR LAS OPERACIONES!
ZING

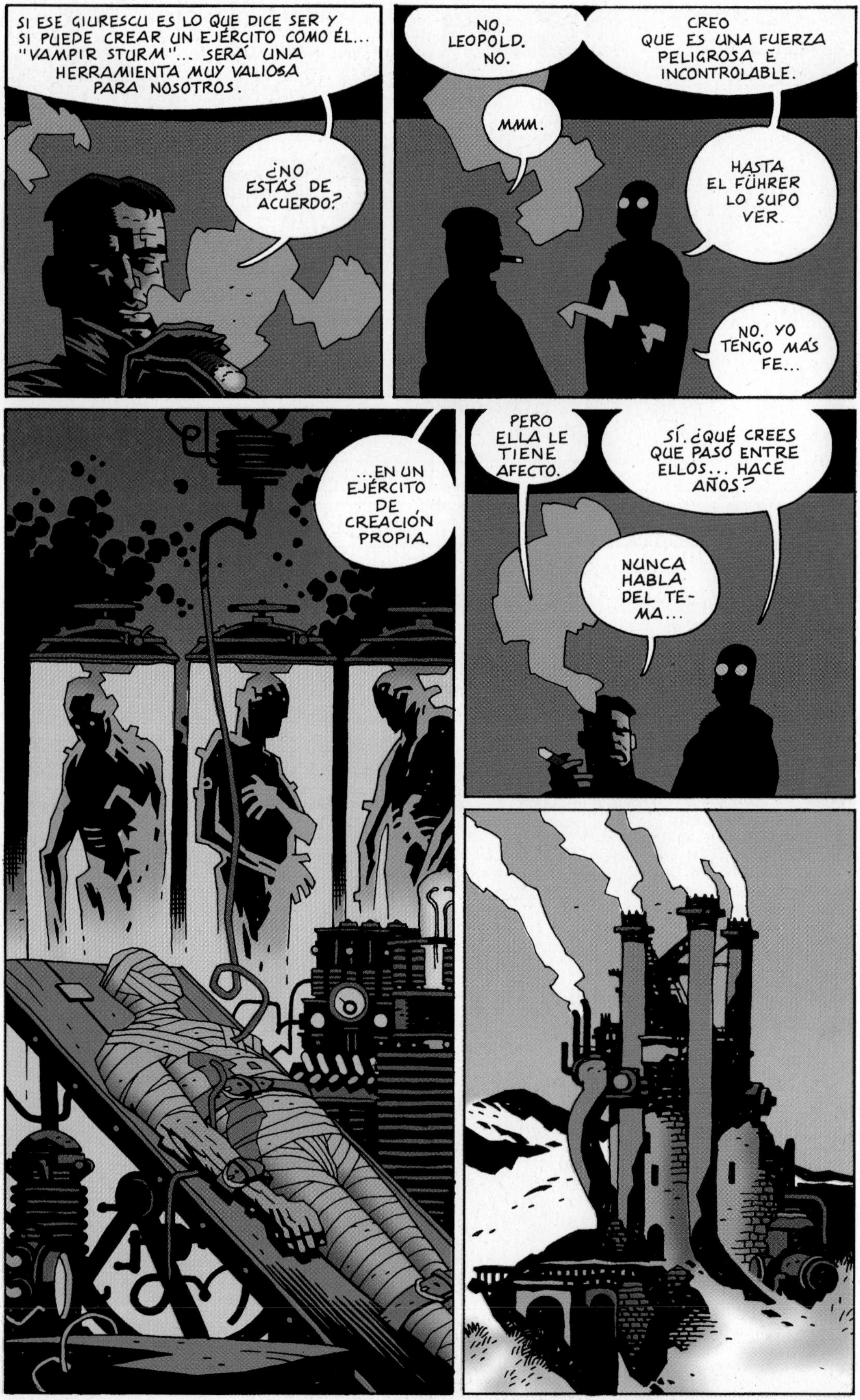
SI ESE GIURESCU ES LO QUE DICE SER Y SI PUEDE CREAR UN EJÉRCITO COMO ÉL... "VAMPIR STURM"... SERÁ UNA HERRAMIENTA MUY VALIOSA PARA NOSOTROS.
¿NO ESTÁS DE ACUERDO?
NO, LEOPOLD. NO.
CREO QUE ES UNA FUERZA PELIGROSA E INCONTROLABLE.
MMM.
HASTA EL FÜHRER LO SUPO VER.
NO. YO TENGO MÁS FE...
...EN UN EJÉRCITO DE CREACIÓN PROPIA.
PERO ELLA LE TIENE AFECTO.
SÍ. ¿QUÉ CREES QUE PASÓ ENTRE ELLOS... HACE AÑOS?
NUNCA HABLA DEL TE-MA...

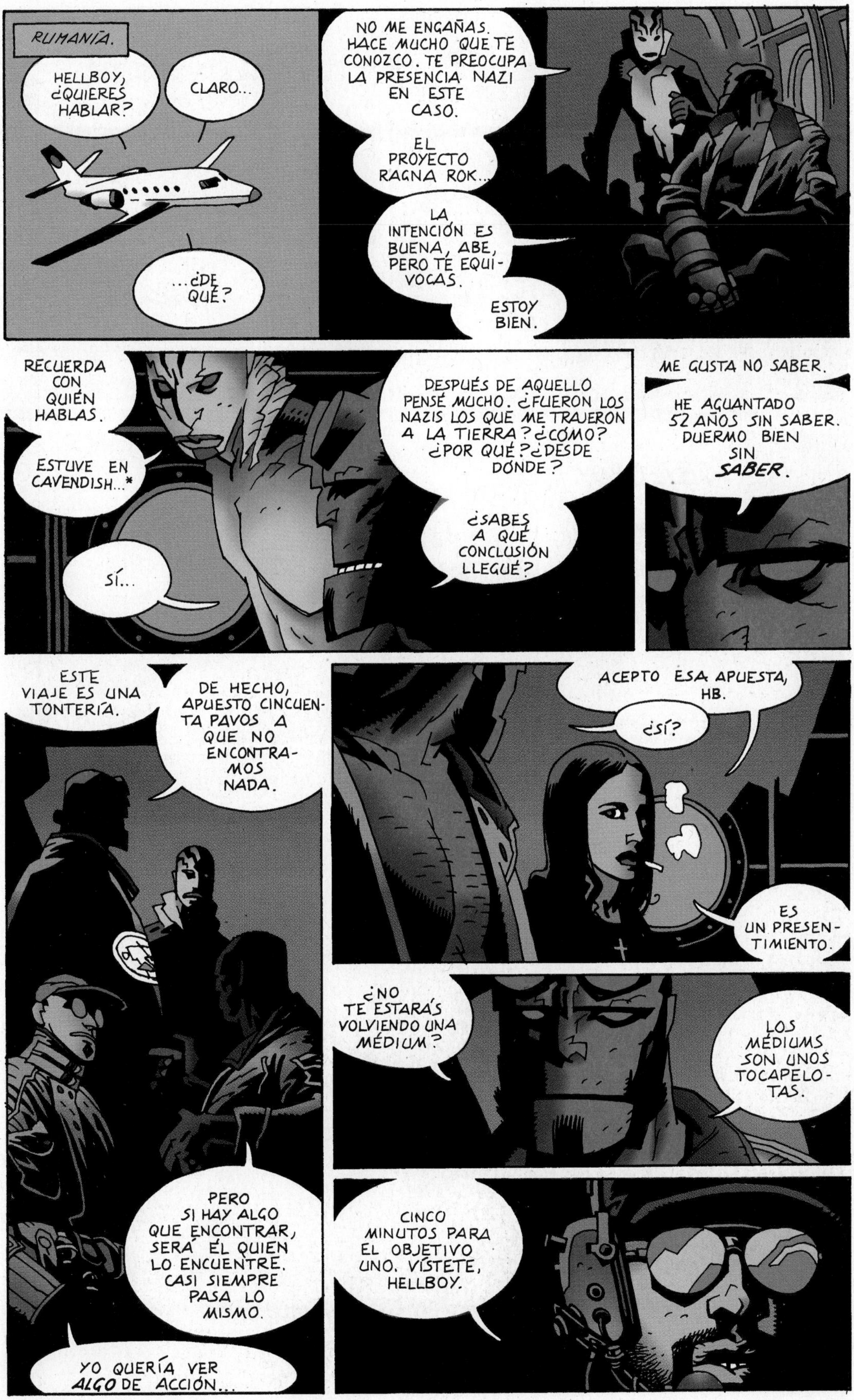
RUMANÍA.
HELLBOY, ¿QUIERES HABLAR?
CLARO...
...¿DE QUÉ?
NO ME ENGAÑAS. HACE MUCHO QUE TE CONOZCO. TE PREOCUPA LA PRESENCIA NAZI EN ESTE CASO.
EL PROYECTO RAGNA ROK...
LA INTENCIÓN ES BUENA, ABE, PERO TE EQUIVOCAS.
ESTOY BIEN.
RECUERDA CON QUIÉN HABLAS.
ESTUVE EN CAVENDISH...*
SÍ...
DESPUÉS DE AQUELLO PENSÉ MUCHO. ¿FUERON LOS NAZIS LOS QUE ME TRAJERON A LA TIERRA? ¿CÓMO? ¿POR QUÉ? ¿DESDE DÓNDE?
¿SABES A QUÉ CONCLUSIÓN LLEGUÉ?
ME GUSTA NO SABER.
HE AGUANTADO 52 AÑOS SIN SABER. DUERMO BIEN SIN SABER.
ESTE VIAJE ES UNA TONTERÍA.
DE HECHO, APUESTO CINCUENTA PAVOS A QUE NO ENCONTRAMOS NADA.
PERO SI HAY ALGO QUE ENCONTRAR, SERÁ ÉL QUIEN LO ENCUENTRE. CASI SIEMPRE PASA LO MISMO.
YO QUERÍA VER ALGO DE ACCIÓN...
ACEPTO ESA APUESTA, HB.
¿SÍ?
ES UN PRESENTIMIENTO.
¿NO TE ESTARÁS VOLVIENDO UNA MÉDIUM?
LOS MÉDIUMS SON UNOS TOCAPELOTAS.
CINCO MINUTOS PARA EL OBJETIVO UNO. VÍSTETE, HELLBOY.

* HELLBOY: SEMILLA DE DESTRUCCIÓN

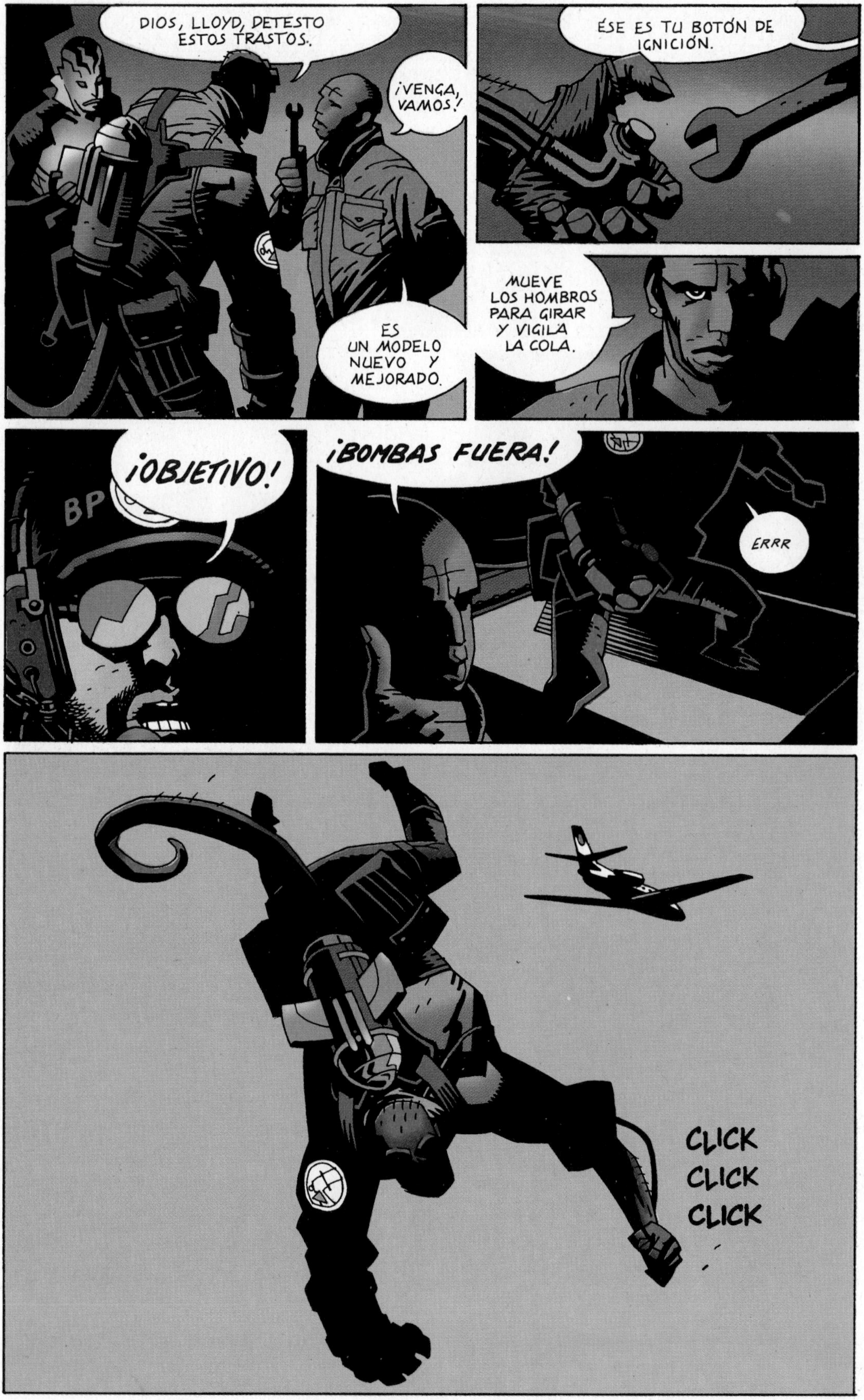
DIOS, LLOYD, DETESTO ESTOS TRASTOS.
¡VENGA, VAMOS!
ES UN MODELO NUEVO Y MEJORADO.
ÉSE ES TU BOTÓN DE IGNICIÓN.
MUEVE LOS HOMBROS PARA GIRAR Y VIGILA LA COLA.
¡OBJETIVO!
BP
¡BOMBAS FUERA!
ERRR
CLICK
CLICK
CLICK

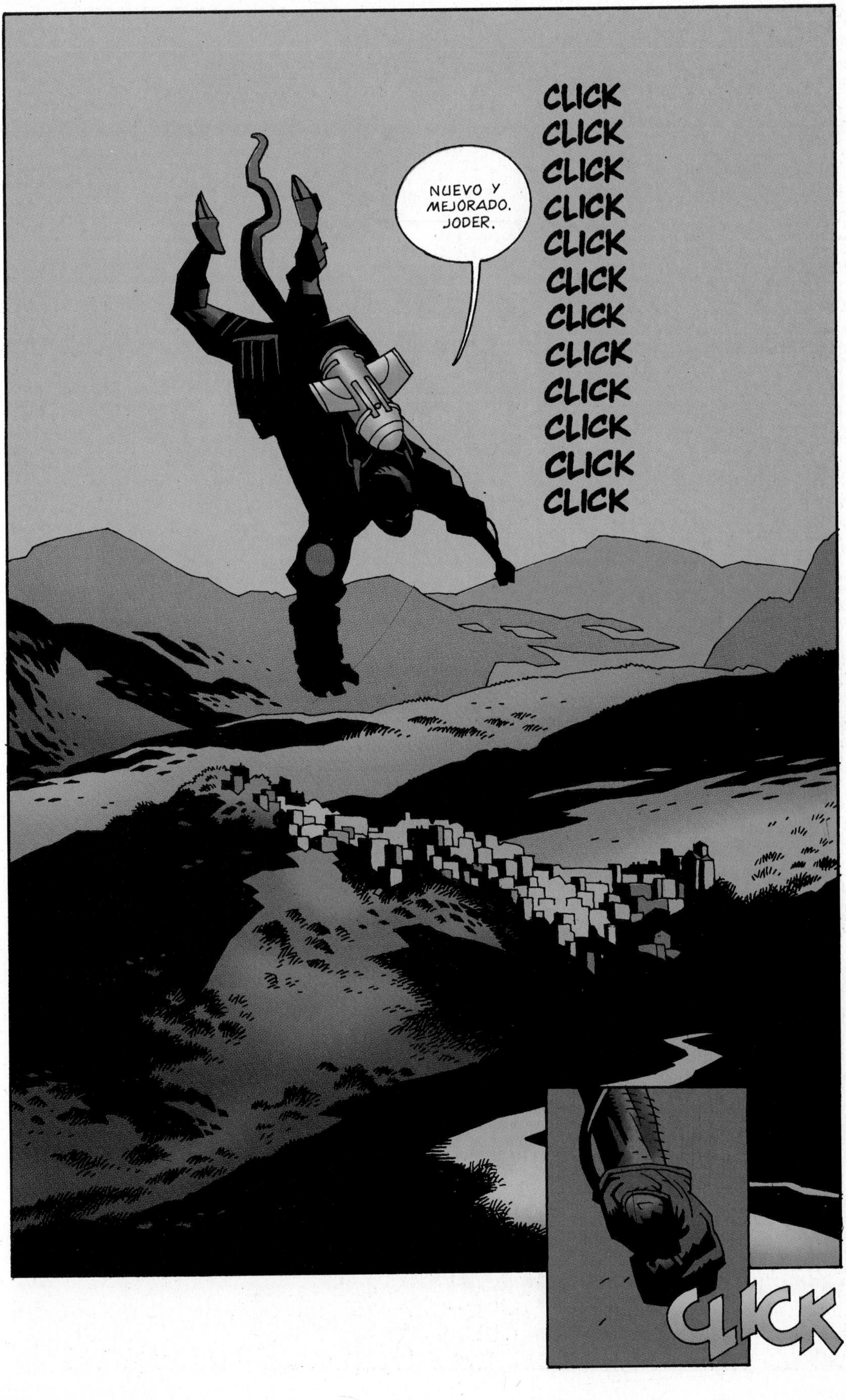
NUEVO Y MEJORADO. JODER.
CLICK
CLICK
CLICK
CLICK
CLICK
CLICK
CLICK
CLICK
CLICK
CLICK
CLICK
CLICK
CLICK

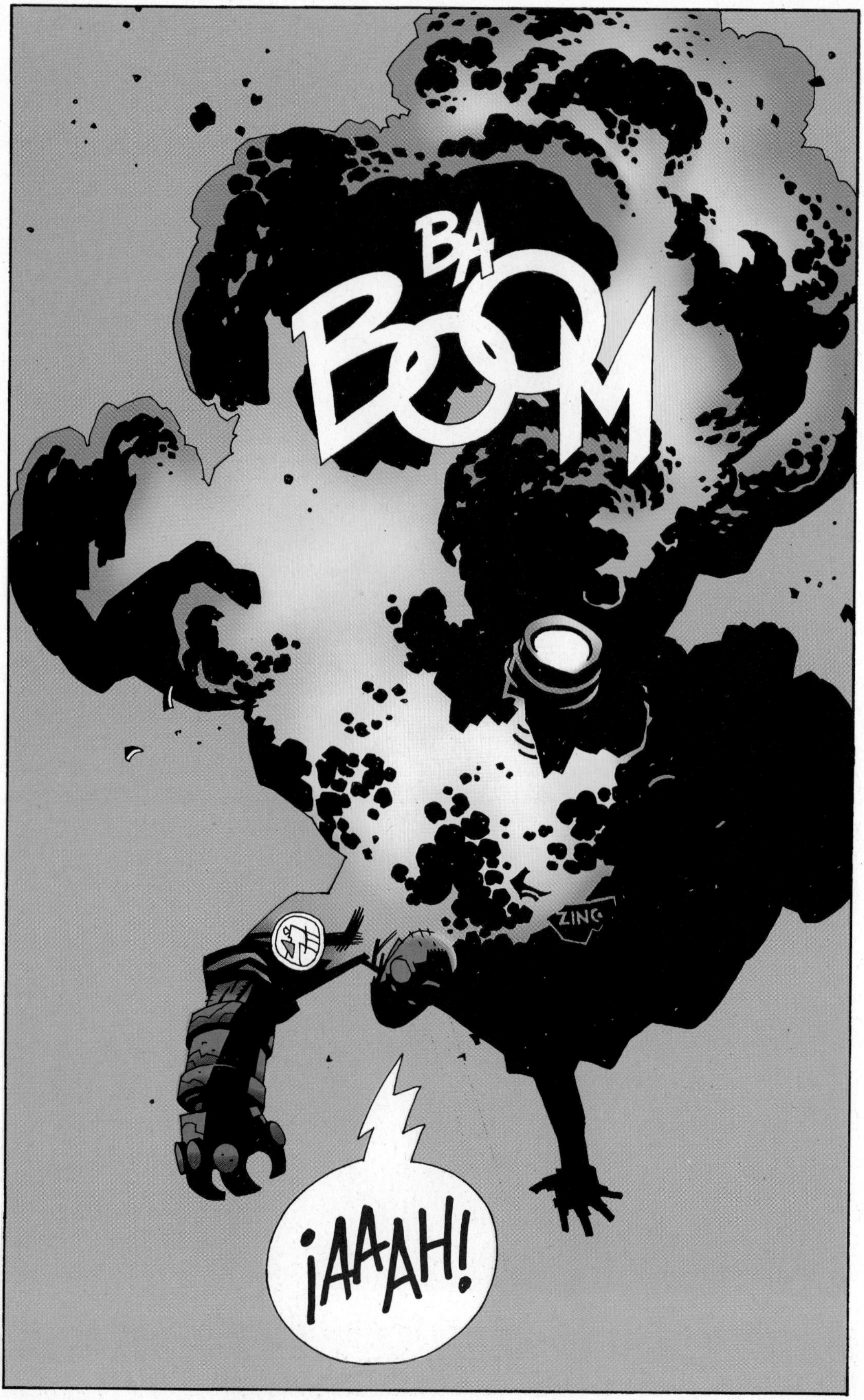
BA
BOOM
ZING
¡AAAH!

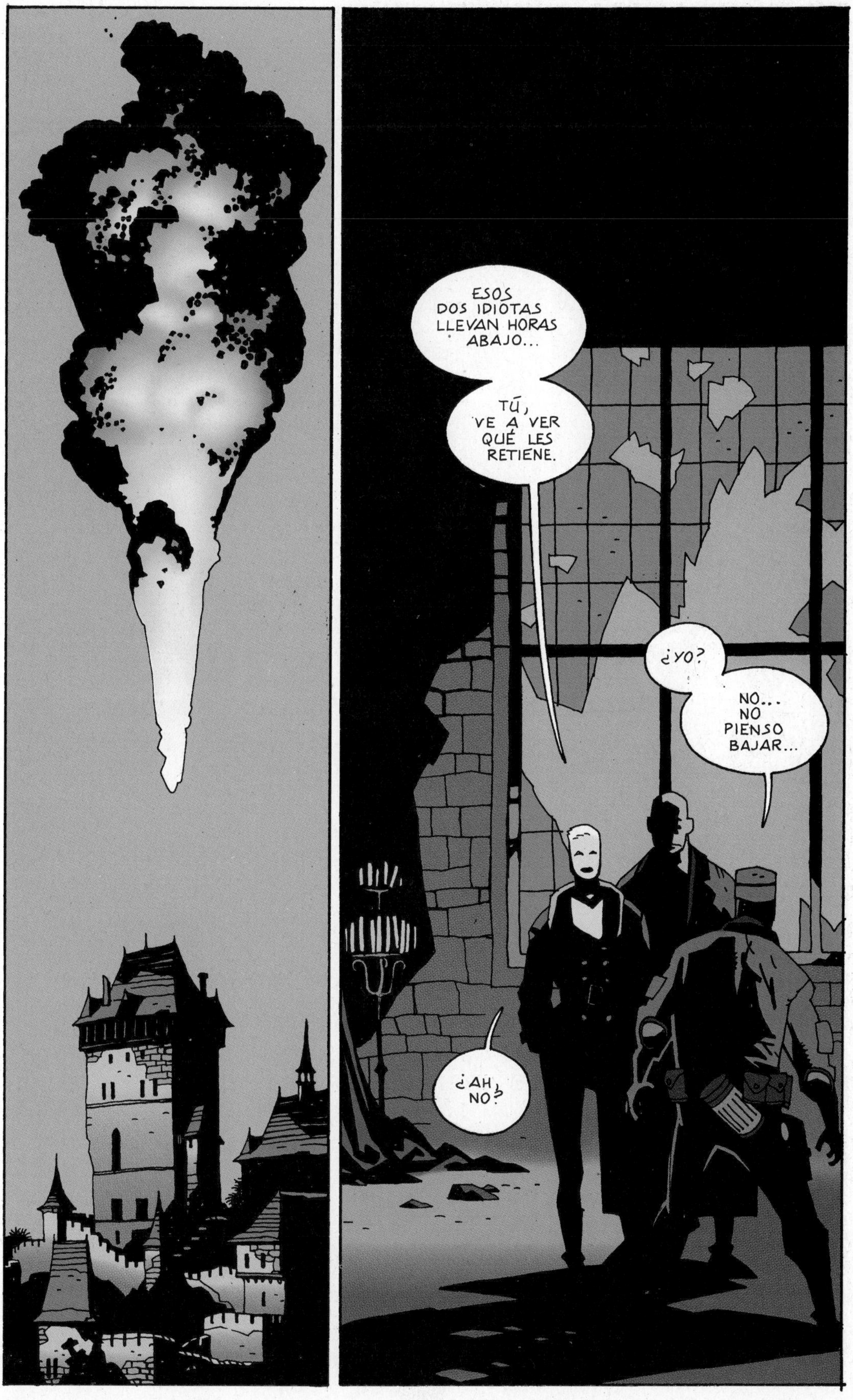
ESOS DOS IDIOTAS LLEVAN HORAS ABAJO...
TÚ, VE A VER QUÉ LES RETIENE.
¿YO?
NO... NO PIENSO BAJAR...
¿AH, NO?

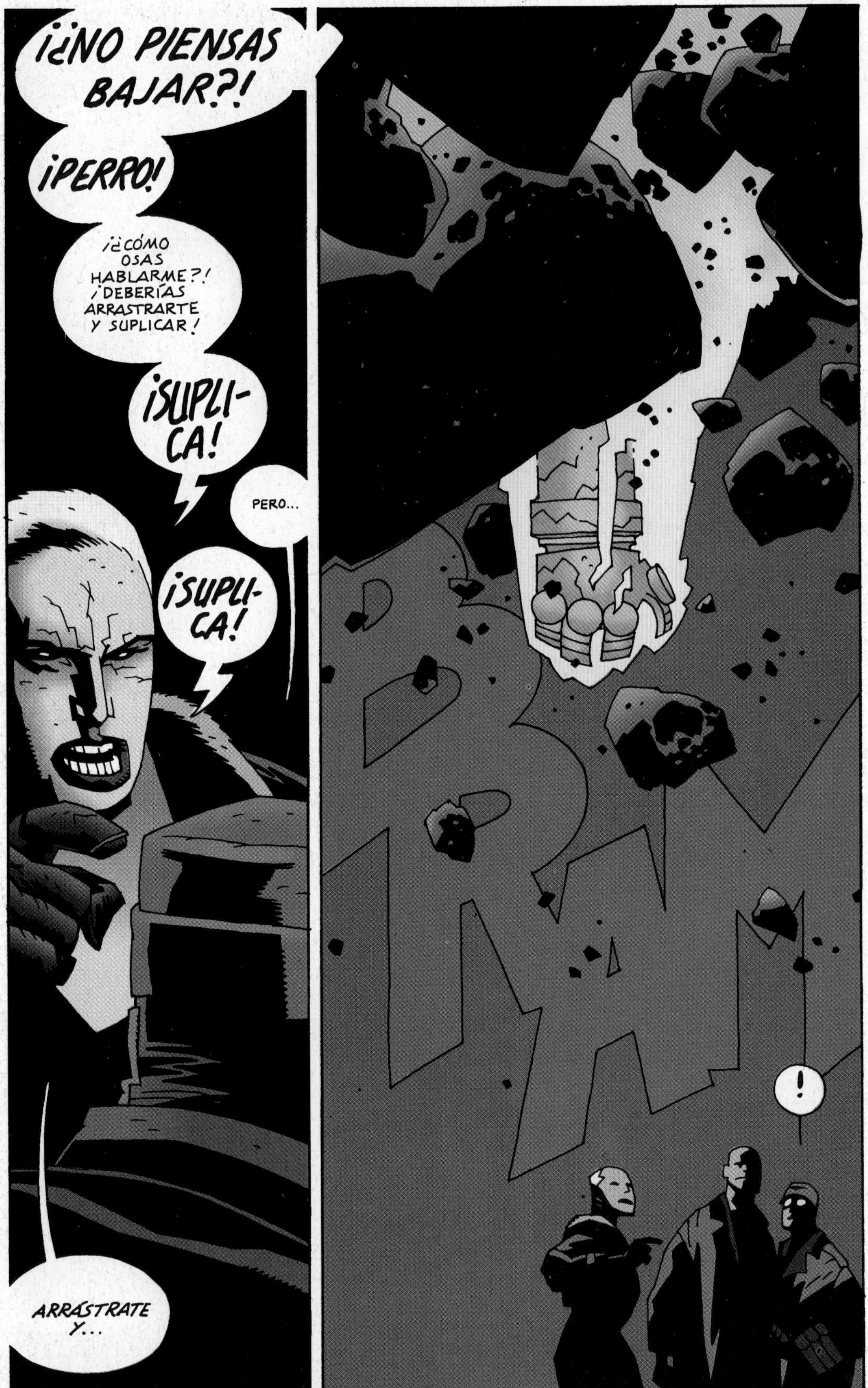
¡¿NO PIENSAS BAJAR?!
¡PERRO!
¡¿CÓMO OSAS HABLARME?! ¡DEBERÍAS ARRASTRARTE Y SUPLICAR!
¡SUPLI-CA!
PERO...
¡SUPLI-CA!
ARRÁSTRATE Y...
!

II

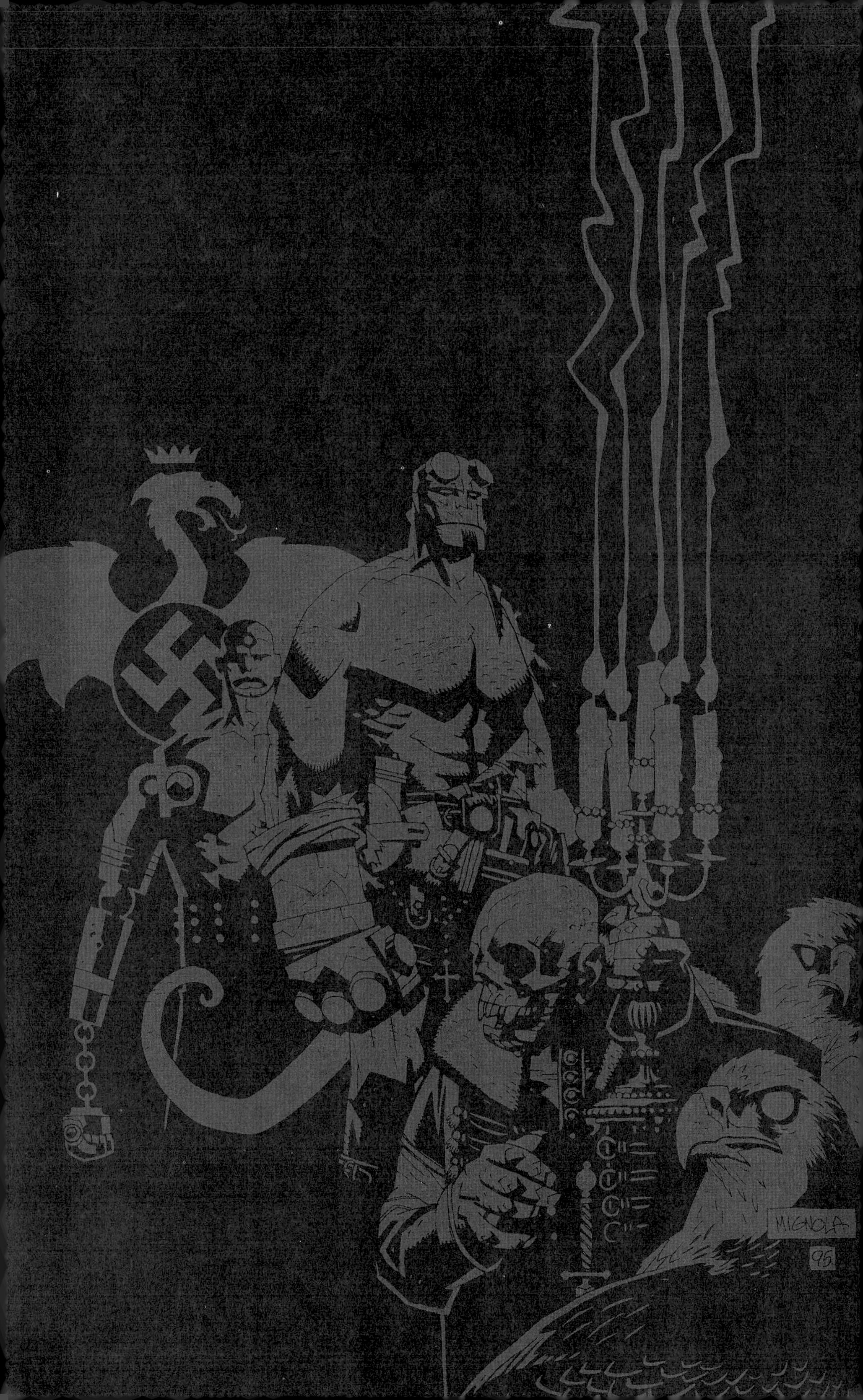
MIGNOLA
95

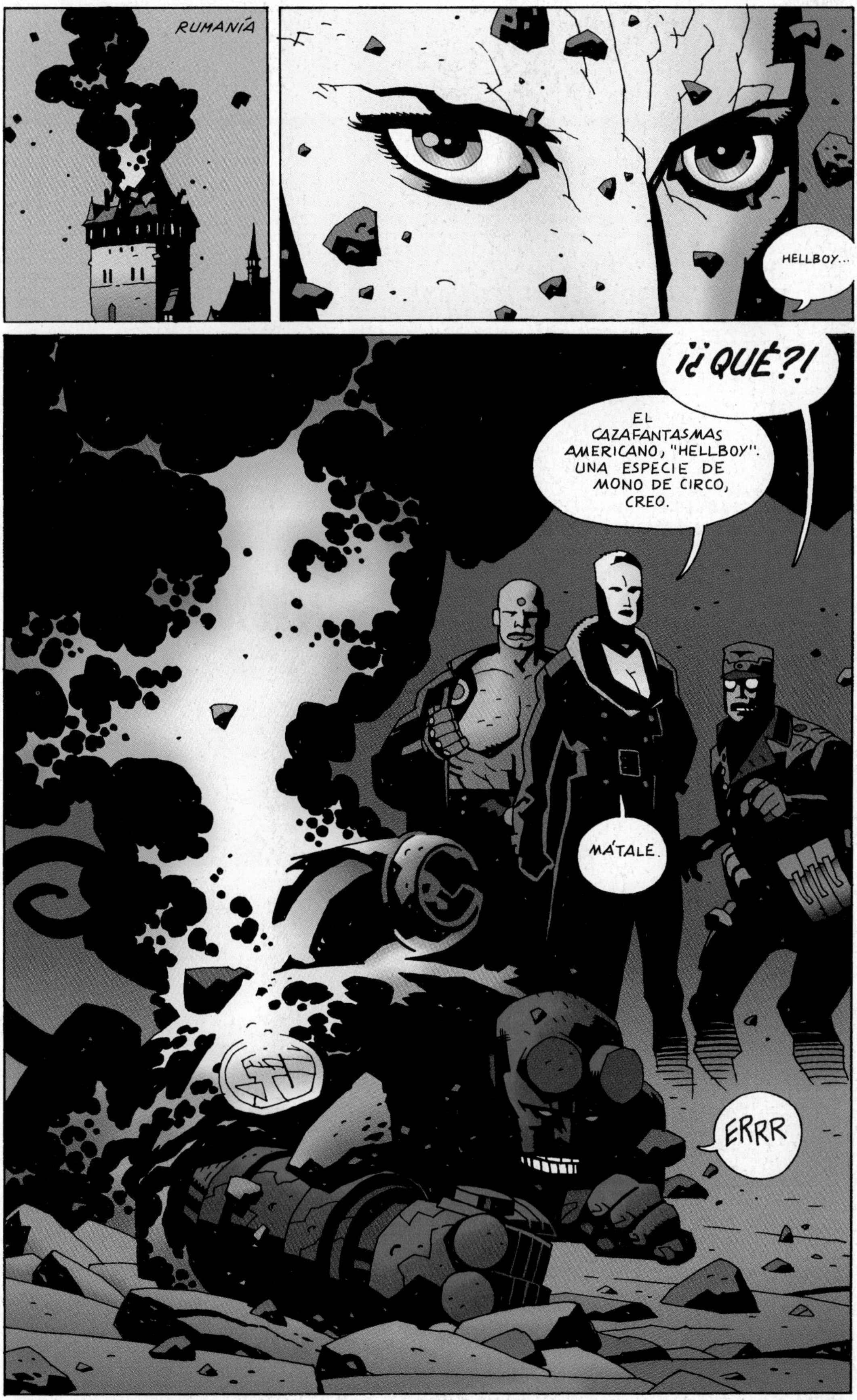
RUMANÍA
HELLBOY...
¡¿QUÉ?!
EL CAZAFANTASMAS AMERICANO, "HELLBOY". UNA ESPECIE DE MONO DE CIRCO, CREO.
MÁTALE.
ERRR

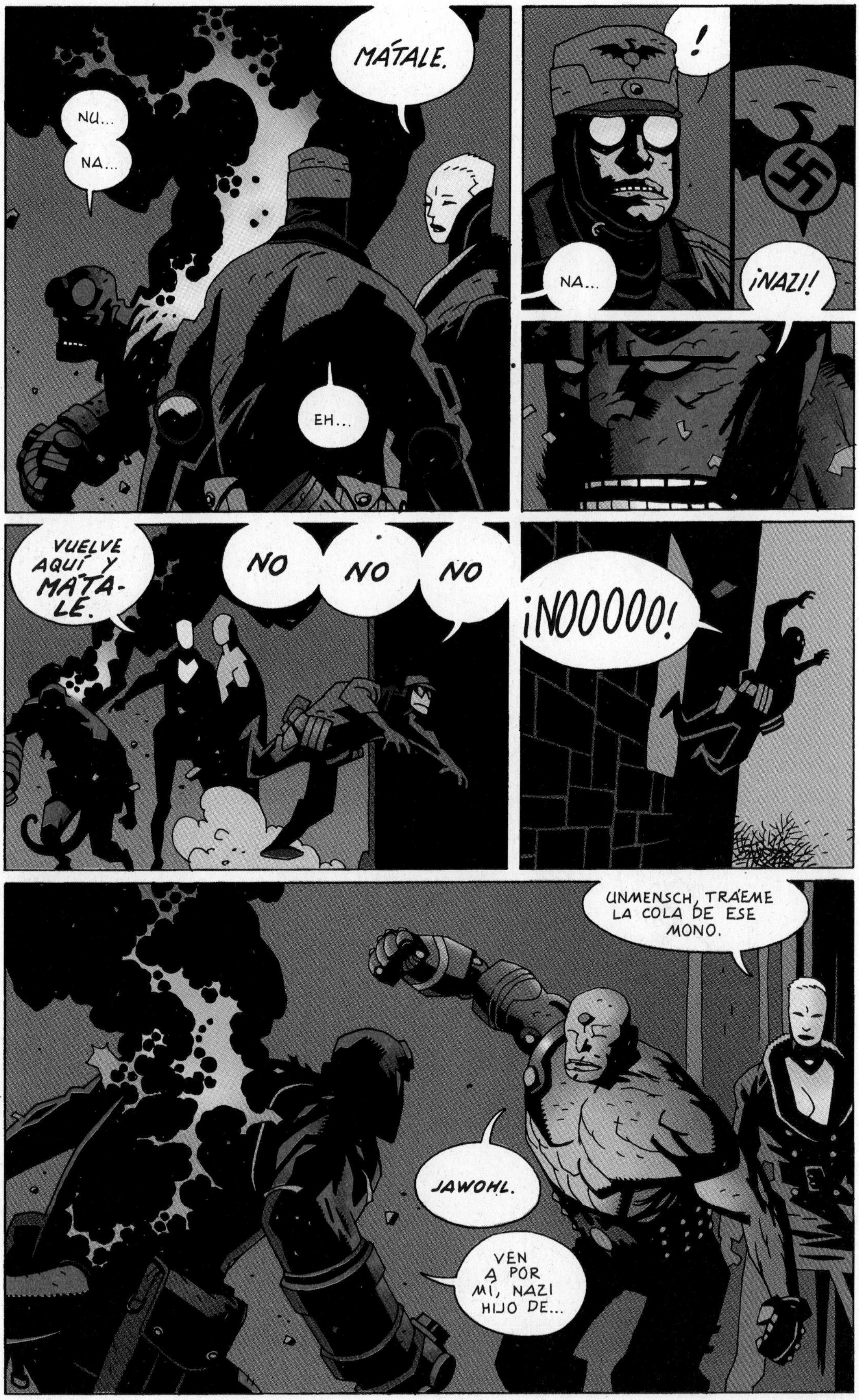
NU...
NA...
MÁTALE.
EH...
!
NA...
¡NAZI!
VUELVE AQUÍ Y MÁTA-LE.
NO
NO
NO
¡NOOOOO!
UNMENSCH, TRÁEME LA COLA DE ESE MONO.
JAWOHL.
VEN A POR MÍ, NAZI HIJO DE...

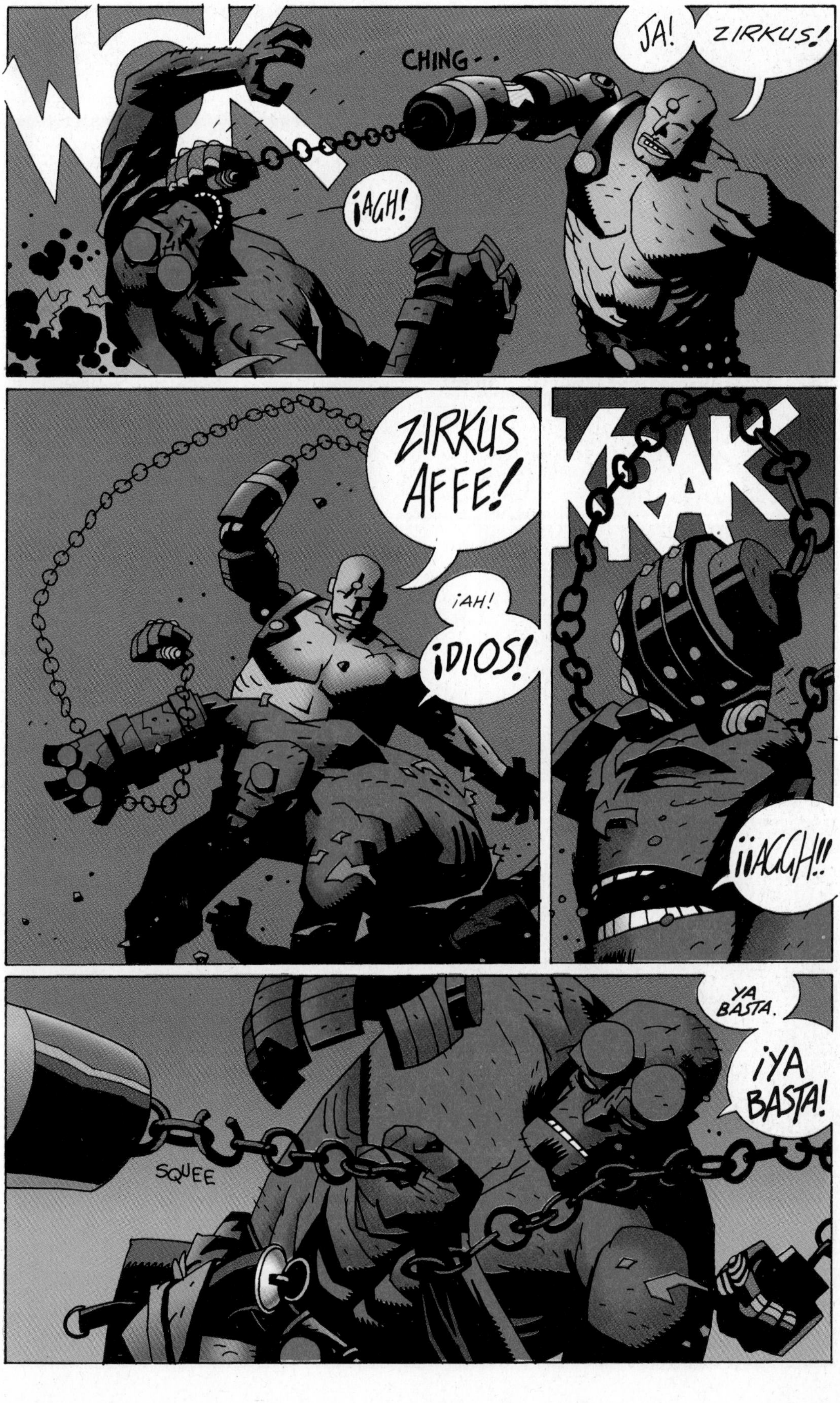

WOK
CHING - -
JA!
ZIRKUS!
¡AGH!
ZIRKUS AFFE!
¡AH!
¡DIOS!
KRAK
¡¡AGGH!!
YA BASTA.
¡YA BASTA!
SQUEE

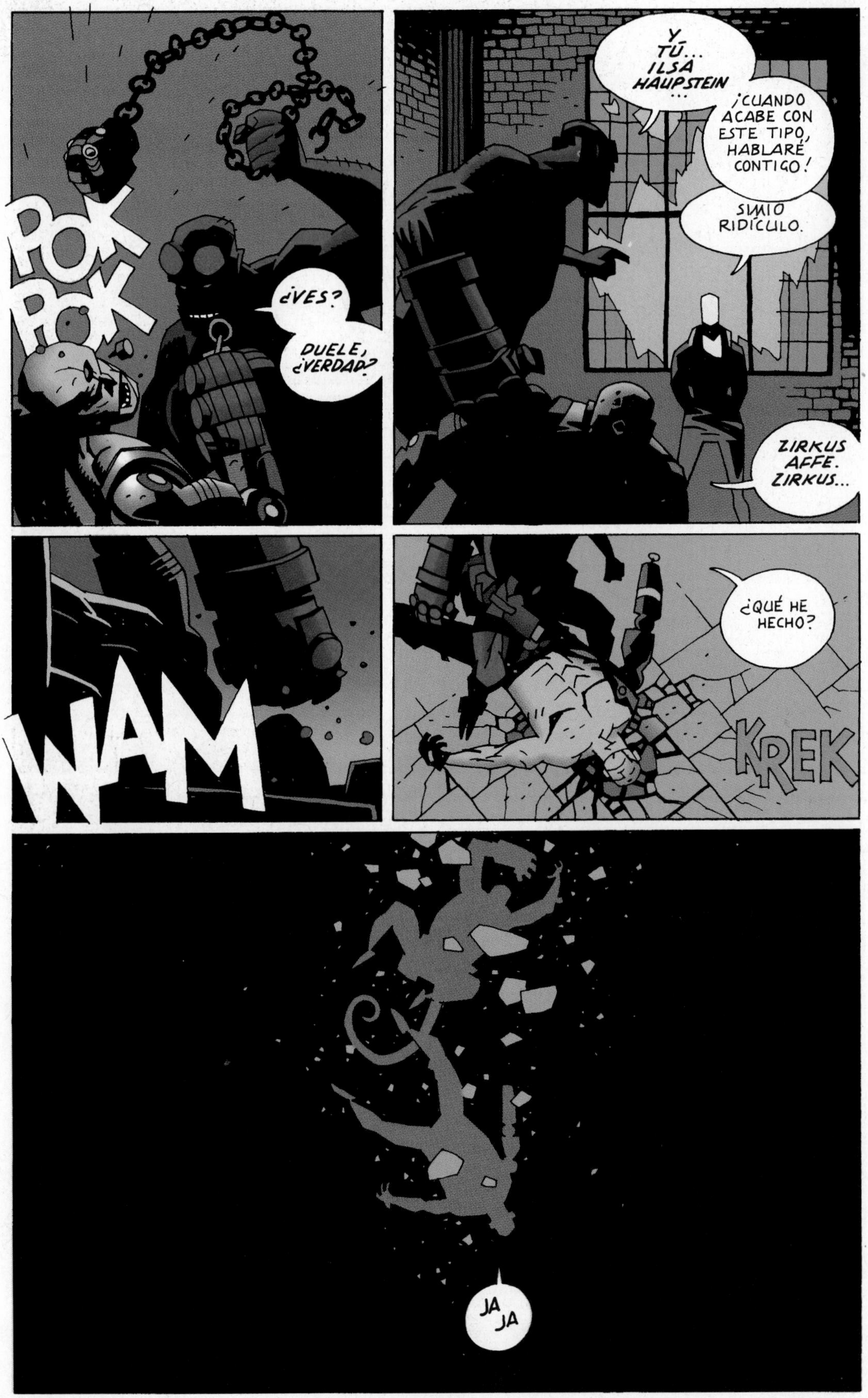
POK
POK
¿VES?
DUELE, ¿VERDAD?
Y TÚ... ILSA HAUPSTEIN ...
¡CUANDO ACABE CON ESTE TIPO, HABLARÉ CONTIGO!
SIMIO RIDÍCULO.
ZIRKUS AFFE. ZIRKUS...
WAM
¿QUÉ HE HECHO?
KREK
JA JA

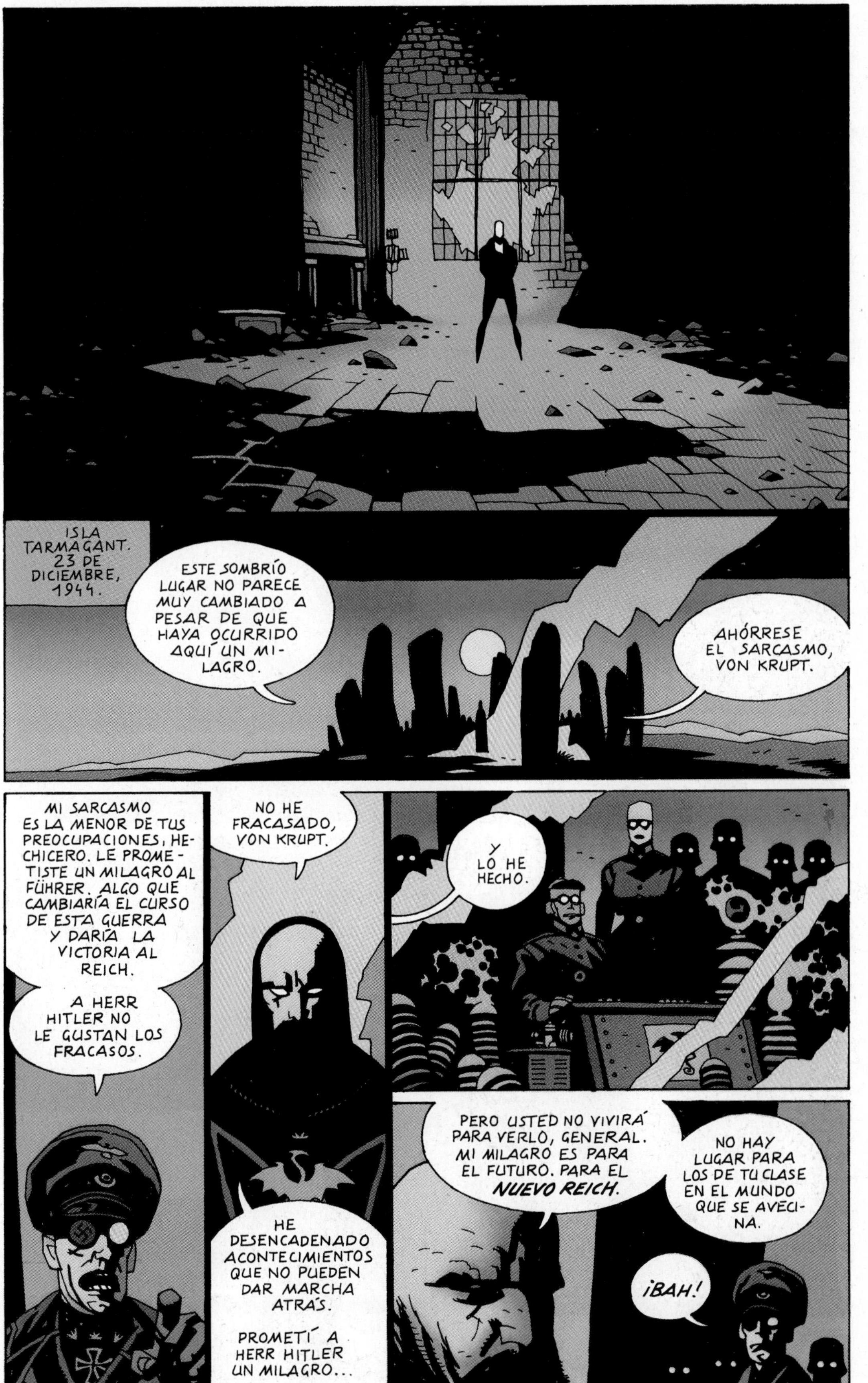
ISLA TARMAGANT. 23 DE DICIEMBRE, 1944.
ESTE SOMBRÍO LUGAR NO PARECE MUY CAMBIADO A PESAR DE QUE HAYA OCURRIDO AQUÍ UN MILAGRO.
AHÓRRESE EL SARCASMO, VON KRUPT.
MI SARCASMO ES LA MENOR DE TUS PREOCUPACIONES, HECHICERO. LE PROMETISTE UN MILAGRO AL FÜHRER. ALGO QUE CAMBIARÍA EL CURSO DE ESTA GUERRA Y DARÍA LA VICTORIA AL REICH.
A HERR HITLER NO LE GUSTAN LOS FRACASOS.
NO HE FRACASADO, VON KRUPT.
HE DESENCADENADO ACONTECIMIENTOS QUE NO PUEDEN DAR MARCHA ATRÁS.
PROMETÍ A HERR HITLER UN MILAGRO...
Y LO HE HECHO.
PERO USTED NO VIVIRÁ PARA VERLO, GENERAL. MI MILAGRO ES PARA EL FUTURO. PARA EL *NUEVO REICH*.
NO HAY LUGAR PARA LOS DE TU CLASE EN EL MUNDO QUE SE AVECINA.
¡BAH!

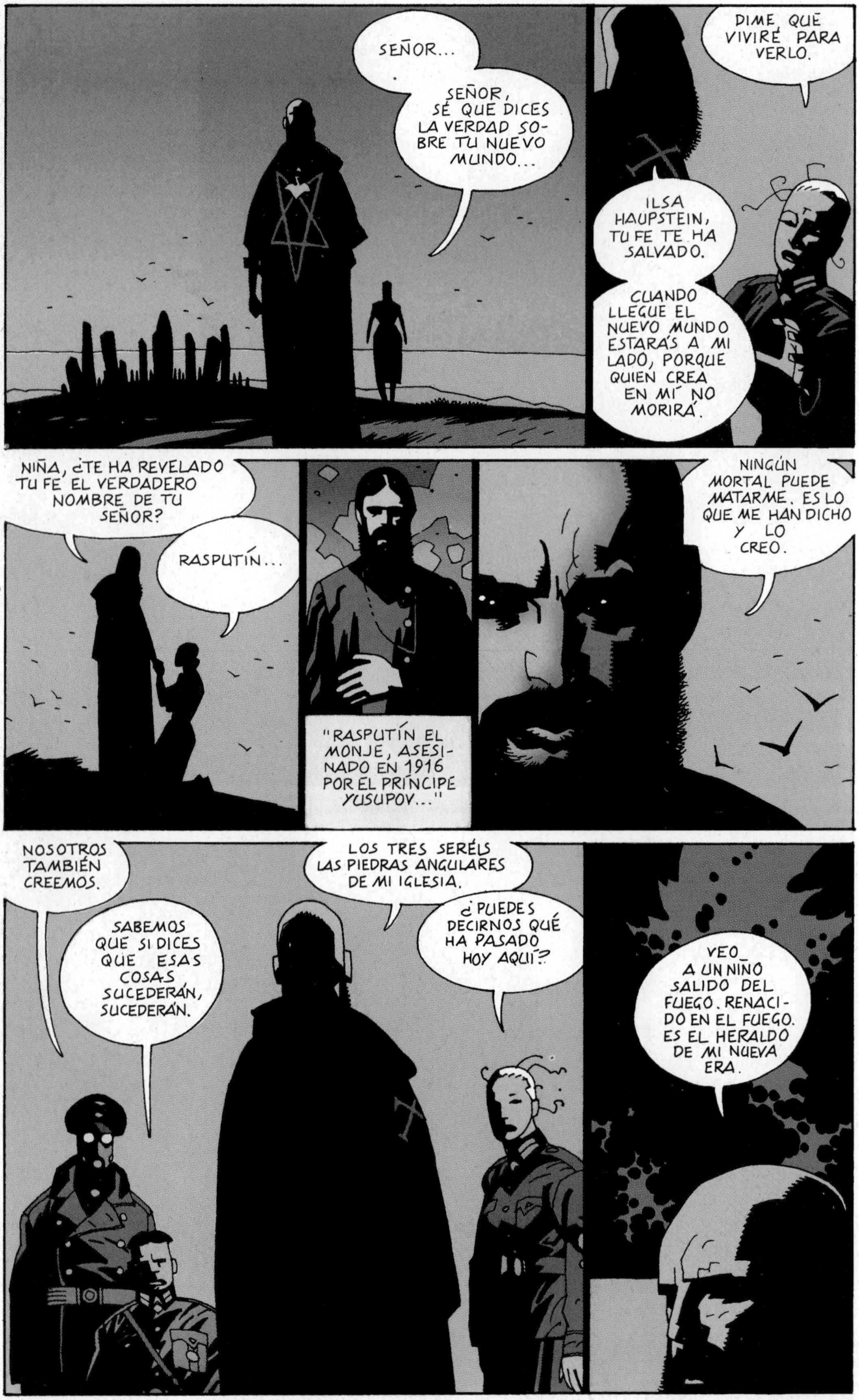

SEÑOR...
SEÑOR, SÉ QUE DICES LA VERDAD SOBRE TU NUEVO MUNDO...
DIME QUÉ VIVIRÉ PARA VERLO.
ILSA HAUPSTEIN, TU FE TE HA SALVADO.
CUANDO LLEGUE EL NUEVO MUNDO ESTARÁS A MI LADO, PORQUE QUIEN CREA EN MÍ NO MORIRÁ.
NIÑA, ¿TE HA REVELADO TU FE EL VERDADERO NOMBRE DE TU SEÑOR?
RASPUTÍN...
"RASPUTÍN EL MONJE, ASESINADO EN 1916 POR EL PRÍNCIPE YUSUPOV..."
NINGÚN MORTAL PUEDE MATARME. ES LO QUE ME HAN DICHO Y LO CREO.
NOSOTROS TAMBIÉN CREEMOS.
SABEMOS QUE SI DICES QUE ESAS COSAS SUCEDERÁN, SUCEDERÁN.
LOS TRES SERÉIS LAS PIEDRAS ANGULARES DE MI IGLESIA.
¿PUEDES DECIRNOS QUÉ HA PASADO HOY AQUÍ?
VEO A UN NIÑO SALIDO DEL FUEGO. RENACIDO EN EL FUEGO. ES EL HERALDO DE MI NUEVA ERA.

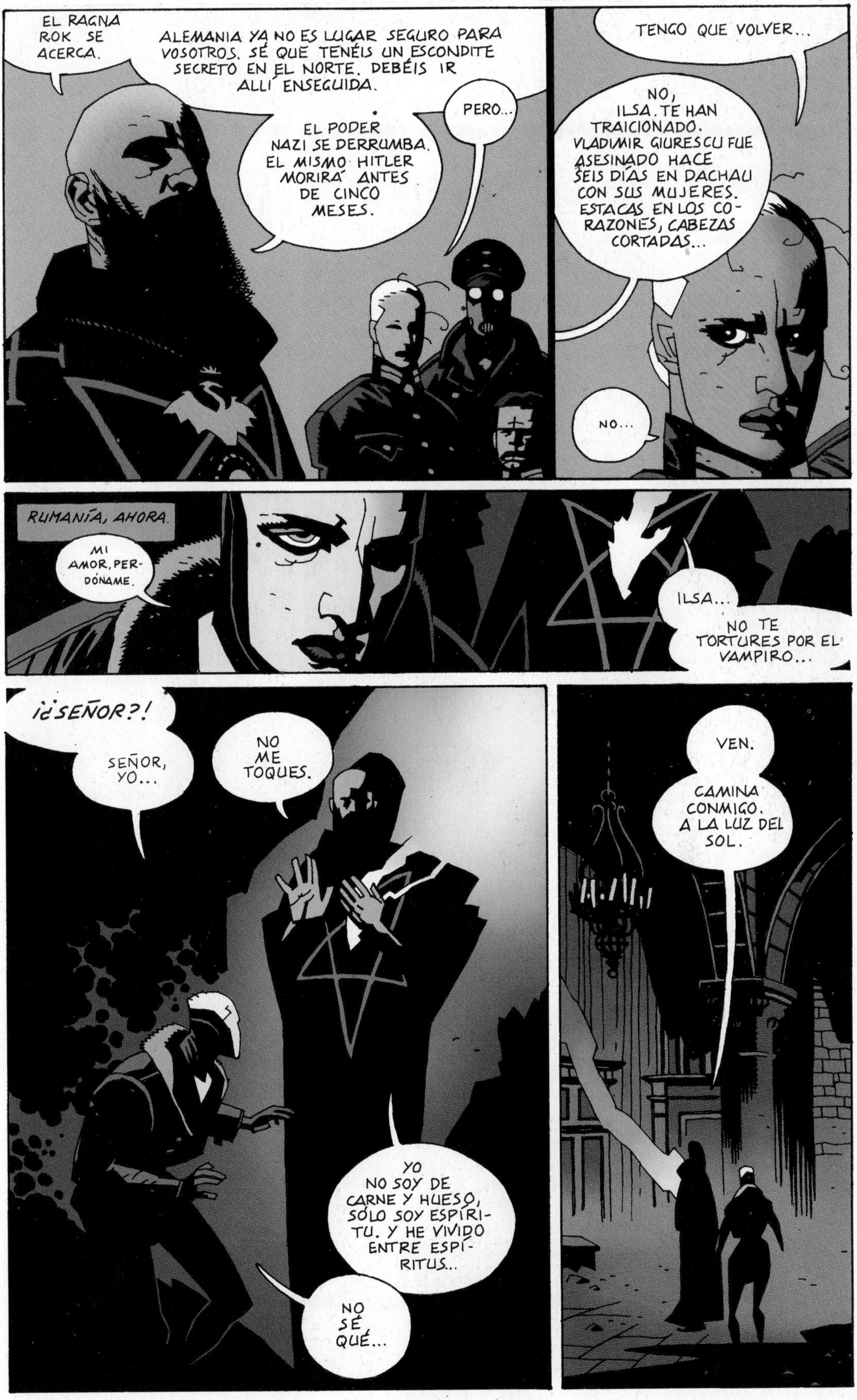
EL RAGNAROK SE ACERCA.
ALEMANIA YA NO ES LUGAR SEGURO PARA VOSOTROS. SÉ QUE TENÉIS UN ESCONDITE SECRETO EN EL NORTE. DEBÉIS IR ALLÍ ENSEGUIDA.
EL PODER NAZI SE DERRUMBA. EL MISMO HITLER MORIRÁ ANTES DE CINCO MESES.
PERO...
TENGO QUE VOLVER...
NO, ILSA. TE HAN TRAICIONADO. VLADIMIR GIURESCU FUE ASESINADO HACE SEIS DÍAS EN DACHAU CON SUS MUJERES. ESTACAS EN LOS CORAZONES, CABEZAS CORTADAS...
NO...
RUMANÍA, AHORA.
MI AMOR, PERDÓNAME.
ILSA...
NO TE TORTURES POR EL VAMPIRO...
¡¿SEÑOR?!
SEÑOR, YO...
NO ME TOQUES.
YO NO SOY DE CARNE Y HUESO, SÓLO SOY ESPÍRITU. Y HE VIVIDO ENTRE ESPÍRITUS...
NO SÉ QUÉ...
VEN.
CAMINA CONMIGO. A LA LUZ DEL SOL.

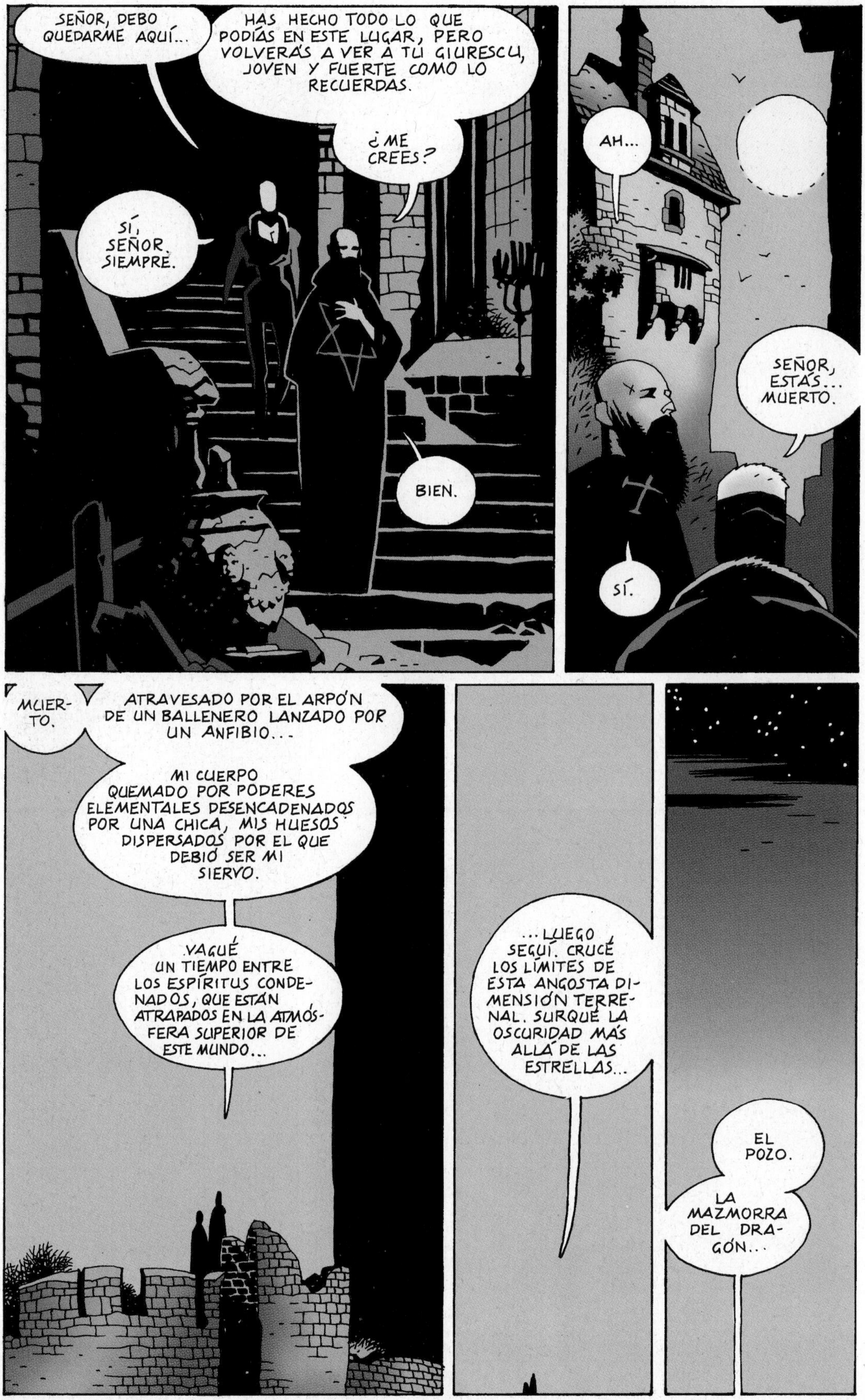
SEÑOR, DEBO QUEDARME AQUÍ...
HAS HECHO TODO LO QUE PODÍAS EN ESTE LUGAR, PERO VOLVERÁS A VER A TU GIURESCU, JOVEN Y FUERTE COMO LO RECUERDAS.
¿ME CREES?
SÍ, SEÑOR. SIEMPRE.
BIEN.
AH...
SEÑOR, ESTÁS... MUERTO.
SÍ.
MUER-TO.
ATRAVESADO POR EL ARPÓN DE UN BALLENERO LANZADO POR UN ANFIBIO...
MI CUERPO QUEMADO POR PODERES ELEMENTALES DESENCADENADOS POR UNA CHICA, MIS HUESOS DISPERSADOS POR EL QUE DEBIÓ SER MI SIERVO.
VAGUÉ UN TIEMPO ENTRE LOS ESPÍRITUS CONDE-NADOS, QUE ESTÁN ATRAPADOS EN LA ATMÓS-FERA SUPERIOR DE ESTE MUNDO...
...LUEGO SEGUÍ. CRUCÉ LOS LÍMITES DE ESTA ANGOSTA DI-MENSIÓN TERRE-NAL. SURQUÉ LA OSCURIDAD MÁS ALLÁ DE LAS ESTRELLAS...
EL POZO.
LA MAZMORRA DEL DRA-GÓN...

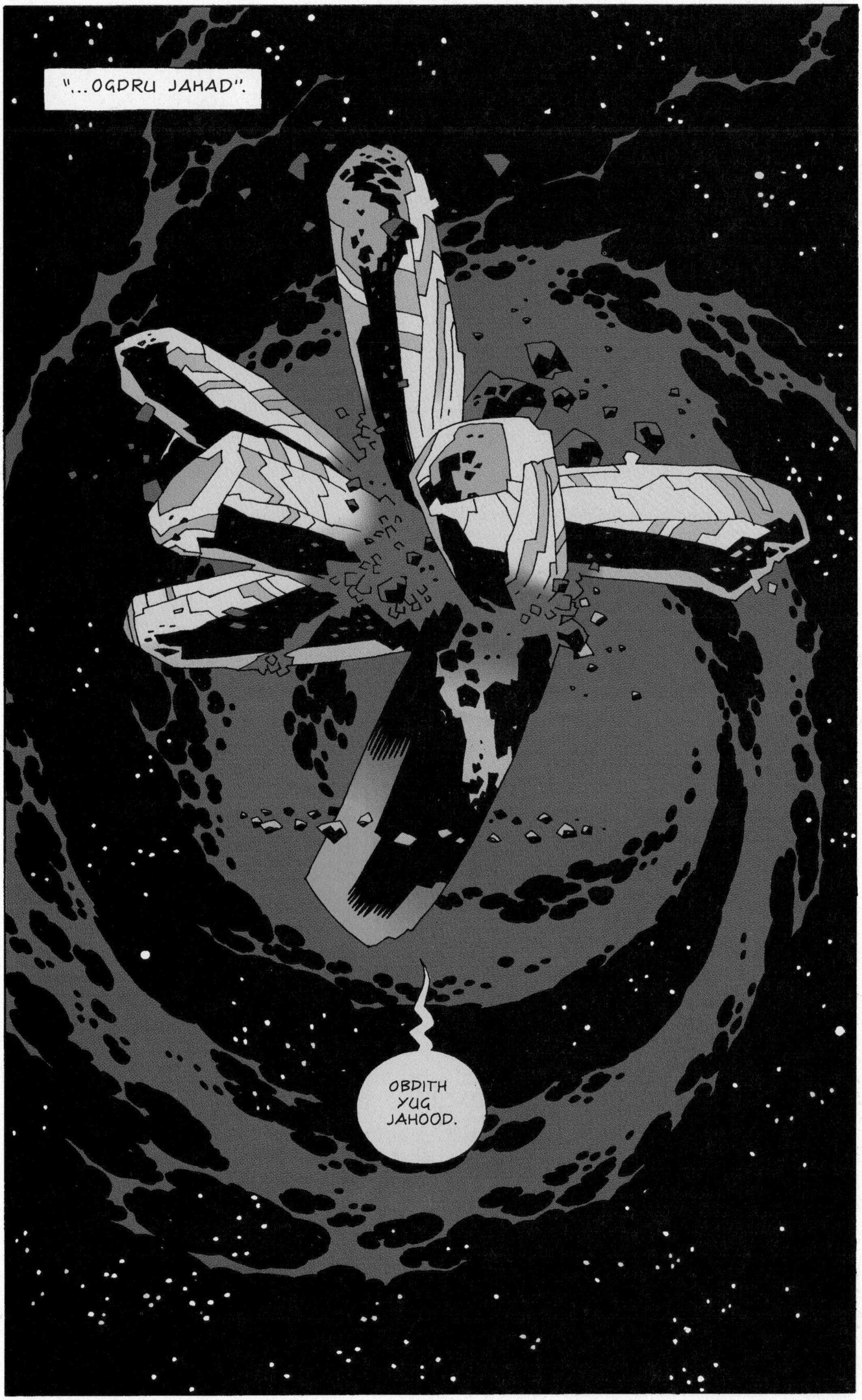
"...OGDRU JAHAD".
OBDITH YUG JAHOOD.

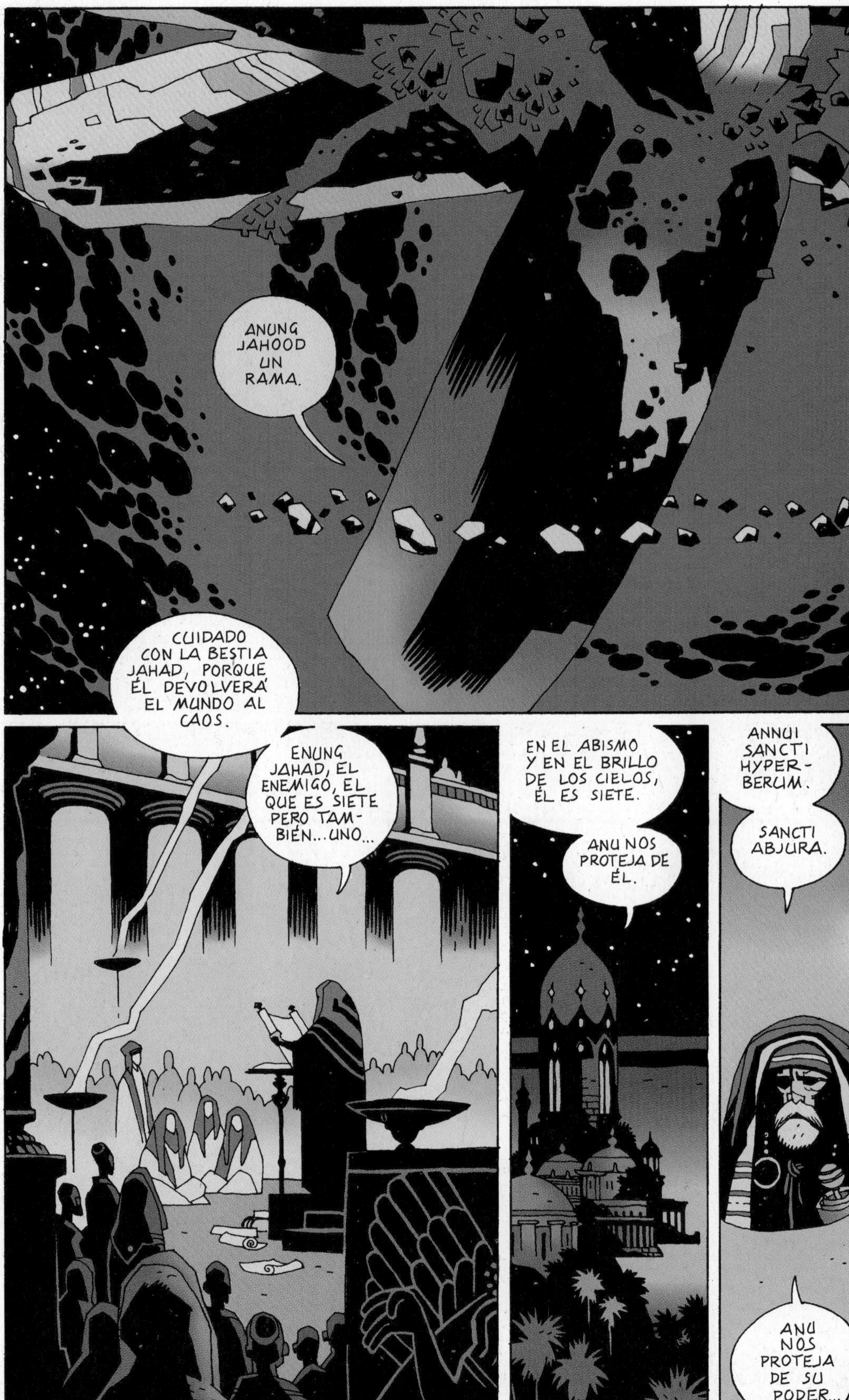
ANUNG JAHOOD UN RAMA.
CUIDADO CON LA BESTIA JAHAD, PORQUE ÉL DEVOLVERÁ EL MUNDO AL CAOS.
ENUNG JAHAD, EL ENEMIGO, EL QUE ES SIETE PERO TAMBIÉN... UNO...
EN EL ABISMO Y EN EL BRILLO DE LOS CIELOS, ÉL ES SIETE.
ANU NOS PROTEJA DE ÉL.
ANNUI SANCTI HYPERBERUM.
SANCTI ABJURA.
ANU NOS PROTEJA DE SU PODER...

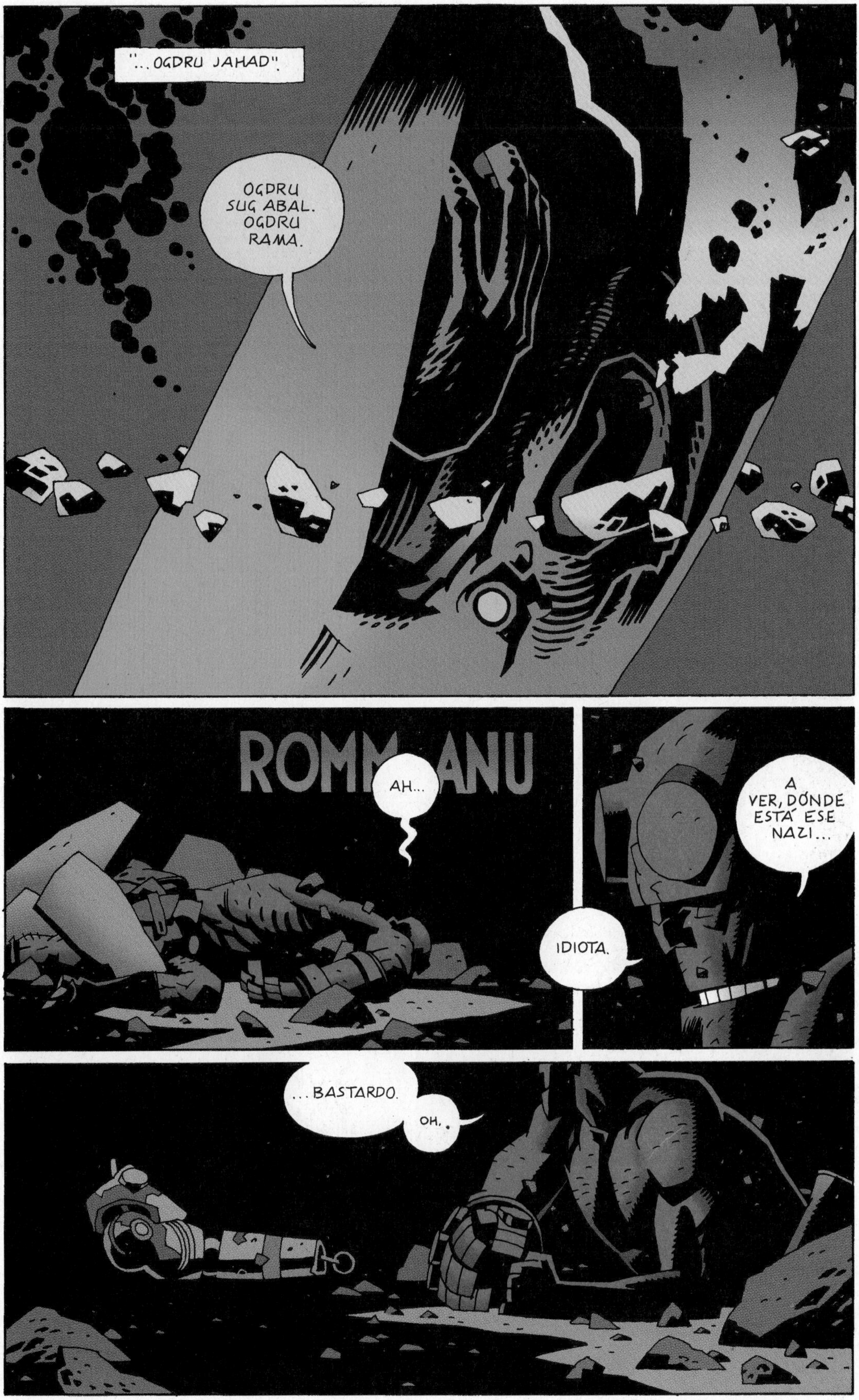
"...OGDRU JAHAD".
OGDRU SUG ABAL. OGDRU RAMA.
ROMM ANU
AH...
A VER, DÓNDE ESTÁ ESE NAZI...
IDIOTA.
...BASTARDO.
OH, .

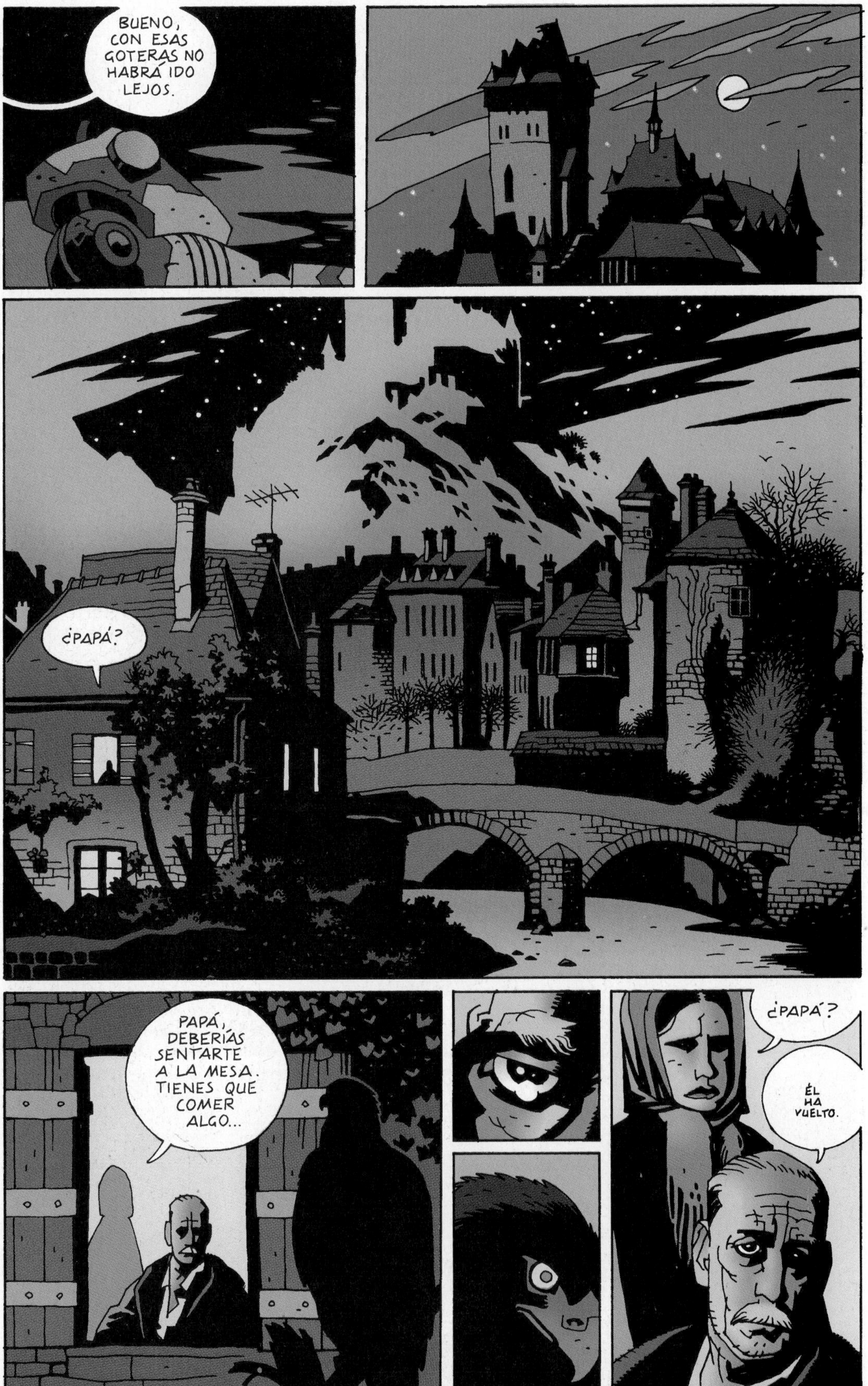
BUENO, CON ESAS GOTERAS NO HABRÁ IDO LEJOS.
¿PAPÁ?
PAPÁ, DEBERÍAS SENTARTE A LA MESA. TIENES QUE COMER ALGO...
¿PAPÁ?
ÉL HA VUELTO.

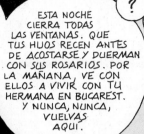

ESCÚCHAME, HIJA. Y HAZ LO QUE DIGO. ¿ME ENTIENDES? BUENA CHICA.

ESTA NOCHE CIERRA TODAS LAS VENTANAS. QUE TUS HIJOS RECEN ANTES DE ACOSTARSE Y DUERMAN CON SUS ROSARIOS. POR LA MAÑANA, VE CON ELLOS A VIVIR CON TU HERMANA EN BUCAREST. Y NUNCA, NUNCA, VUELVAS AQUÍ.

?

VENDRÁS CON NOSOTROS, PAPÁ...

NO.

"PARA MÍ ES TAR-DE, HIJA...."

"MUY TARDE".

¿CUÁNTA SANGRE TENÍA ESE...?

¿...TIPO?

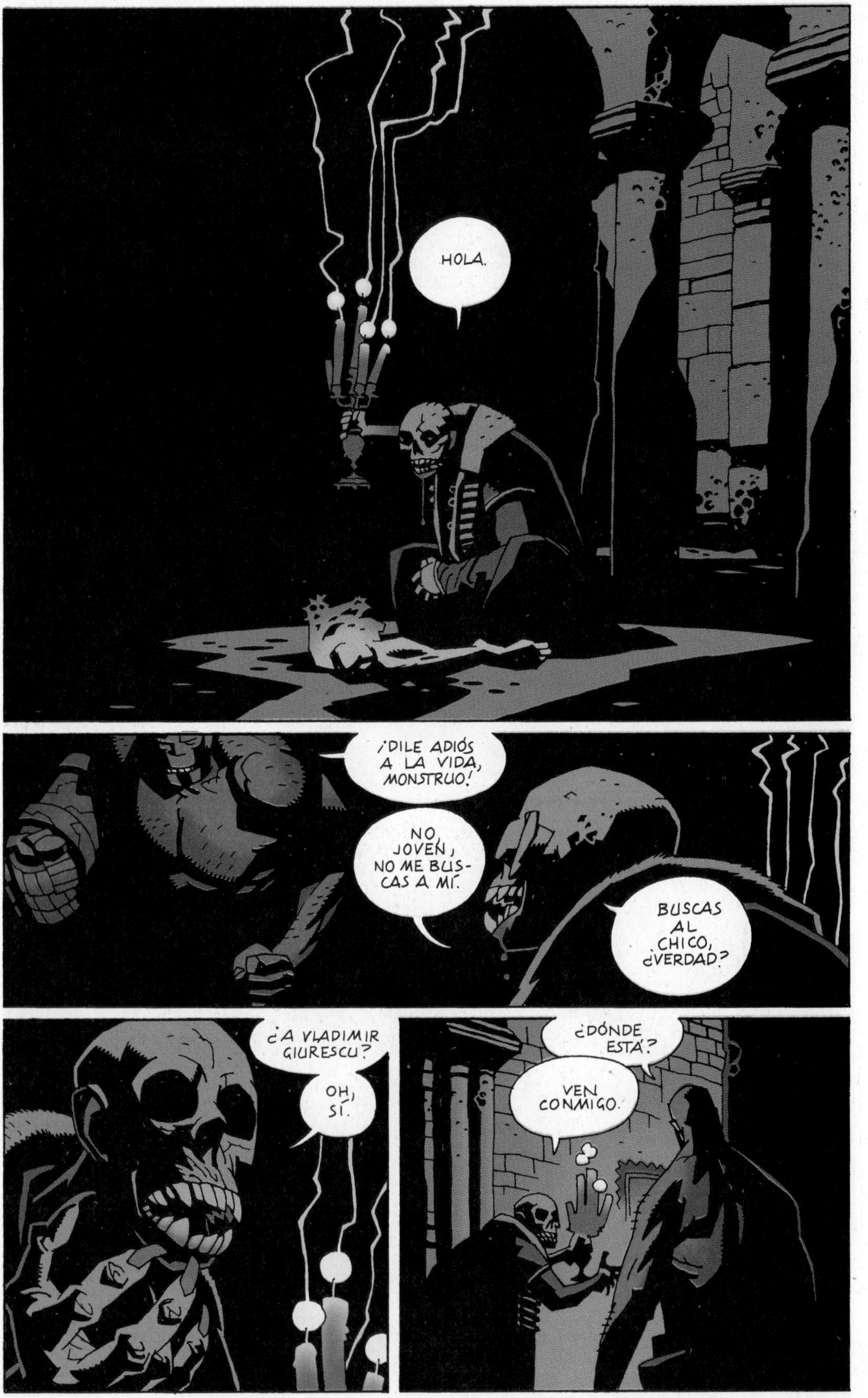
HOLA.
¡DILE ADIÓS A LA VIDA, MONSTRUO!
NO, JOVEN, NO ME BUSCAS A MÍ.
BUSCAS AL CHICO, ¿VERDAD?
¿A VLADIMIR GIURESCU?
OH, SÍ.
¿DÓNDE ESTÁ?
VEN CONMIGO.

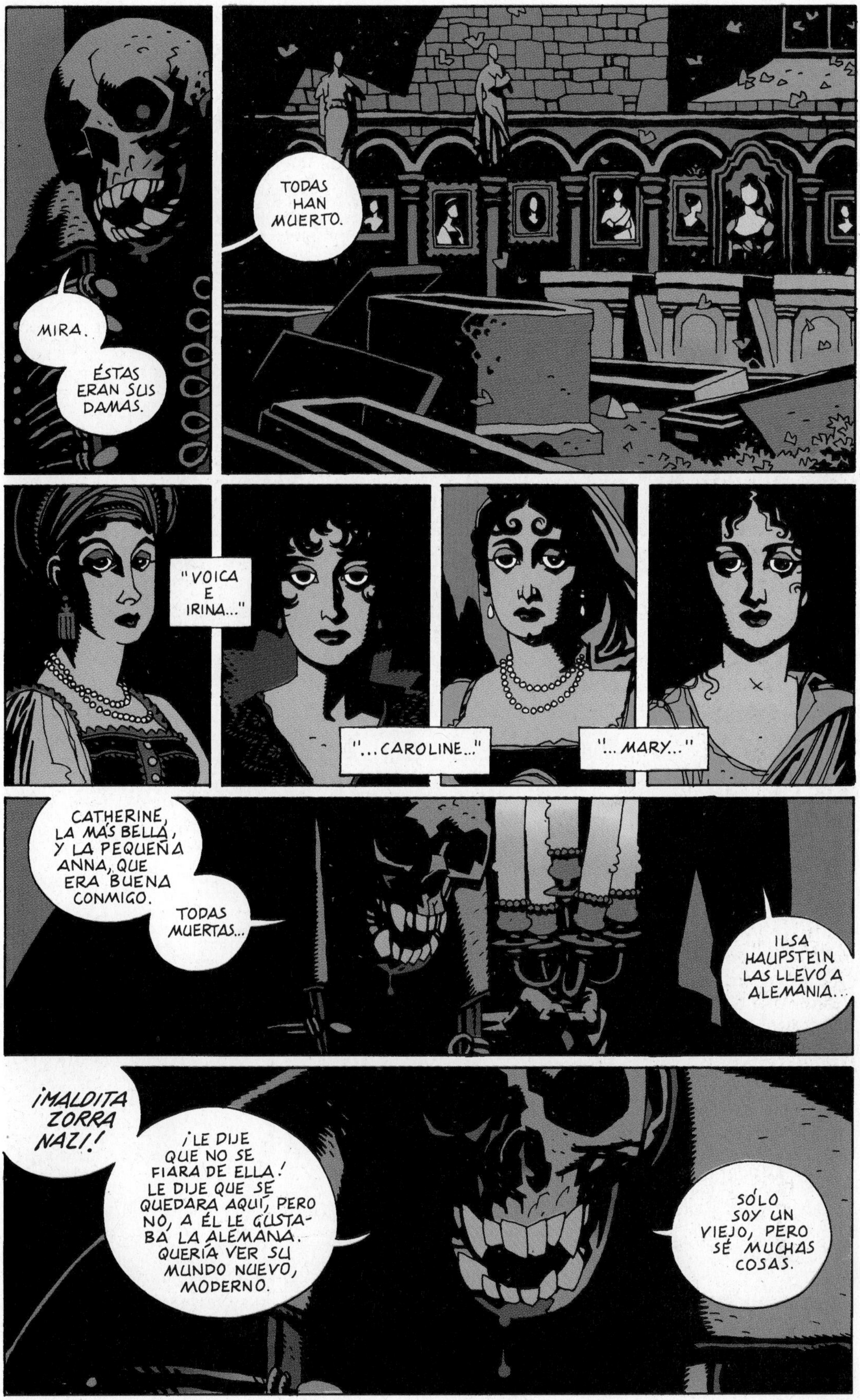
TODAS HAN MUERTO.
MIRA.
ÉSTAS ERAN SUS DAMAS.
"VOICA E IRINA..."
"...CAROLINE..."
"...MARY..."
CATHERINE, LA MÁS BELLA, Y LA PEQUEÑA ANNA, QUE ERA BUENA CONMIGO.
TODAS MUERTAS...
ILSA HAUPSTEIN LAS LLEVÓ A ALEMANIA...
¡MALDITA ZORRA NAZI!
¡LE DIJE QUE NO SE FIARA DE ELLA! LE DIJE QUE SE QUEDARA AQUÍ, PERO NO, A ÉL LE GUSTABA LA ALEMANA. QUERÍA VER SU MUNDO NUEVO, MODERNO.
SÓLO SOY UN VIEJO, PERO SÉ MUCHAS COSAS.

SABE DESCONFIAR DE LOS NAZIS.

¡SÉ MUCHAS COSAS!

¡PERO NADIE ME ESCUCHA! ¡NADIE ME HABLA! ¡ME EXTRAÑA QUE SE ACUERDEN DE ALIMENTARME!

AHORA EL CHICO ESTÁ AQUÍ, PERO NO ME DEJAN VERLE. ¡ELLA VIENE, PERO NO BAJA A VERME A MÍ!

¿"ELLA"? ¿ILSA?

NO. ELLA. LA ENCONTRÉ.

LA SALVÉ.

AQUELLOS PESCADORES GRIEGOS LA SACARON DE LA CUEVA, ESTABA SECA Y DURA. LA HABRÍAN ECHADO A LA HOGUERA, PERO CONSEGUÍ QUE ME LA VENDIERAN.

CLARO.

LA CREÍAN MUERTA. PERO YO...

...SABÍA LA VERDAD.

QUE NO MUERE COMO MUERE EL HOMBRE, SINO QUE A VECES DUERME MIL AÑOS.

LA TRAJE AQUÍ. LA BAÑÉ EN SANGRE DE BUEY Y LECHE, MIEL Y ACEITES, HASTA QUE FUE OTRA VEZ...FLEXIBLE. LE CONSTRUÍ UN NUEVO TEMPLO...

FUE EL AÑO EN QUE JUAN HUNYADI ECHÓ A LOS TURCOS DE VALAQUIA. *

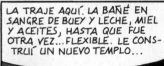

HACE MUCHO TIEMPO.

¿TIEMPO?

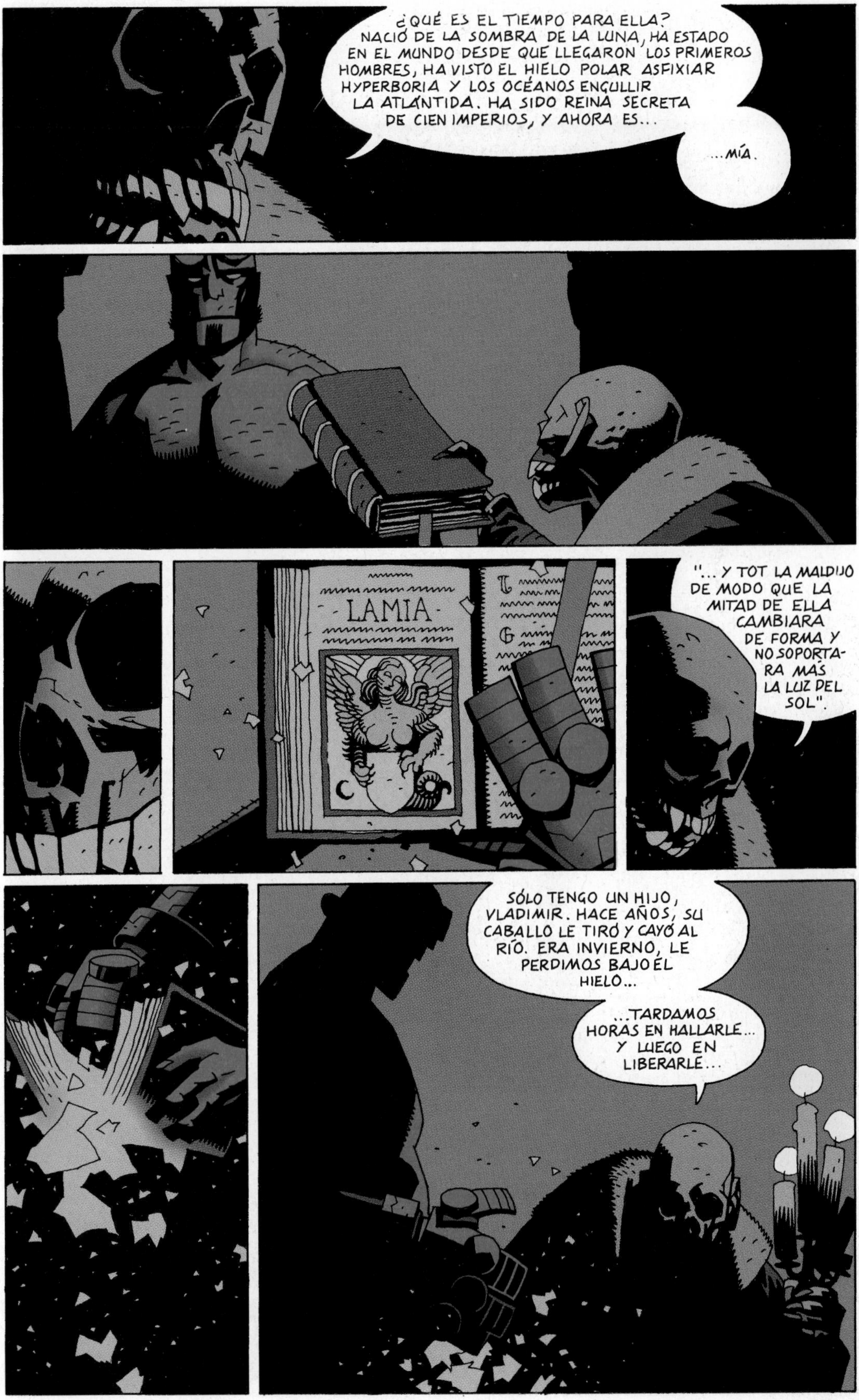
¿QUÉ ES EL TIEMPO PARA ELLA? NACIÓ DE LA SOMBRA DE LA LUNA, HA ESTADO EN EL MUNDO DESDE QUE LLEGARON LOS PRIMEROS HOMBRES, HA VISTO EL HIELO POLAR ASFIXIAR HYPERBORIA Y LOS OCÉANOS ENGULLIR LA ATLÁNTIDA. HA SIDO REINA SECRETA DE CIEN IMPERIOS, Y AHORA ES...
...MÍA.
LAMIA
"... Y TOT LA MALDIJO DE MODO QUE LA MITAD DE ELLA CAMBIARA DE FORMA Y NO SOPORTARA MÁS LA LUZ DEL SOL".
SÓLO TENGO UN HIJO, VLADIMIR. HACE AÑOS, SU CABALLO LE TIRÓ Y CAYÓ AL RÍO. ERA INVIERNO, LE PERDIMOS BAJO EL HIELO...
...TARDAMOS HORAS EN HALLARLE... Y LUEGO EN LIBERARLE...

"LOS CRIADOS ME TRAJERON SU CUERPO HELADO..."

"SE LO LLEVÉ A ELLA. SACRIFIQUÉ A TODOS LOS PERROS, LUEGO A TODOS LOS CRIADOS, Y A LOS TRES DÍAS..."

"...ELLA ME LO DEVOLVIÓ".

AÚN ES MI HIJO, PERO TAMBIÉN DE ELLA.

AHORA TÚ QUIERES LLEVÁRTELO DE NUEVO. PUES LLEGAS TARDE.

ESO YA LO VEREMOS.

MUY TARDE.

HAN VENIDO SUS DONCELLAS.

LAS MUJERES DE TESALIA SE REÚNEN YA TRAS LA PUERTA DE LA LUNA. Y LA LUNA SUBE.

¿DÓNDE ESTÁ VLADIMIR GIURESCU?

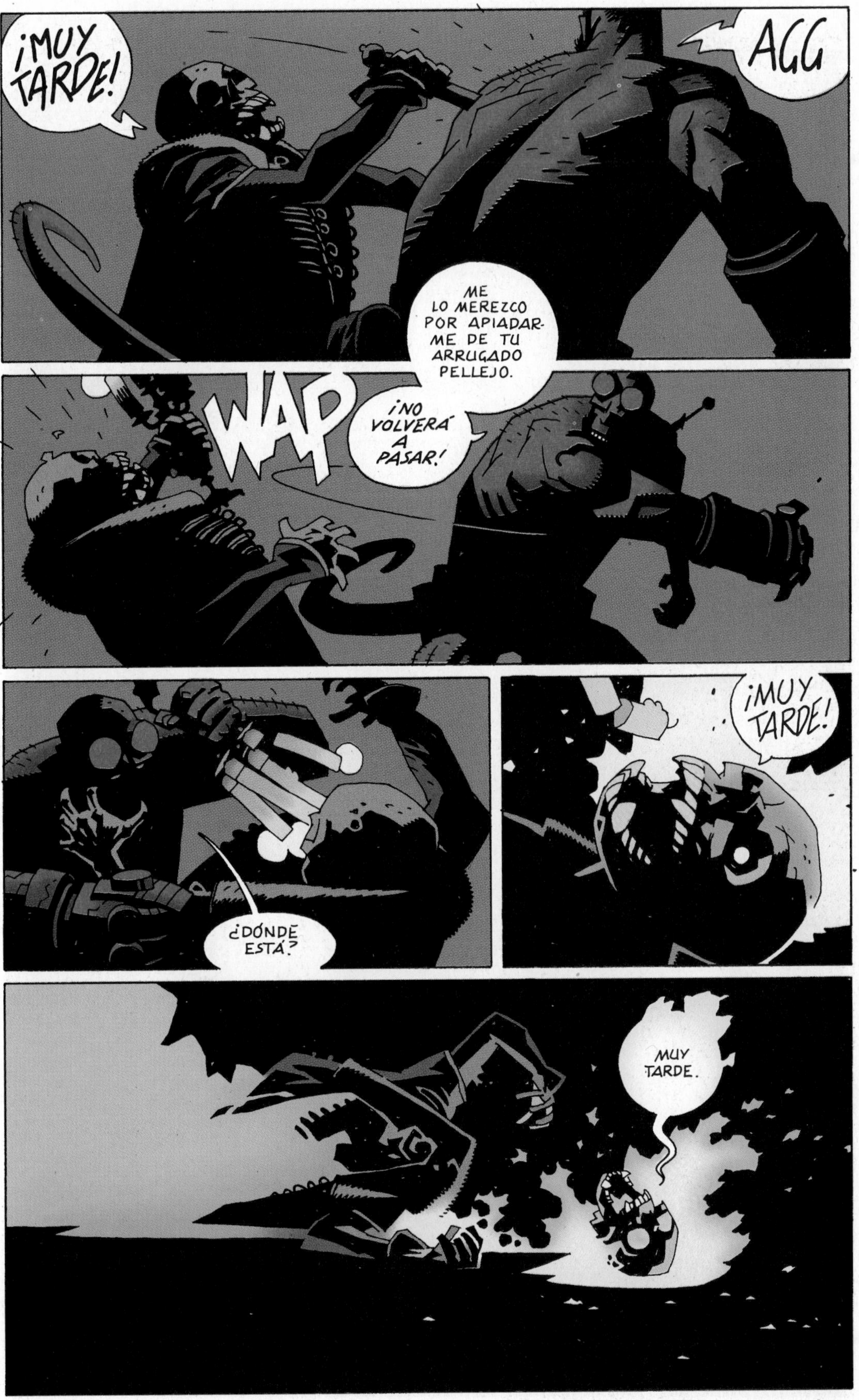
¡MUY TARDE!
AGG
ME LO MEREZCO POR APIADARME DE TU ARRUGADO PELLEJO.
WAP
¡NO VOLVERÁ A PASAR!
¿DÓNDE ESTÁ?
¡MUY TARDE!
MUY TARDE.

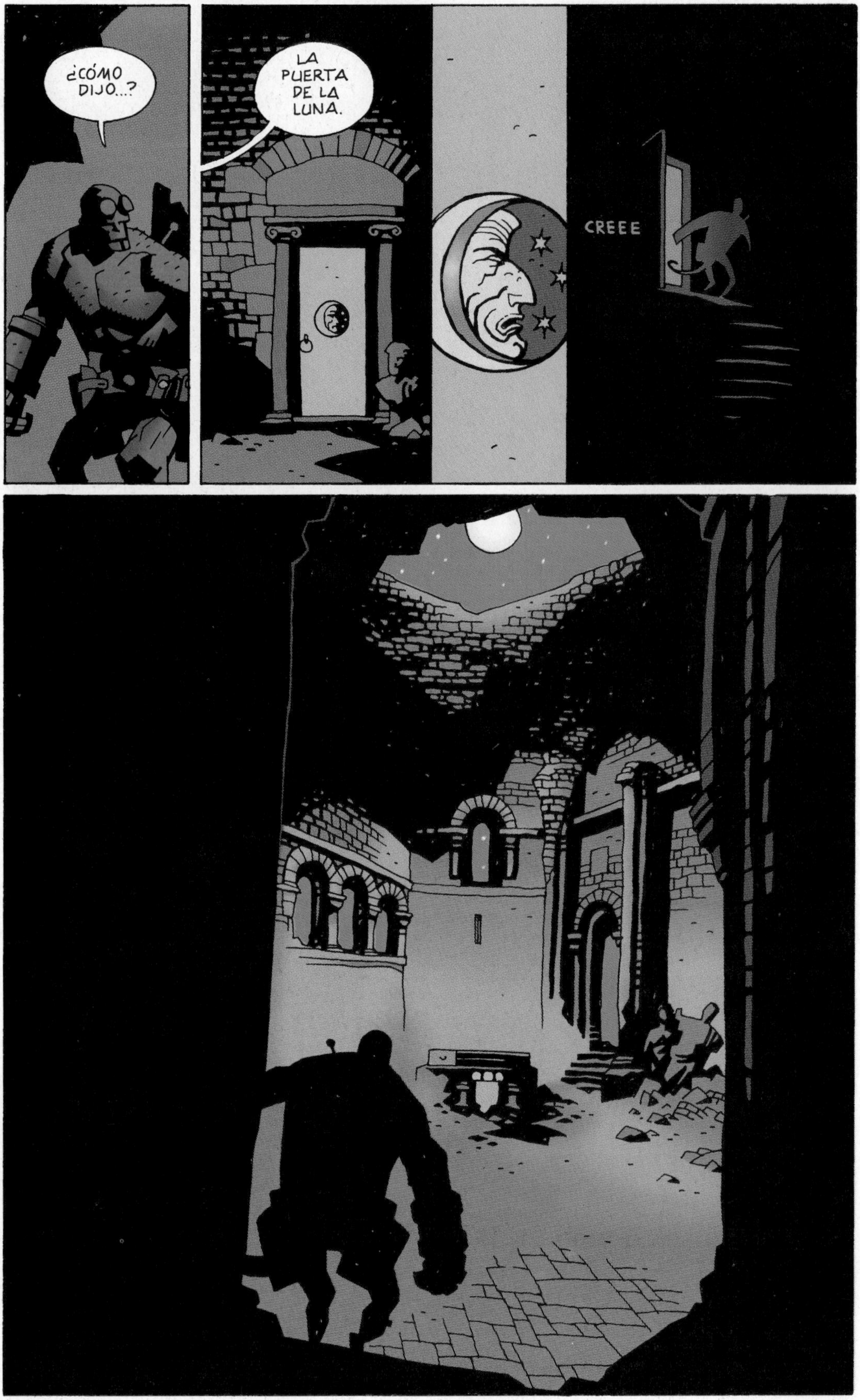
¿CÓMO DIJO...?
LA PUERTA DE LA LUNA.
CREEE

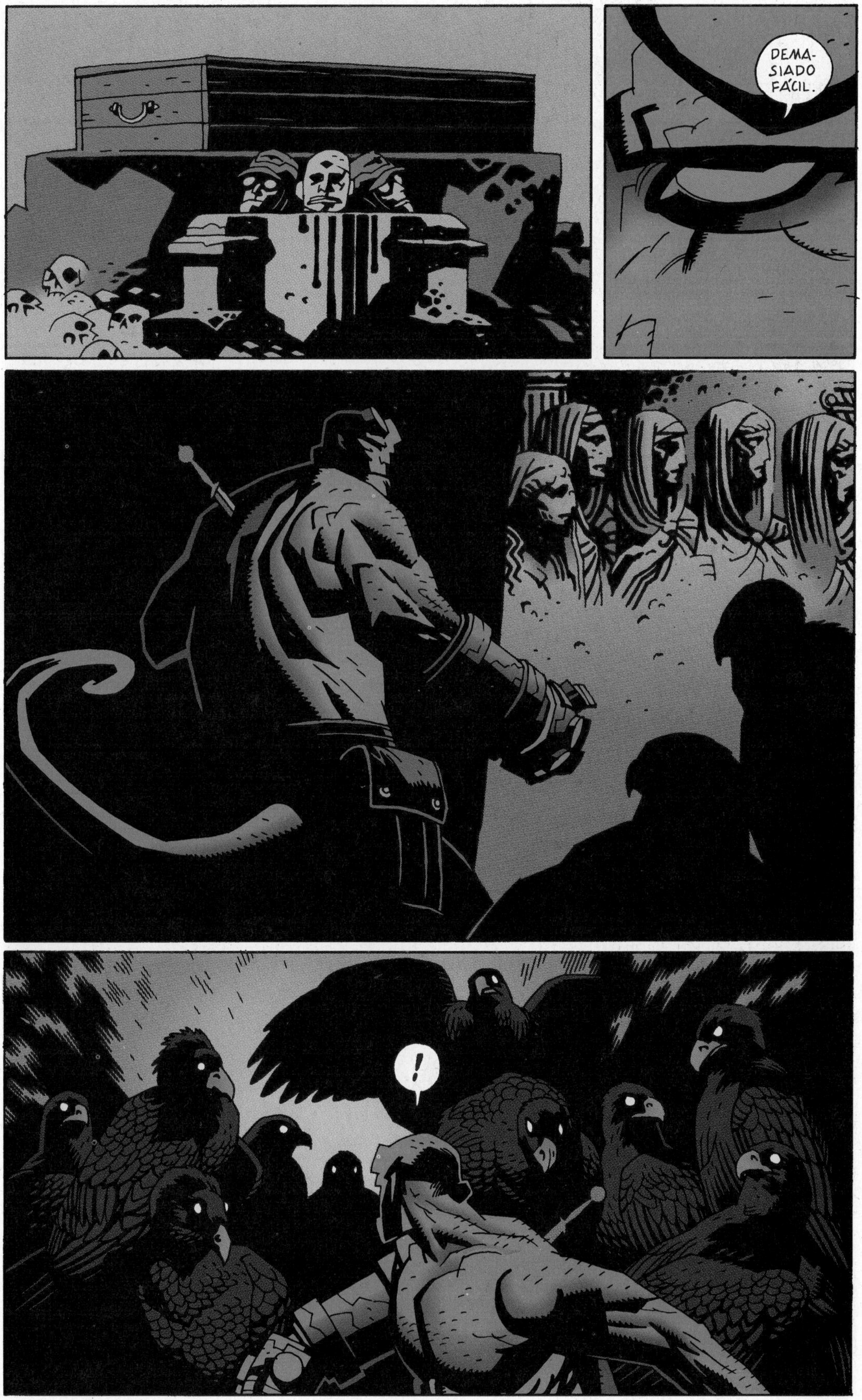
DEMASIADO FÁCIL.
!

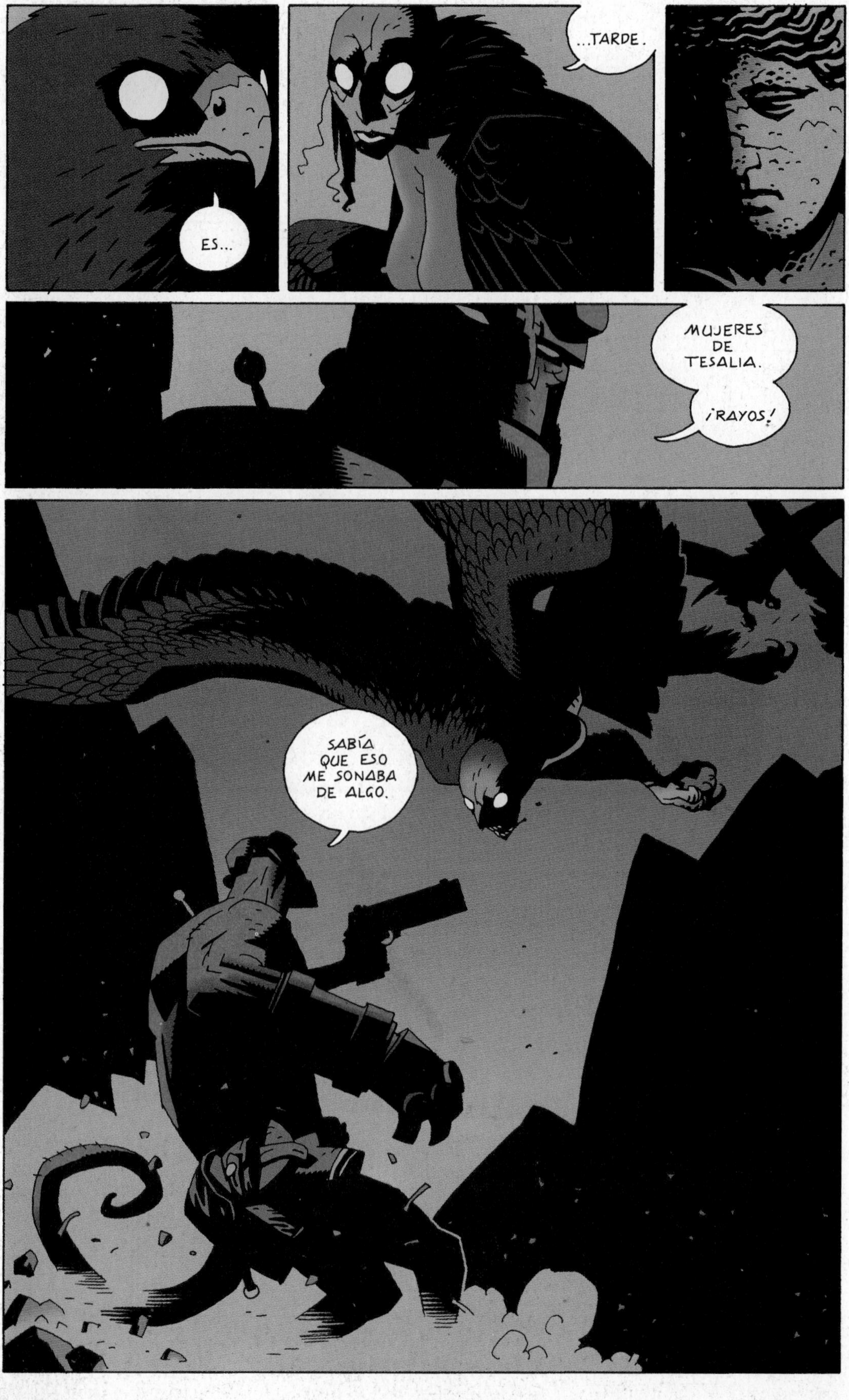
ES...
...TARDE.
MUJERES DE TESALIA.
¡RAYOS!
SABÍA QUE ESO ME SONABA DE ALGO.

III

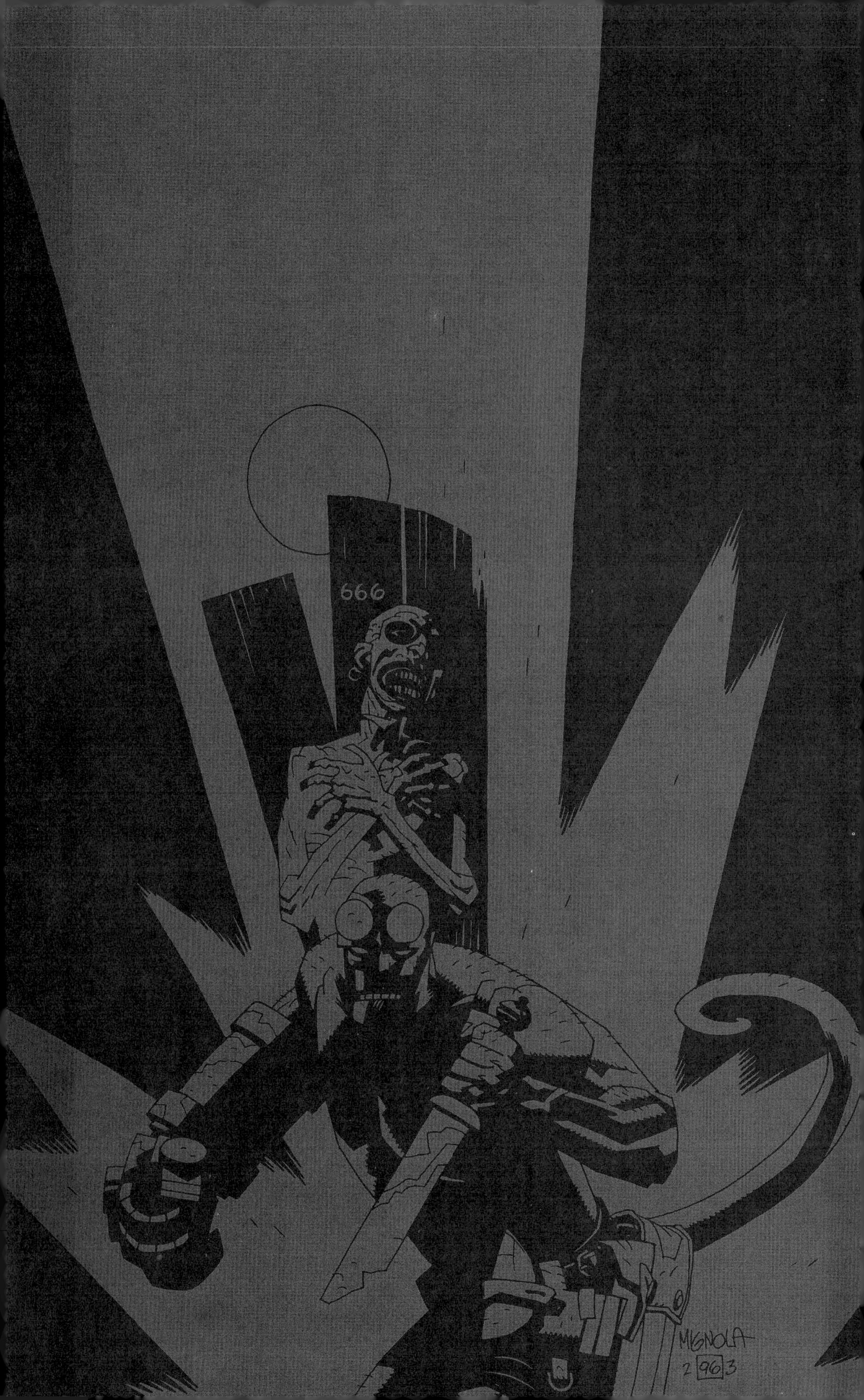
666
MIGNOLA
2 96 3

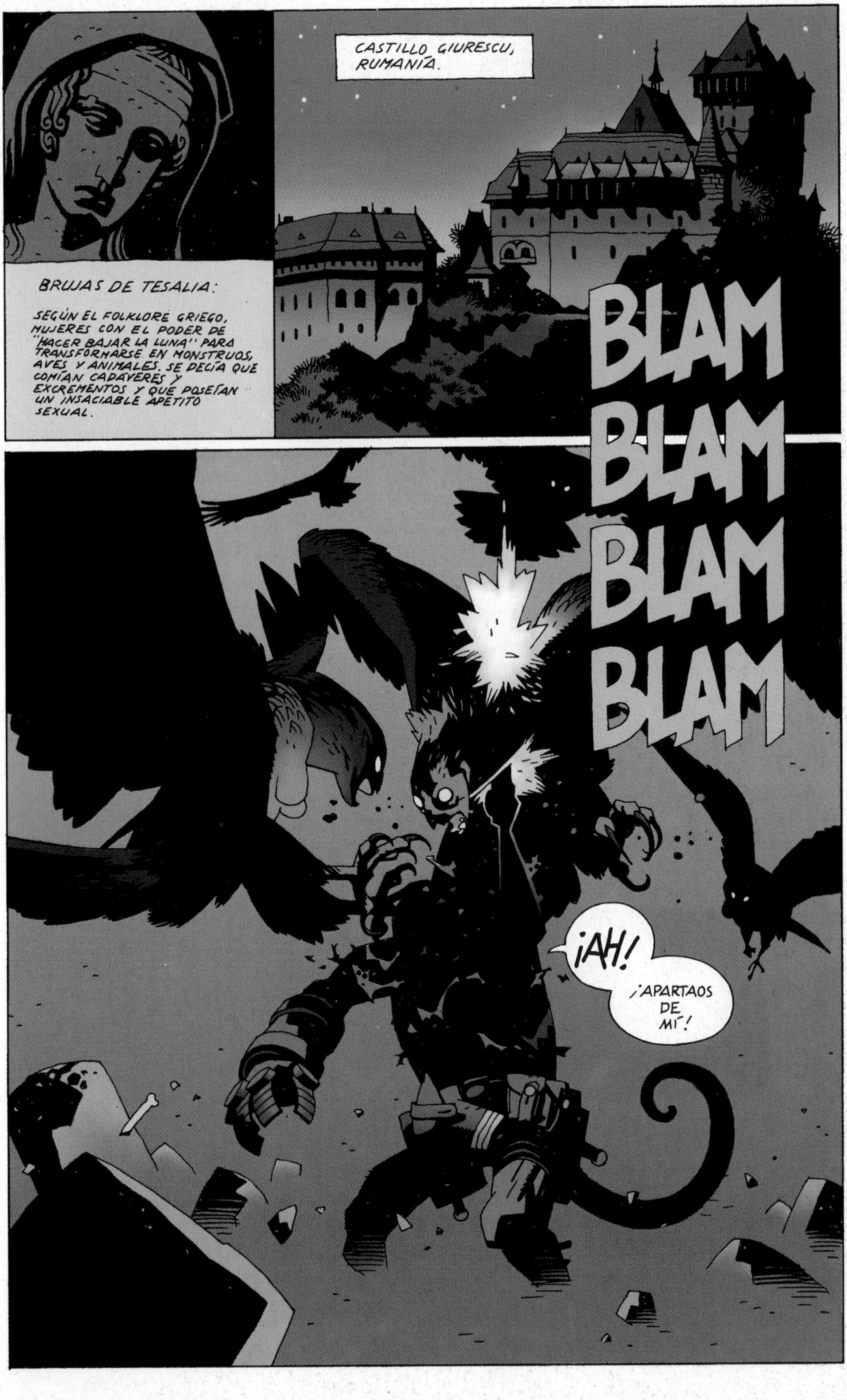
BRUJAS DE TESALIA:
SEGÚN EL FOLKLORE GRIEGO, MUJERES CON EL PODER DE "HACER BAJAR LA LUNA" PARA TRANSFORMARSE EN MONSTRUOS, AVES Y ANIMALES. SE DECÍA QUE COMÍAN CADÁVERES Y EXCREMENTOS Y QUE POSEÍAN UN INSACIABLE APETITO SEXUAL.
CASTILLO GIURESCU, RUMANÍA.
BLAM
BLAM
BLAM
BLAM
¡AH!
¡APARTAOS DE MÍ!

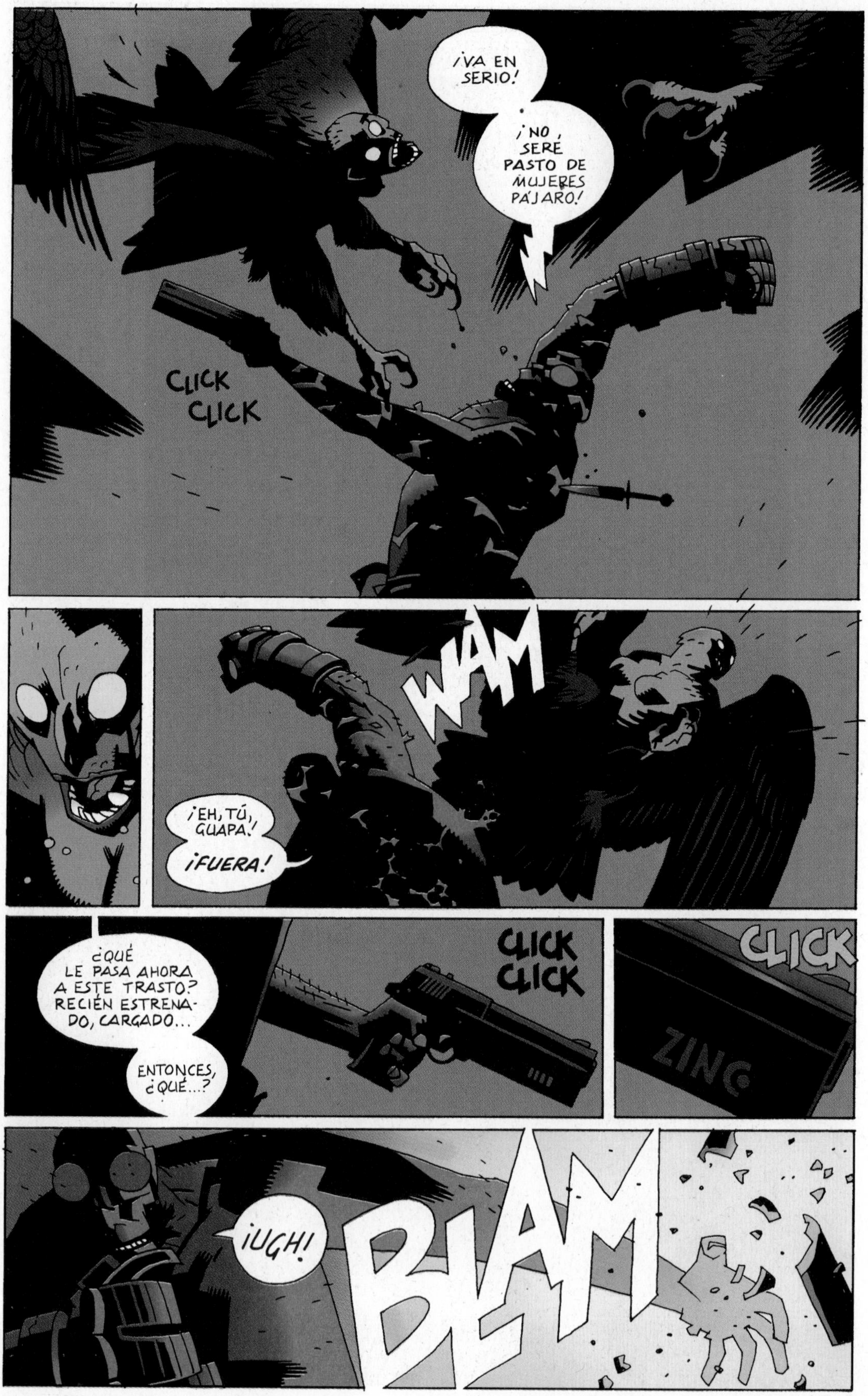
¡VA EN SERIO!
¡NO, SERÉ PASTO DE MUJERES PÁJARO!
CLICK CLICK
WAM
¡EH, TÚ, GUAPA!
¡FUERA!
¿QUÉ LE PASA AHORA A ESTE TRASTO? RECIÉN ESTRENADO, CARGADO...
ENTONCES, ¿QUÉ...?
CLICK CLICK
CLICK
ZINC
¡UGH!
BLAM

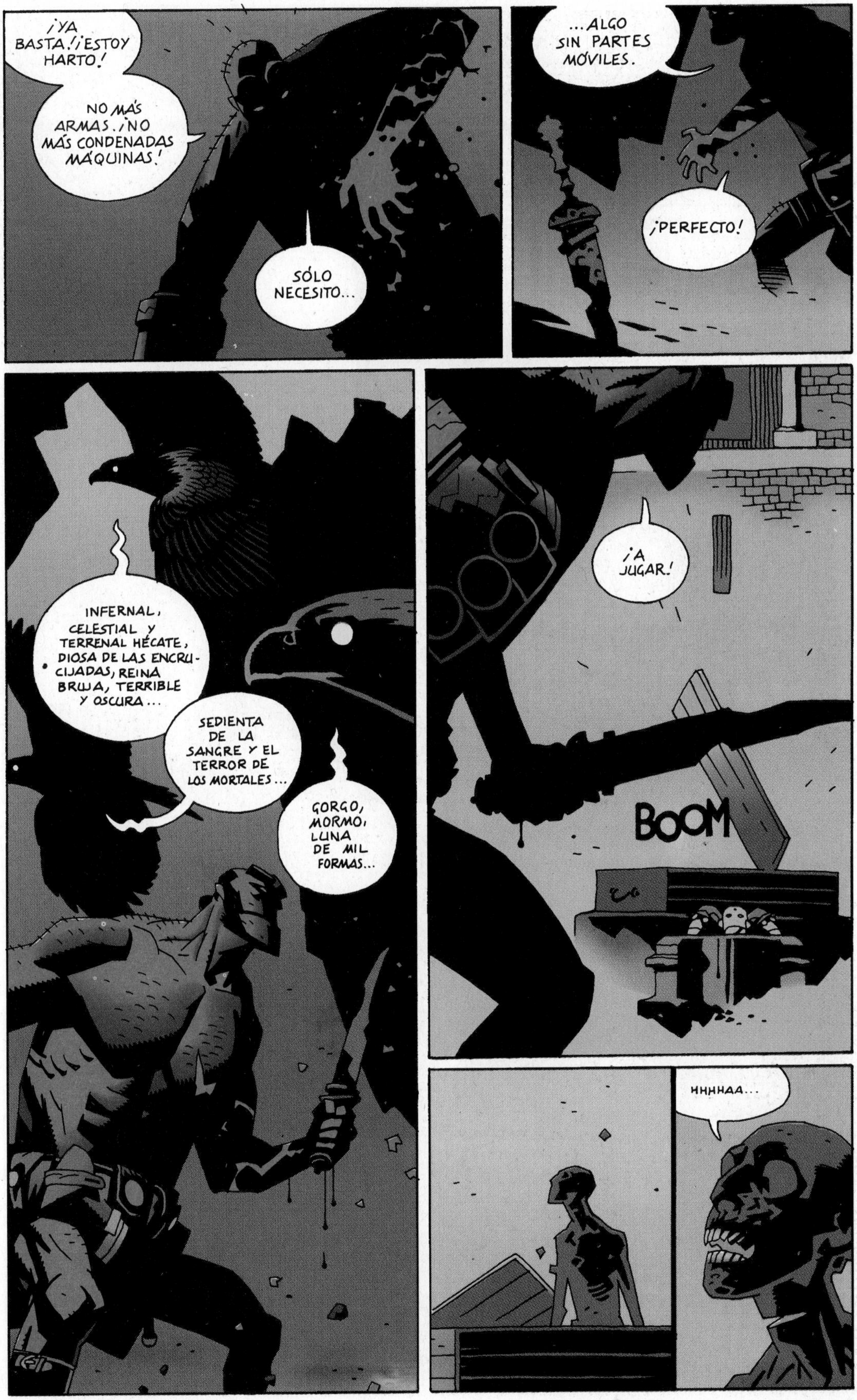
¡YA BASTA! ¡ESTOY HARTO!
NO MÁS ARMAS. ¡NO MÁS CONDENADAS MÁQUINAS!
SÓLO NECESITO...
...ALGO SIN PARTES MÓVILES.
¡PERFECTO!
INFERNAL, CELESTIAL Y TERRENAL HÉCATE, DIOSA DE LAS ENCRUCIJADAS, REINA BRUJA, TERRIBLE Y OSCURA...
SEDIENTA DE LA SANGRE Y EL TERROR DE LOS MORTALES...
GORGO, MORMO, LUNA DE MIL FORMAS...
¡A JUGAR!
BOOM
HHHHAA...

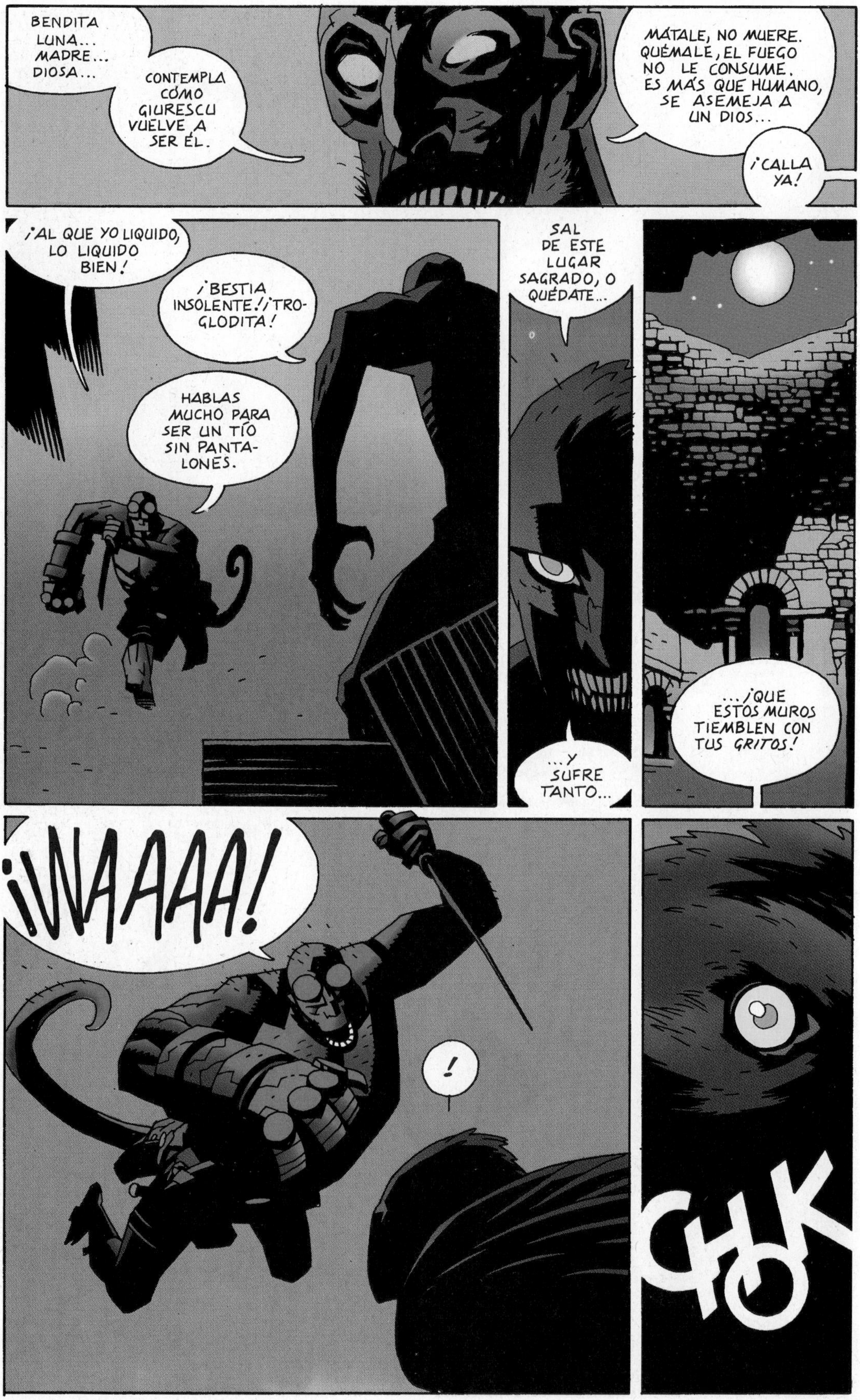
BENDITA LUNA... MADRE... DIOSA...
CONTEMPLA CÓMO GIURESCU VUELVE A SER ÉL.
MÁTALE, NO MUERE. QUÉMALE, EL FUEGO NO LE CONSUME. ES MÁS QUE HUMANO, SE ASEMEJA A UN DIOS...
¡CALLA YA!
¡AL QUE YO LIQUIDO, LO LIQUIDO BIEN!
¡BESTIA INSOLENTE! ¡TROGLODITA!
HABLAS MUCHO PARA SER UN TÍO SIN PANTALONES.
SAL DE ESTE LUGAR SAGRADO, O QUÉDATE...
...Y SUFRE TANTO...
...¡QUE ESTOS MUROS TIEMBLEN CON TUS *GRITOS*!
¡WAAAA!
!
CHOK

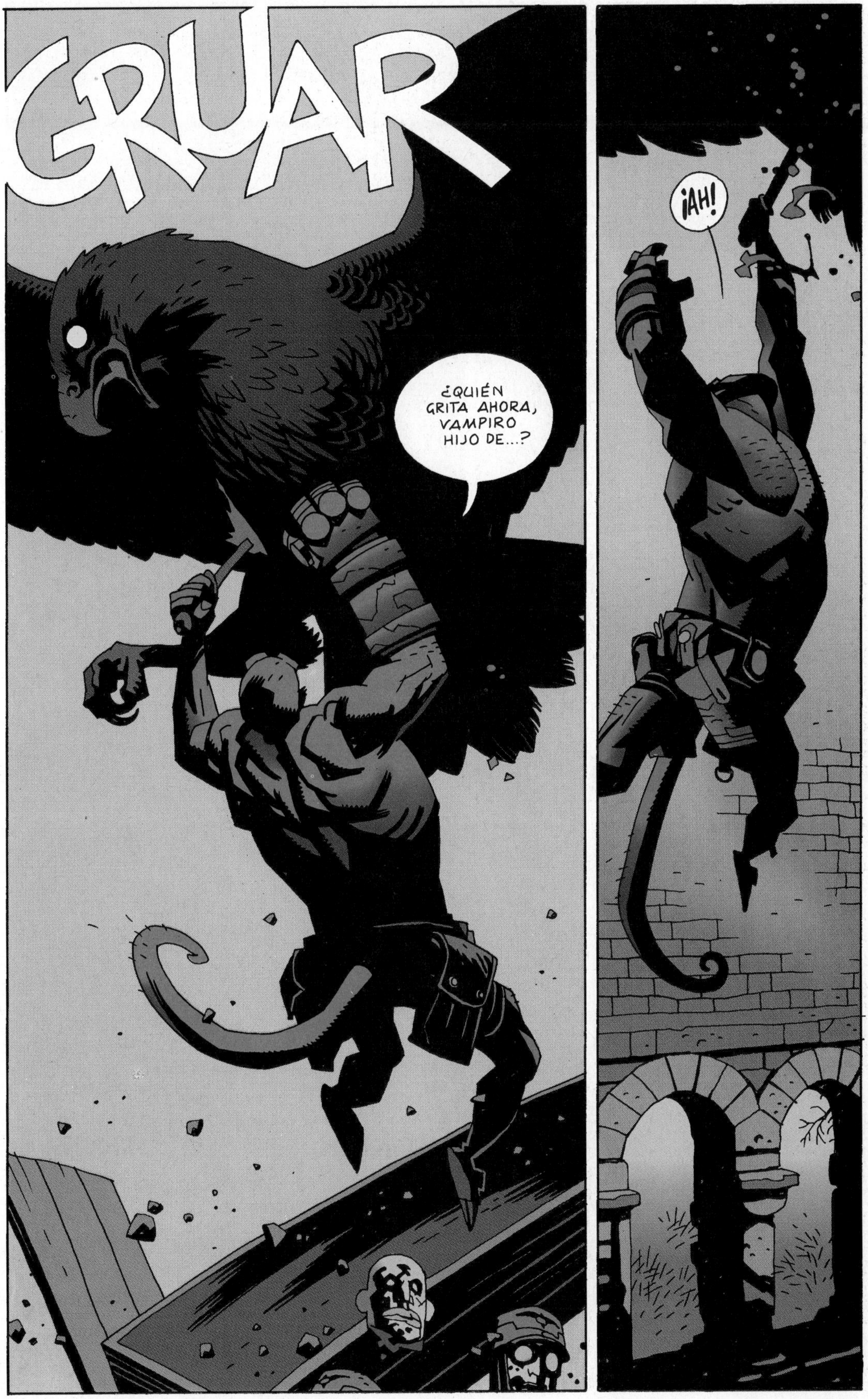
GRUAR
¿QUIÉN GRITA AHORA, VAMPIRO HIJO DE...?
¡AH!

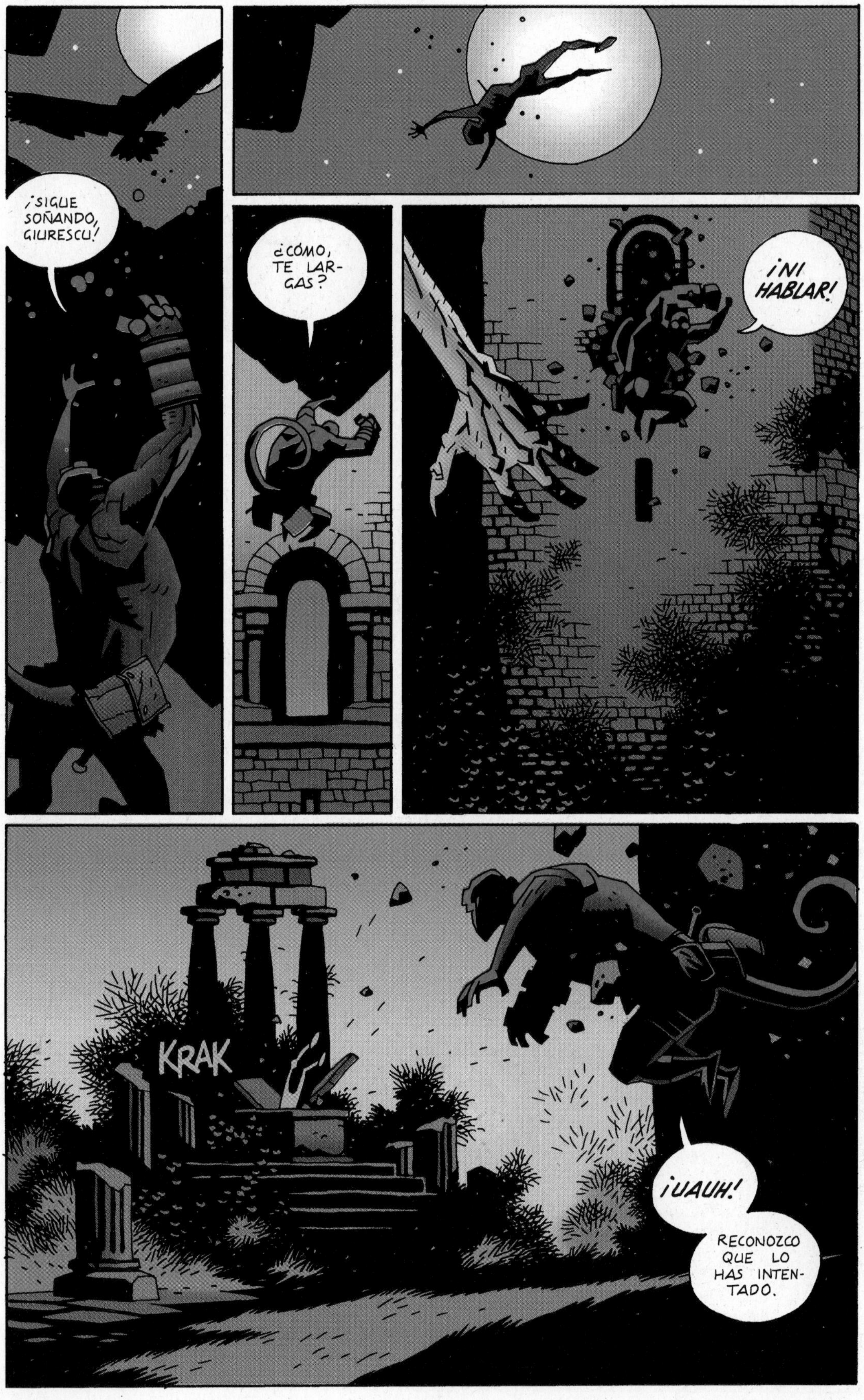
¡SIGUE SOÑANDO, GIURESCU!
¿CÓMO, TE LARGAS?
¡NI HABLAR!
KRAK
¡UAUH!
RECONOZCO QUE LO HAS INTENTADO.

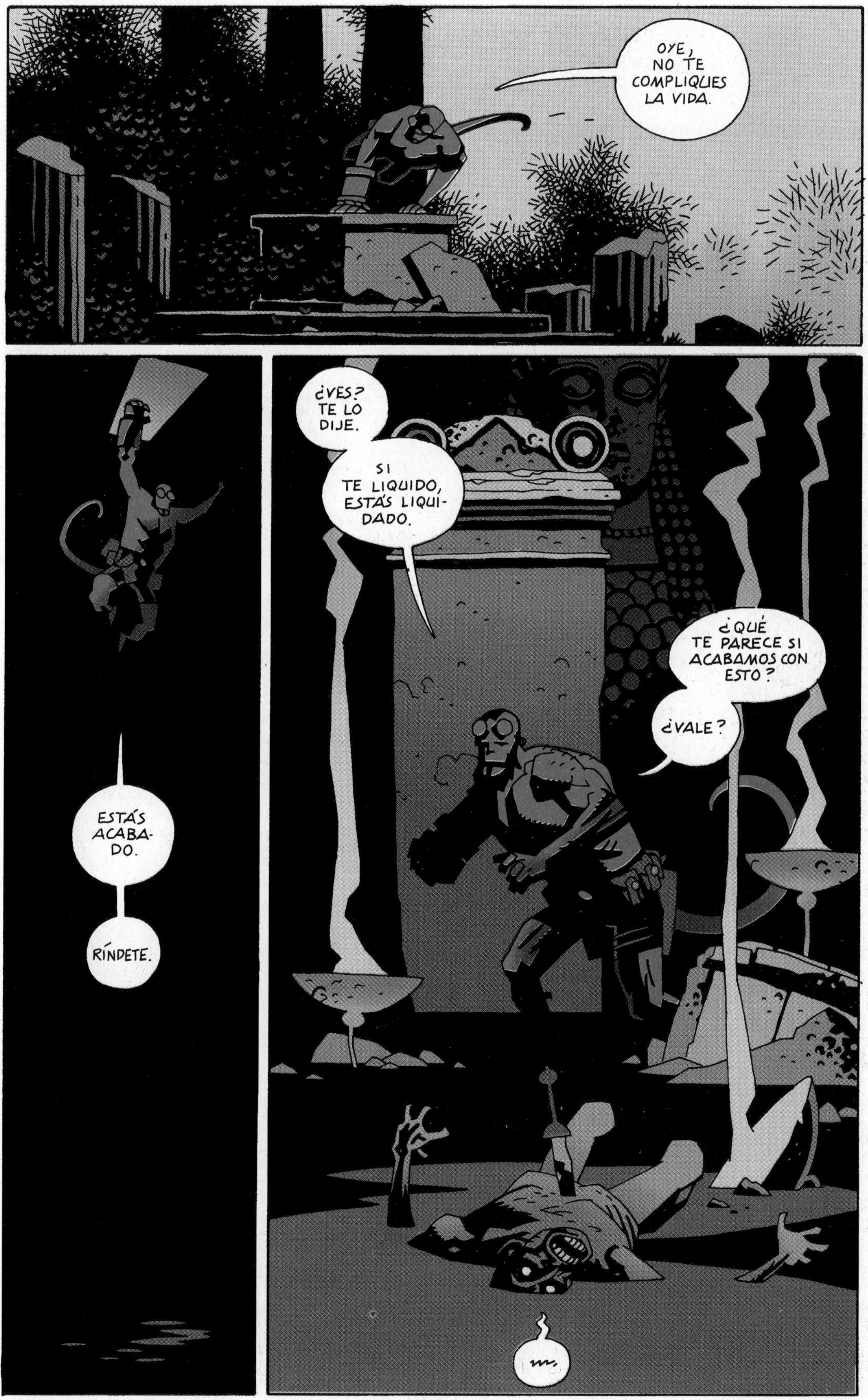
OYE, NO TE COMPLIQUES LA VIDA.
¿VES? TE LO DIJE.
SI TE LIQUIDO, ESTÁS LIQUIDADO.
ESTÁS ACABADO.
RÍNDETE.
¿QUÉ TE PARECE SI ACABAMOS CON ESTO?
¿VALE?

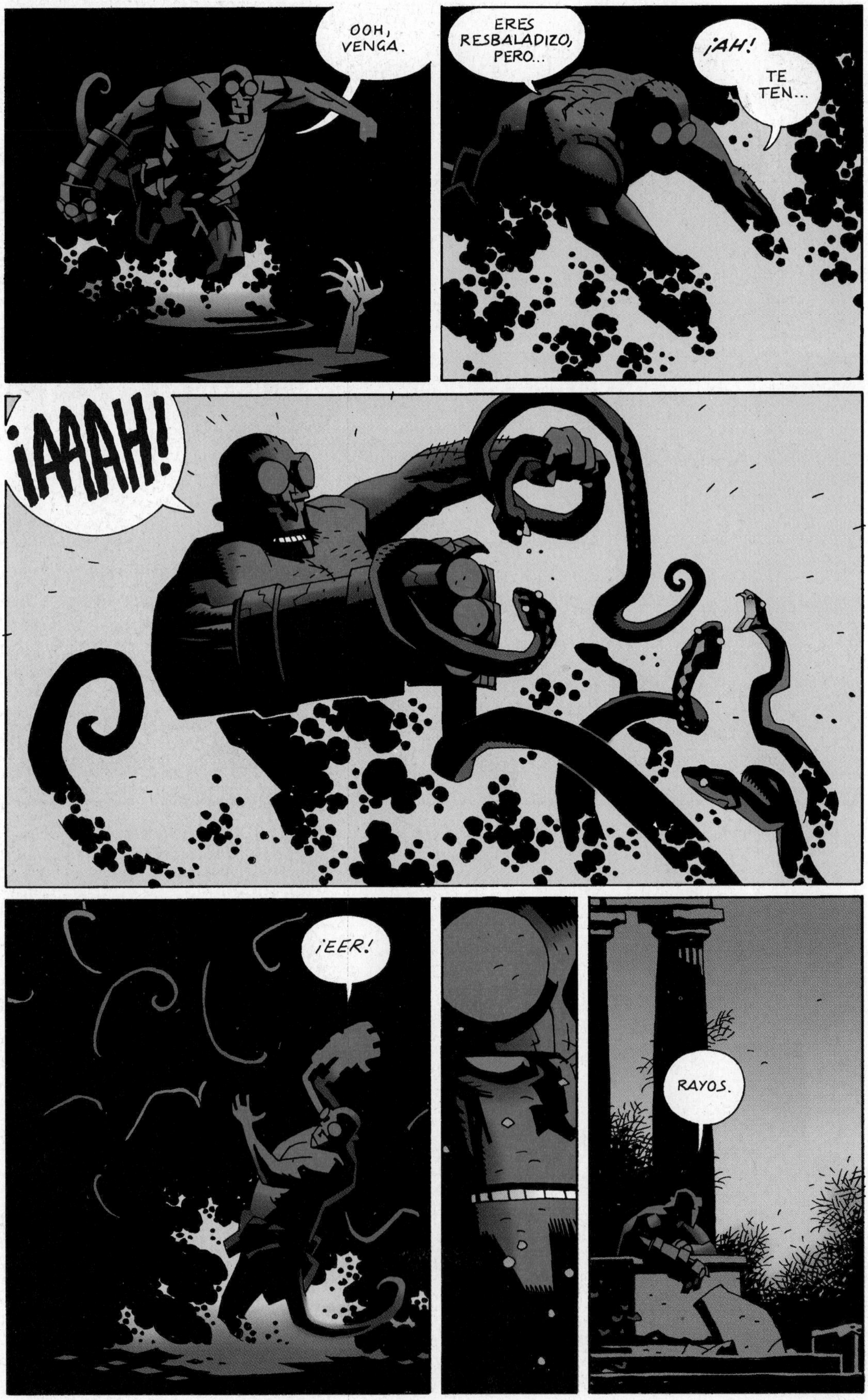
OOH, VENGA.
ERES RESBALADIZO, PERO...
¡AH!
TE TEN...
¡AAAH!
¡EER!
RAYOS.

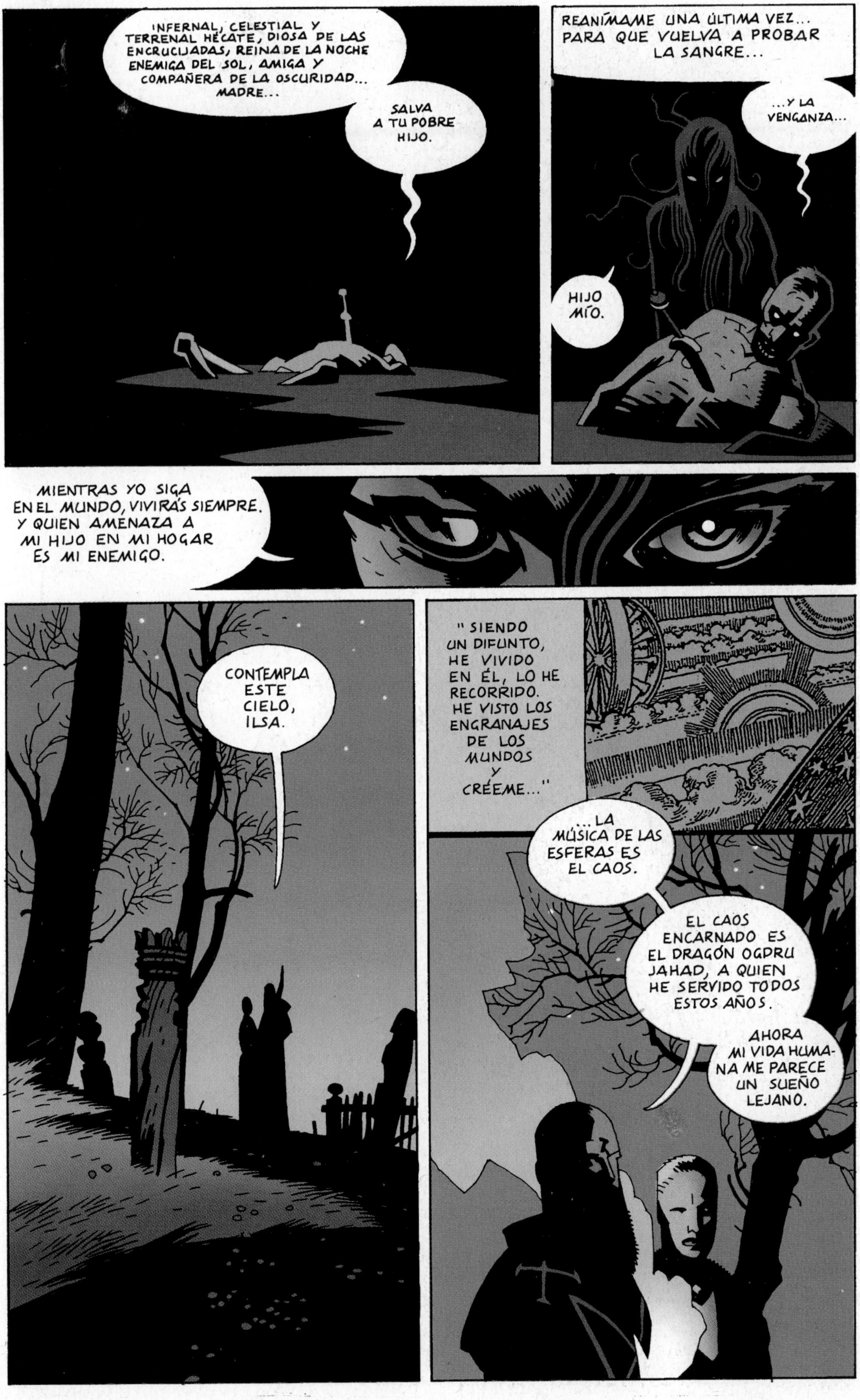
INFERNAL, CELESTIAL Y TERRENAL HÉCATE, DIOSA DE LAS ENCRUCIJADAS, REINA DE LA NOCHE ENEMIGA DEL SOL, AMIGA Y COMPAÑERA DE LA OSCURIDAD... MADRE...
SALVA A TU POBRE HIJO.
REANÍMAME UNA ÚLTIMA VEZ... PARA QUE VUELVA A PROBAR LA SANGRE...
...Y LA VENGANZA...
HIJO MÍO.
MIENTRAS YO SIGA EN EL MUNDO, VIVIRÁS SIEMPRE. Y QUIEN AMENAZA A MI HIJO EN MI HOGAR ES MI ENEMIGO.
CONTEMPLA ESTE CIELO, ILSA.
"SIENDO UN DIFUNTO, HE VIVIDO EN ÉL, LO HE RECORRIDO. HE VISTO LOS ENGRANAJES DE LOS MUNDOS Y CRÉEME..."
...LA MÚSICA DE LAS ESFERAS ES EL CAOS.
EL CAOS ENCARNADO ES EL DRAGÓN OGDRU JAHAD, A QUIEN HE SERVIDO TODOS ESTOS AÑOS.
AHORA MI VIDA HUMANA ME PARECE UN SUEÑO LEJANO.

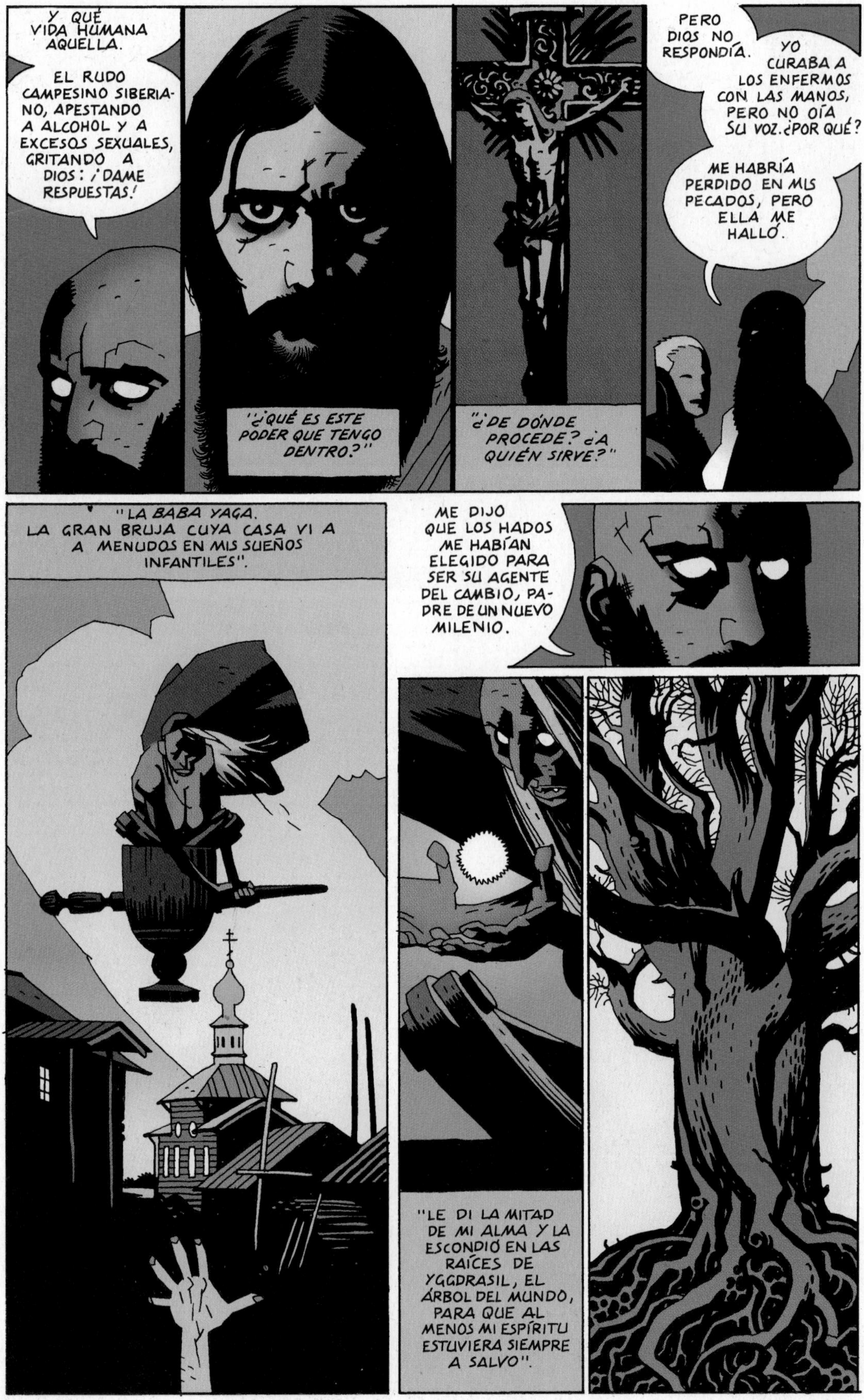
Y QUÉ VIDA HUMANA AQUELLA.
EL RUDO CAMPESINO SIBERIANO, APESTANDO A ALCOHOL Y A EXCESOS SEXUALES, GRITANDO A DIOS: ¡DAME RESPUESTAS!
"¿QUÉ ES ESTE PODER QUE TENGO DENTRO?"
"¿DE DÓNDE PROCEDE? ¿A QUIÉN SIRVE?"
PERO DIOS NO RESPONDÍA.
YO CURABA A LOS ENFERMOS CON LAS MANOS, PERO NO OÍA SU VOZ. ¿POR QUÉ?
ME HABRÍA PERDIDO EN MIS PECADOS, PERO ELLA ME HALLÓ.
"LA BABA YAGA. LA GRAN BRUJA CUYA CASA VI A A MENUDOS EN MIS SUEÑOS INFANTILES".
ME DIJO QUE LOS HADOS ME HABÍAN ELEGIDO PARA SER SU AGENTE DEL CAMBIO, PADRE DE UN NUEVO MILENIO.
"LE DI LA MITAD DE MI ALMA Y LA ESCONDIÓ EN LAS RAÍCES DE YGGDRASIL, EL ÁRBOL DEL MUNDO, PARA QUE AL MENOS MI ESPÍRITU ESTUVIERA SIEMPRE A SALVO".

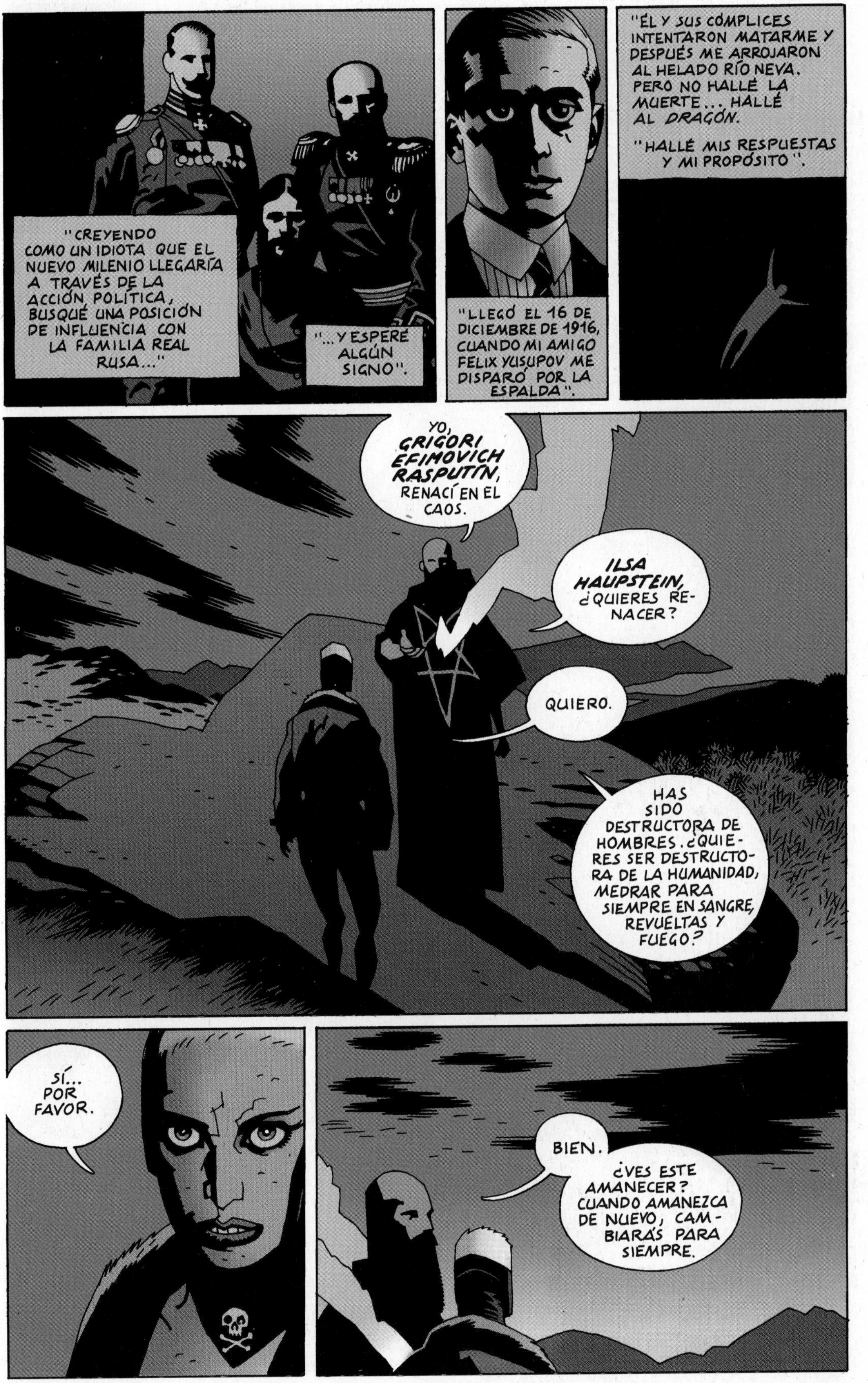
"CREYENDO COMO UN IDIOTA QUE EL NUEVO MILENIO LLEGARÍA A TRAVÉS DE LA ACCIÓN POLÍTICA, BUSQUÉ UNA POSICIÓN DE INFLUENCIA CON LA FAMILIA REAL RUSA..."
"...Y ESPERÉ ALGÚN SIGNO".
"LLEGÓ EL 16 DE DICIEMBRE DE 1916, CUANDO MI AMIGO FELIX YUSUPOV ME DISPARÓ POR LA ESPALDA".
"ÉL Y SUS CÓMPLICES INTENTARON MATARME Y DESPUÉS ME ARROJARON AL HELADO RÍO NEVA. PERO NO HALLÉ LA MUERTE... HALLÉ AL DRAGÓN.
"HALLÉ MIS RESPUESTAS Y MI PROPÓSITO".
YO, GRIGORI EFIMOVICH RASPUTÍN, RENACÍ EN EL CAOS.
ILSA HAUPSTEIN, ¿QUIERES RENACER?
QUIERO.
HAS SIDO DESTRUCTORA DE HOMBRES. ¿QUIERES SER DESTRUCTORA DE LA HUMANIDAD, MEDRAR PARA SIEMPRE EN SANGRE, REVUELTAS Y FUEGO?
SÍ... POR FAVOR.
BIEN.
¿VES ESTE AMANECER? CUANDO AMANEZCA DE NUEVO, CAMBIARÁS PARA SIEMPRE.

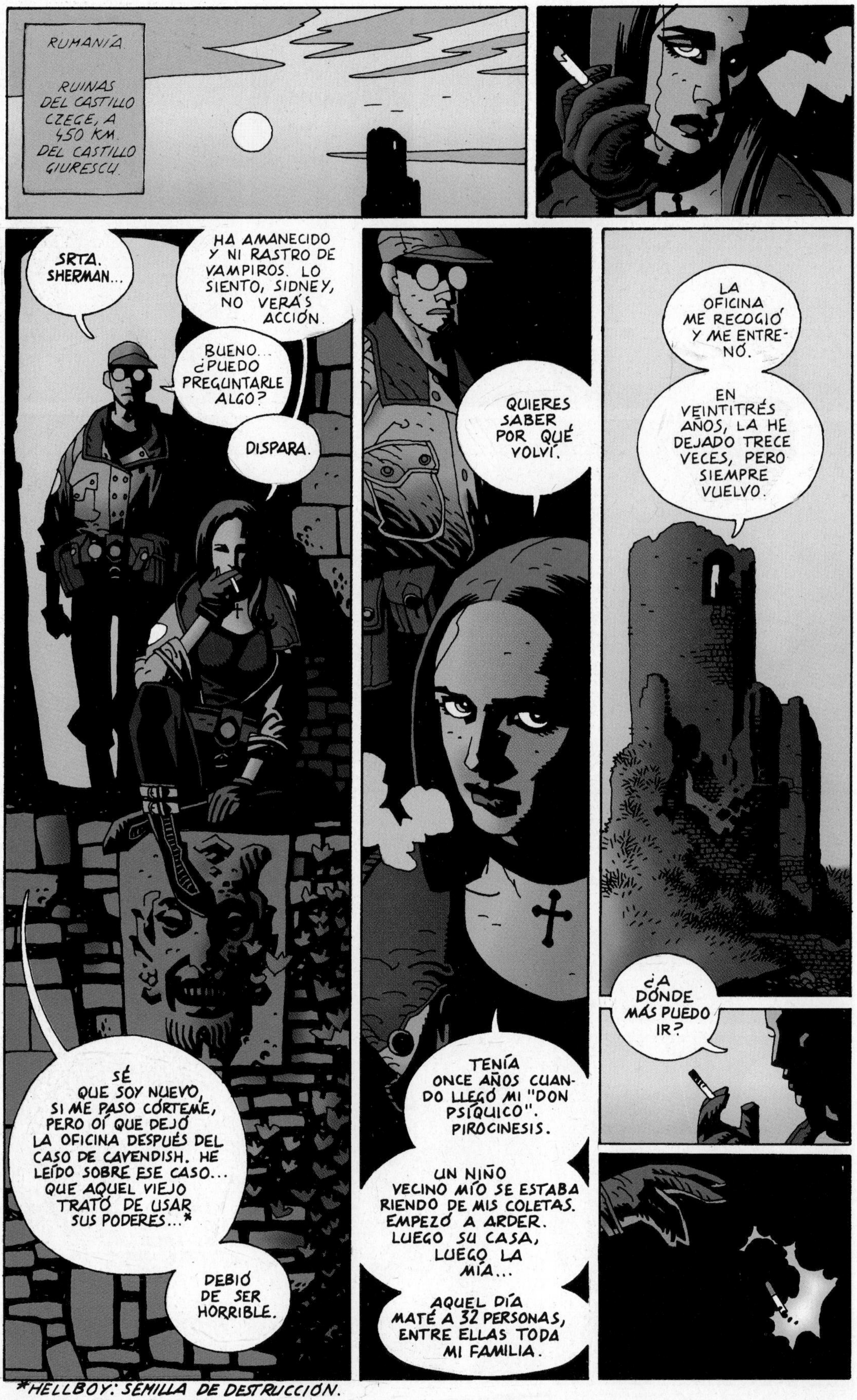

RUMANÍA.
RUINAS DEL CASTILLO CZEGE, A 450 KM. DEL CASTILLO GIURESCU.
SRTA. SHERMAN...
HA AMANECIDO Y NI RASTRO DE VAMPIROS. LO SIENTO, SIDNEY, NO VERÁS ACCIÓN.
BUENO... ¿PUEDO PREGUNTARLE ALGO?
DISPARA.
SÉ QUE SOY NUEVO, SI ME PASO CÓRTEME, PERO OÍ QUE DEJÓ LA OFICINA DESPUÉS DEL CASO DE CAVENDISH. HE LEÍDO SOBRE ESE CASO... QUE AQUEL VIEJO TRATÓ DE USAR SUS PODERES...*
DEBIÓ DE SER HORRIBLE.
QUIERES SABER POR QUÉ VOLVÍ.
TENÍA ONCE AÑOS CUANDO LLEGÓ MI "DON PSÍQUICO". PIROCINESIS.
UN NIÑO VECINO MÍO SE ESTABA RIENDO DE MIS COLETAS. EMPEZÓ A ARDER. LUEGO SU CASA, LUEGO LA MÍA...
AQUEL DÍA MATÉ A 32 PERSONAS, ENTRE ELLAS TODA MI FAMILIA.
LA OFICINA ME RECOGIÓ Y ME ENTRENÓ.
EN VEINTITRÉS AÑOS, LA HE DEJADO TRECE VECES, PERO SIEMPRE VUELVO.
¿A DÓNDE MÁS PUEDO IR?

*HELLBOY: SEMILLA DE DESTRUCCIÓN.

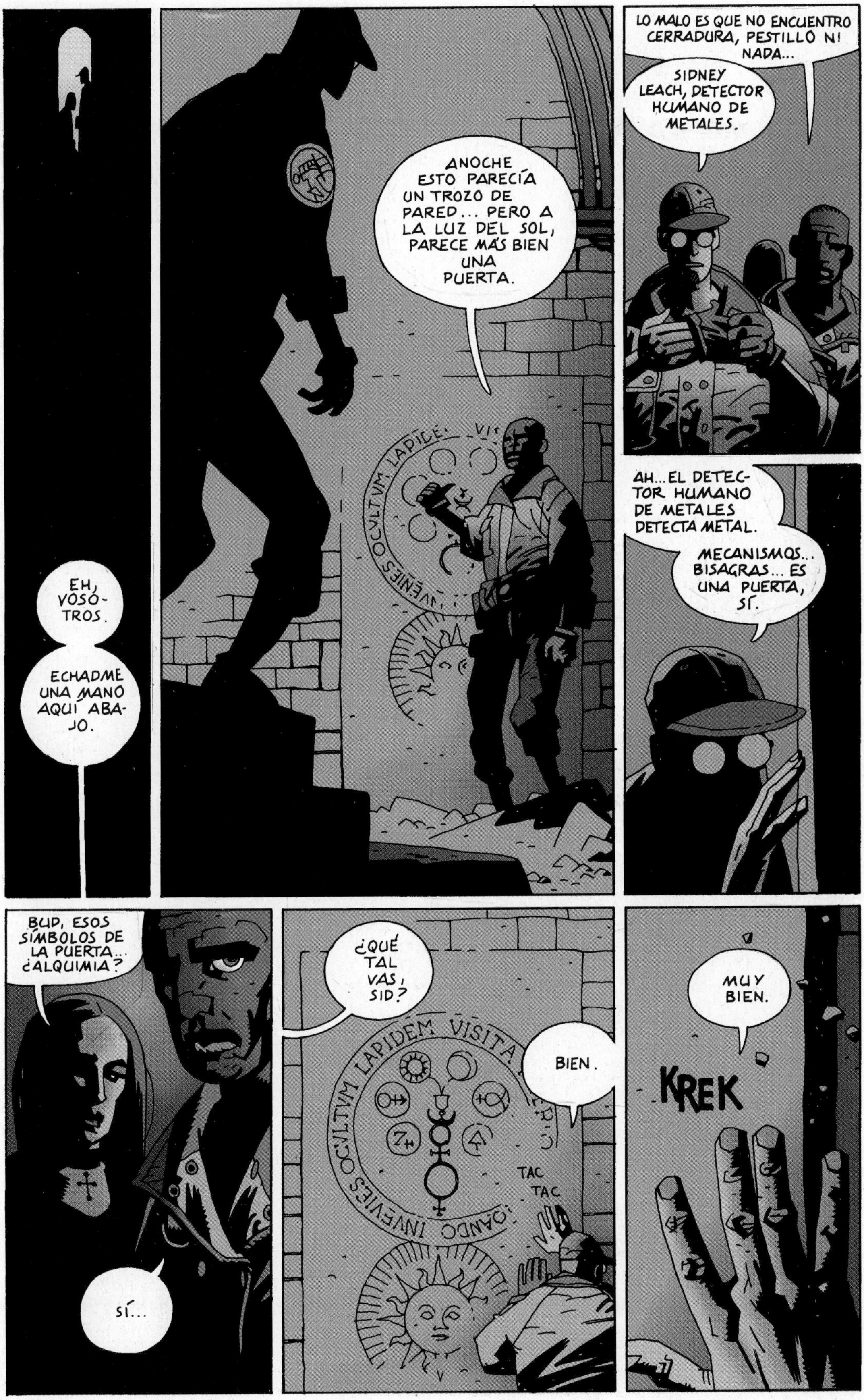
EH, VOSÓ-TROS.
ECHADME UNA MANO AQUÍ ABA-JO.
ANOCHE ESTO PARECÍA UN TROZO DE PARED... PERO A LA LUZ DEL SOL, PARECE MÁS BIEN UNA PUERTA.
LO MALO ES QUE NO ENCUENTRO CERRADURA, PESTILLO NI NADA...
SIDNEY LEACH, DETECTOR HUMANO DE METALES.
AH... EL DETEC-TOR HUMANO DE METALES DETECTA METAL.
MECANISMOS... BISAGRAS... ES UNA PUERTA, SÍ.
BUD, ESOS SÍMBOLOS DE LA PUERTA... ¿ALQUIMIA?
SÍ...
¿QUÉ TAL VAS, SID?
BIEN.
TAC
TAC
MUY BIEN.
KREK

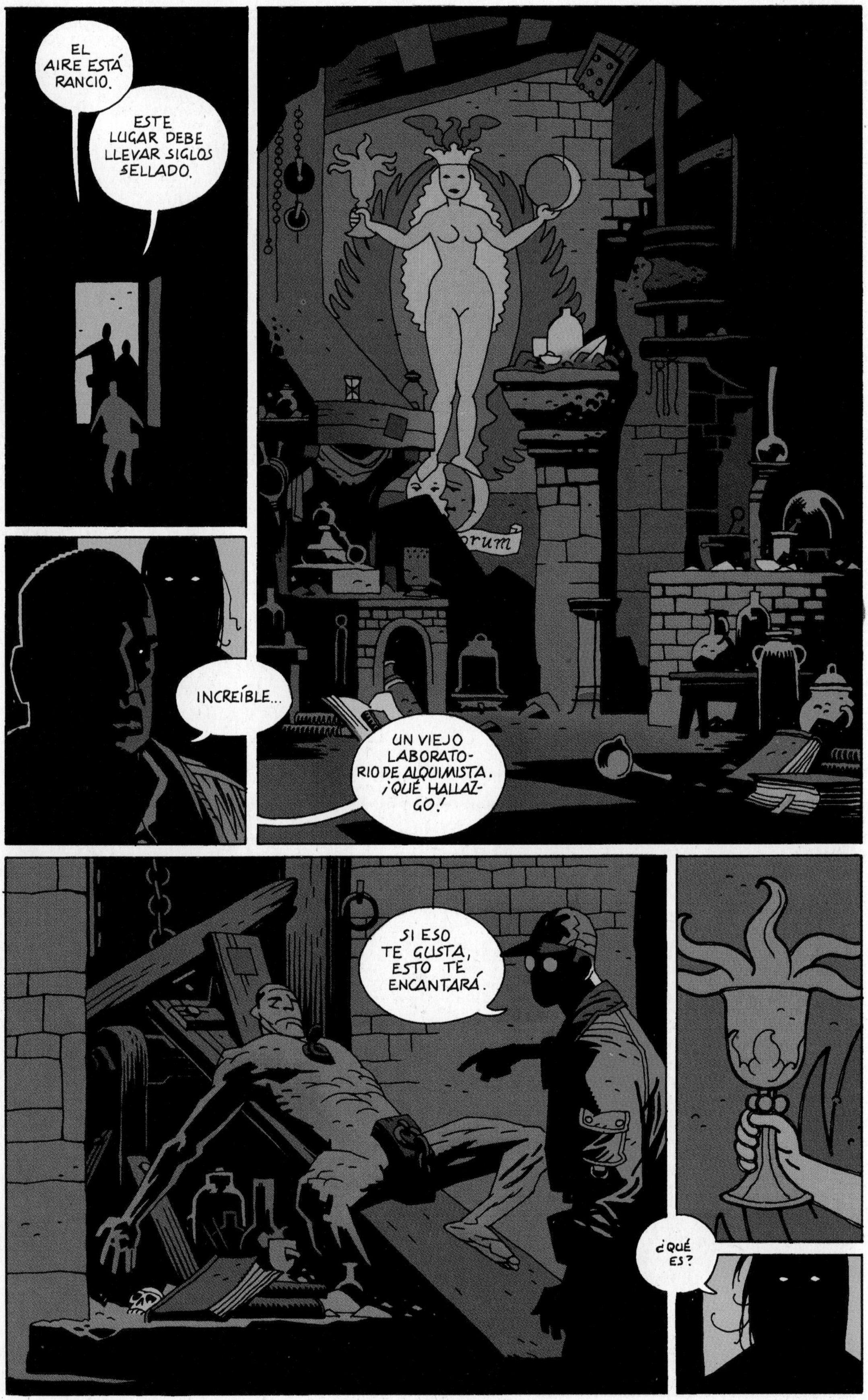
EL AIRE ESTÁ RANCIO.
ESTE LUGAR DEBE LLEVAR SIGLOS SELLADO.
INCREÍBLE...
UN VIEJO LABORATORIO DE ALQUIMISTA. ¡QUÉ HALLAZGO!
SI ESO TE GUSTA, ESTO TE ENCANTARÁ.
¿QUÉ ES?

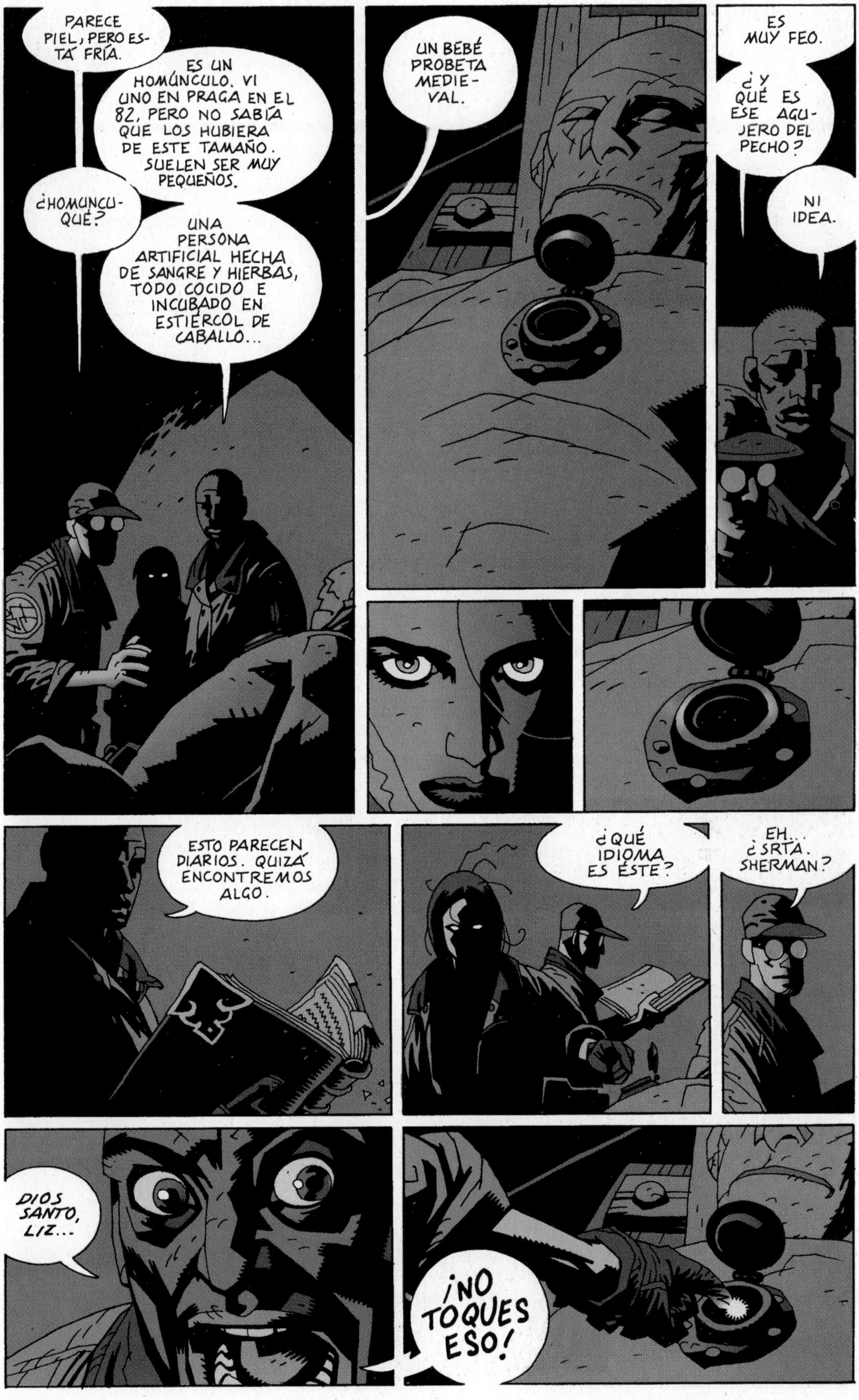
PARECE PIEL, PERO ESTÁ FRÍA.
ES UN HOMÚNCULO. VI UNO EN PRAGA EN EL 82, PERO NO SABÍA QUE LOS HUBIERA DE ESTE TAMAÑO. SUELEN SER MUY PEQUEÑOS.
¿HOMUNCU-QUÉ?
UNA PERSONA ARTIFICIAL HECHA DE SANGRE Y HIERBAS, TODO COCIDO E INCUBADO EN ESTIÉRCOL DE CABALLO...
UN BEBÉ PROBETA MEDIEVAL.
ES MUY FEO.
¿Y QUÉ ES ESE AGUJERO DEL PECHO?
NI IDEA.
ESTO PARECEN DIARIOS. QUIZÁ ENCONTREMOS ALGO.
¿QUÉ IDIOMA ES ÉSTE?
EH... ¿SRTA. SHERMAN?
DIOS SANTO, LIZ...
¡NO TOQUES ESO!

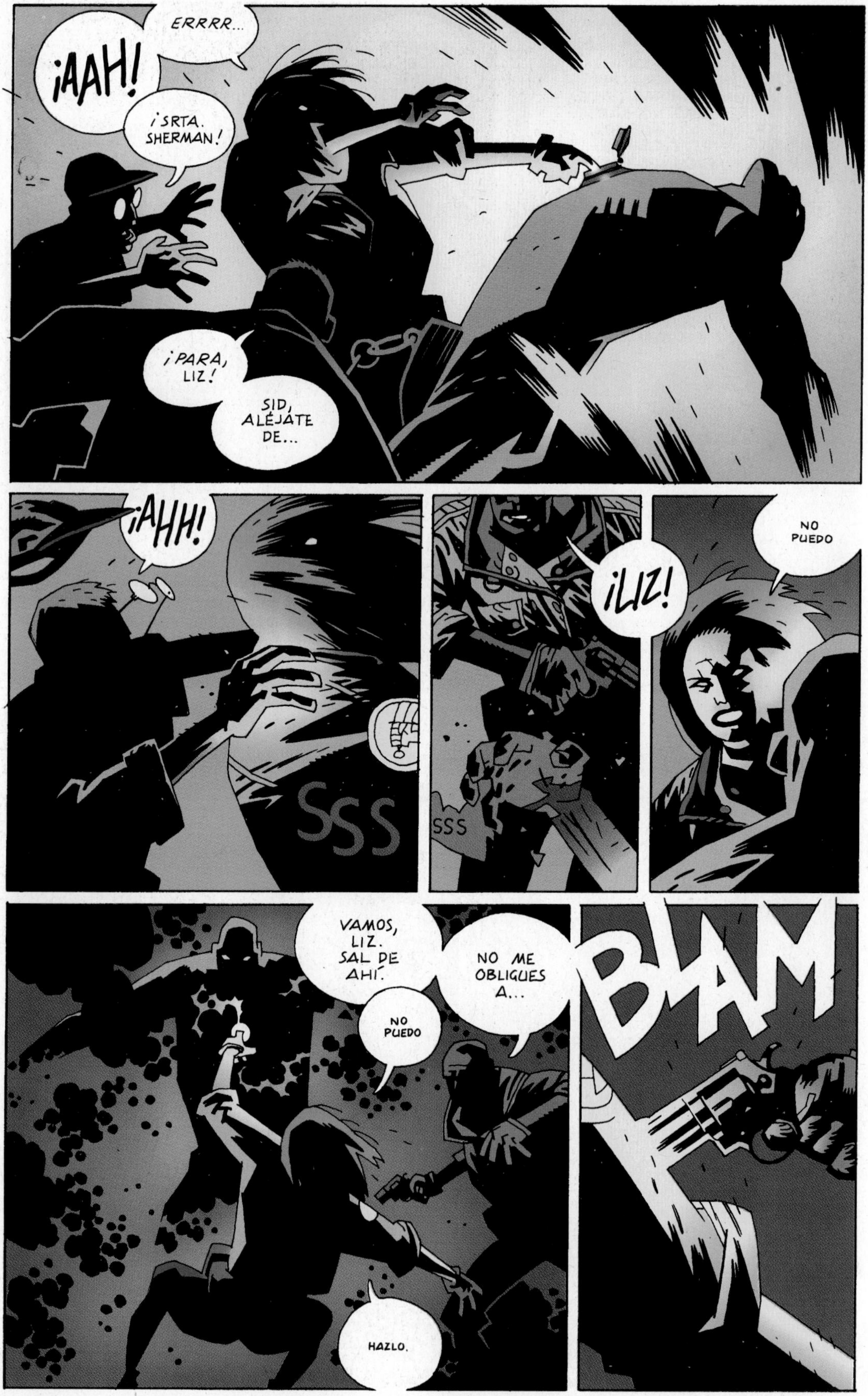
ERRRR...
¡AAH!
¡SRTA. SHERMAN!
¡PARA, LIZ!
SID, ALÉJATE DE...
¡AHH!
SSS
¡LIZ!
SSS
NO PUEDO
VAMOS, LIZ. SAL DE AHÍ.
NO ME OBLIGUES A...
NO PUEDO
HAZLO.
BLAM

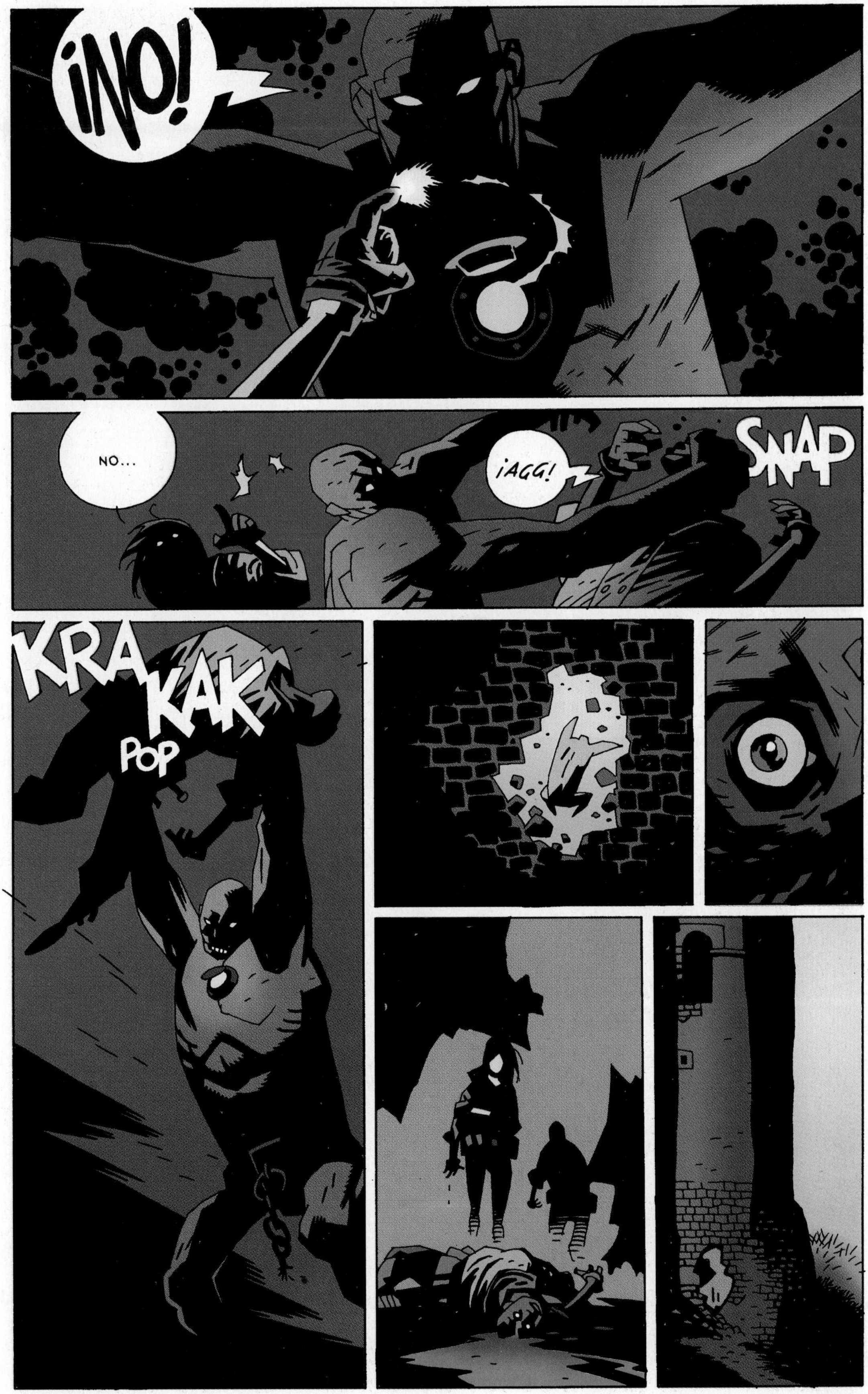
¡NO!
NO...
¡AGG!
SNAP
KRA
KAK
POP

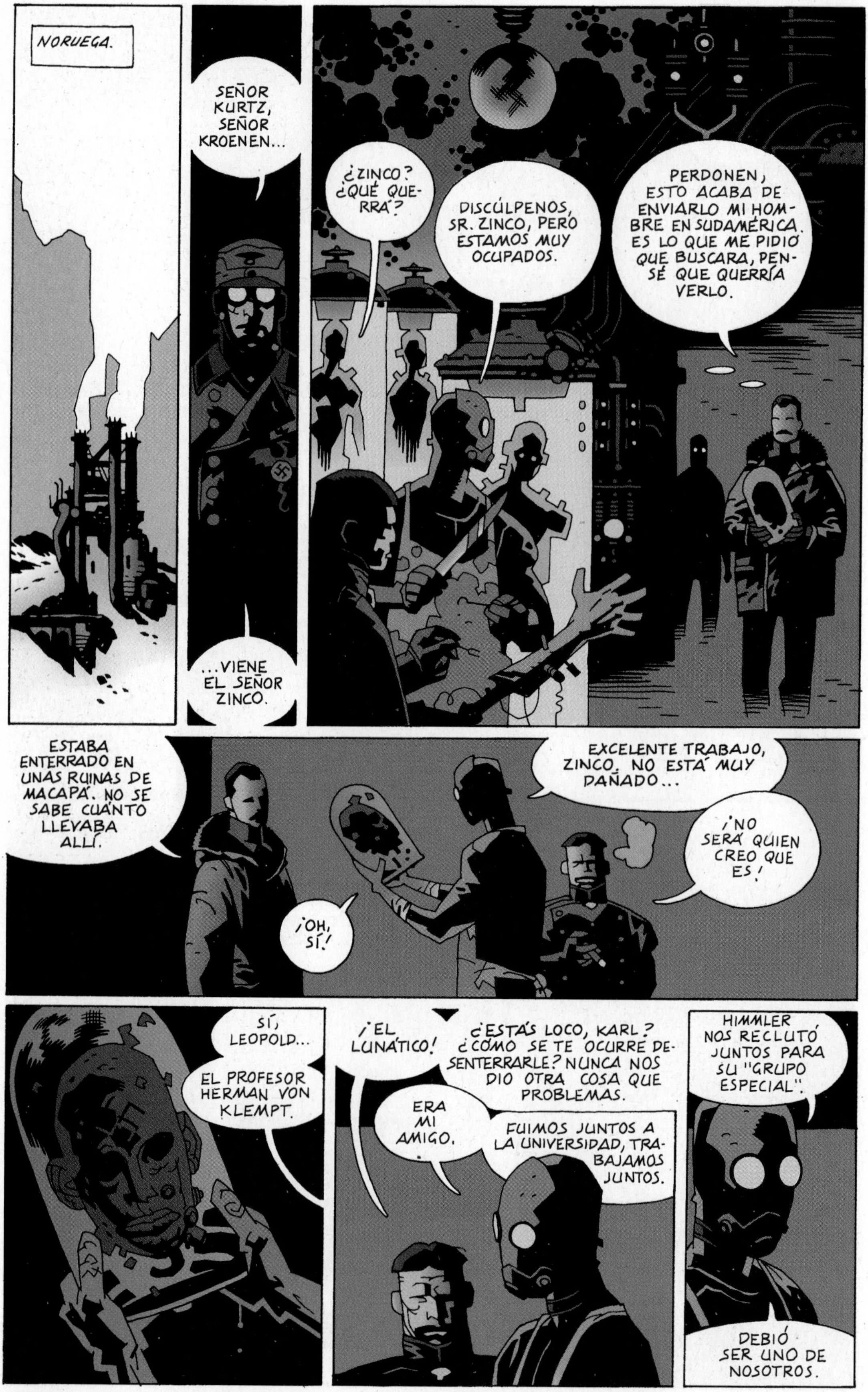
NORUEGA.
SEÑOR KURTZ, SEÑOR KROENEN...
...VIENE EL SEÑOR ZINCO.
¿ZINCO? ¿QUÉ QUERRÁ?
DISCÚLPENOS, SR. ZINCO, PERO ESTAMOS MUY OCUPADOS.
PERDONEN, ESTO ACABA DE ENVIARLO MI HOMBRE EN SUDAMÉRICA. ES LO QUE ME PIDIÓ QUE BUSCARA, PENSÉ QUE QUERRÍA VERLO.
ESTABA ENTERRADO EN UNAS RUINAS DE MACAPÁ. NO SE SABE CUÁNTO LLEVABA ALLÍ.
EXCELENTE TRABAJO, ZINCO. NO ESTÁ MUY DAÑADO...
¡NO SERÁ QUIEN CREO QUE ES!
¡OH, SÍ!
SÍ, LEOPOLD...
EL PROFESOR HERMAN VON KLEMPT.
¡EL LUNÁTICO!
¿ESTÁS LOCO, KARL? ¿CÓMO SE TE OCURRE DESENTERRARLE? NUNCA NOS DIO OTRA COSA QUE PROBLEMAS.
ERA MI AMIGO.
FUIMOS JUNTOS A LA UNIVERSIDAD, TRABAJAMOS JUNTOS.
HIMMLER NOS RECLUTÓ JUNTOS PARA SU "GRUPO ESPECIAL".
DEBIÓ SER UNO DE NOSOTROS.

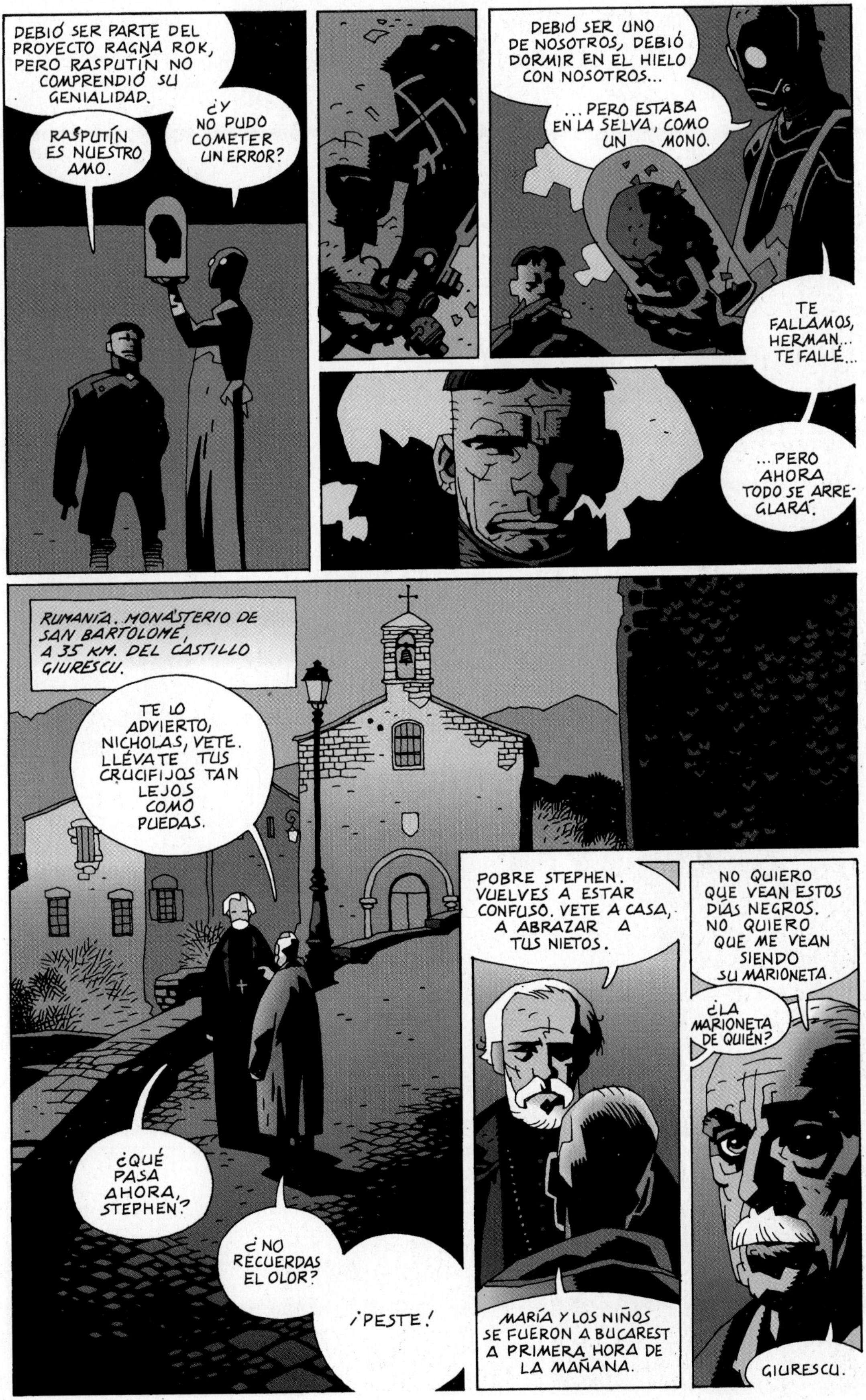

DEBIÓ SER PARTE DEL PROYECTO RAGNA ROK, PERO RASPUTÍN NO COMPRENDIÓ SU GENIALIDAD.
RASPUTÍN ES NUESTRO AMO.
¿Y NO PUDO COMETER UN ERROR?
DEBIÓ SER UNO DE NOSOTROS, DEBIÓ DORMIR EN EL HIELO CON NOSOTROS...
... PERO ESTABA EN LA SELVA, COMO UN MONO.
TE FALLAMOS, HERMAN... TE FALLÉ...
... PERO AHORA TODO SE ARREGLARÁ.
RUMANÍA. MONASTERIO DE SAN BARTOLOMÉ, A 35 KM. DEL CASTILLO GIURESCU.
TE LO ADVIERTO, NICHOLAS, VETE. LLÉVATE TUS CRUCIFIJOS TAN LEJOS COMO PUEDAS.
¿QUÉ PASA AHORA, STEPHEN?
¿NO RECUERDAS EL OLOR?
¡PESTE!
POBRE STEPHEN. VUELVES A ESTAR CONFUSO. VETE A CASA, A ABRAZAR A TUS NIETOS.
MARÍA Y LOS NIÑOS SE FUERON A BUCAREST A PRIMERA HORA DE LA MAÑANA.
NO QUIERO QUE VEAN ESTOS DÍAS NEGROS. NO QUIERO QUE ME VEAN SIENDO SU MARIONETA.
¿LA MARIONETA DE QUIÉN?
GIURESCU.

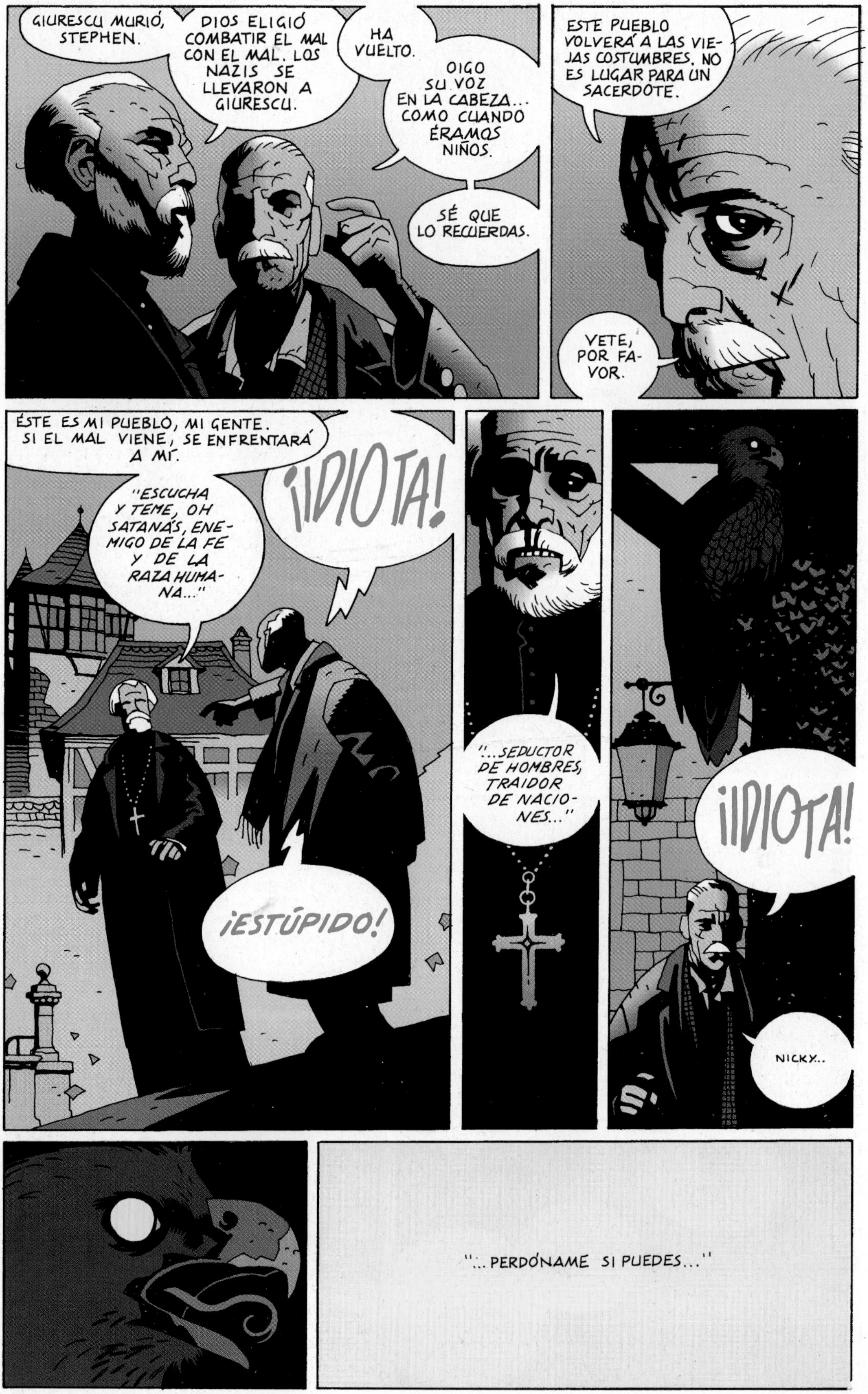
GIURESCU MURIÓ, STEPHEN.
DIOS ELIGIÓ COMBATIR EL MAL CON EL MAL. LOS NAZIS SE LLEVARON A GIURESCU.
HA VUELTO.
OIGO SU VOZ EN LA CABEZA... COMO CUANDO ÉRAMOS NIÑOS.
SÉ QUE LO RECUERDAS.
ESTE PUEBLO VOLVERÁ A LAS VIEJAS COSTUMBRES. NO ES LUGAR PARA UN SACERDOTE.
VETE, POR FAVOR.
ÉSTE ES MI PUEBLO, MI GENTE. SI EL MAL VIENE, SE ENFRENTARÁ A MÍ.
"ESCUCHA Y TEME, OH SATANÁS, ENEMIGO DE LA FE Y DE LA RAZA HUMANA..."
¡IDIOTA!
¡ESTÚPIDO!
"...SEDUCTOR DE HOMBRES, TRAIDOR DE NACIONES..."
¡IDIOTA!
NICKY..
"...PERDÓNAME SI PUEDES..."

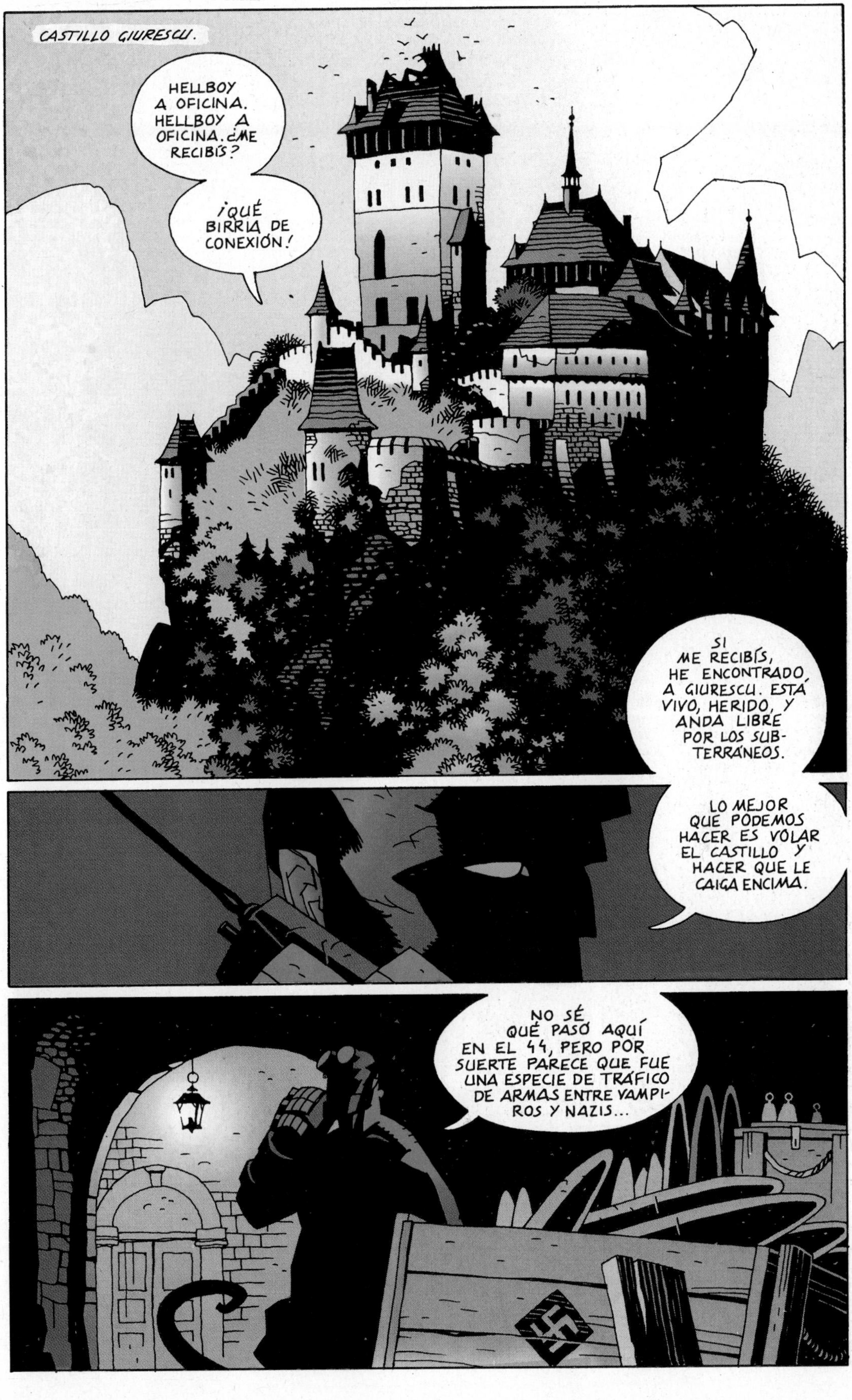
CASTILLO GIURESCU.
HELLBOY A OFICINA. HELLBOY A OFICINA. ¿ME RECIBÍS?
¡QUÉ BIRRIA DE CONEXIÓN!
SI ME RECIBÍS, HE ENCONTRADO A GIURESCU. ESTÁ VIVO, HERIDO, Y ANDA LIBRE POR LOS SUBTERRÁNEOS.
LO MEJOR QUE PODEMOS HACER ES VOLAR EL CASTILLO Y HACER QUE LE CAIGA ENCIMA.
NO SÉ QUÉ PASÓ AQUÍ EN EL 44, PERO POR SUERTE PARECE QUE FUE UNA ESPECIE DE TRÁFICO DE ARMAS ENTRE VAMPIROS Y NAZIS...

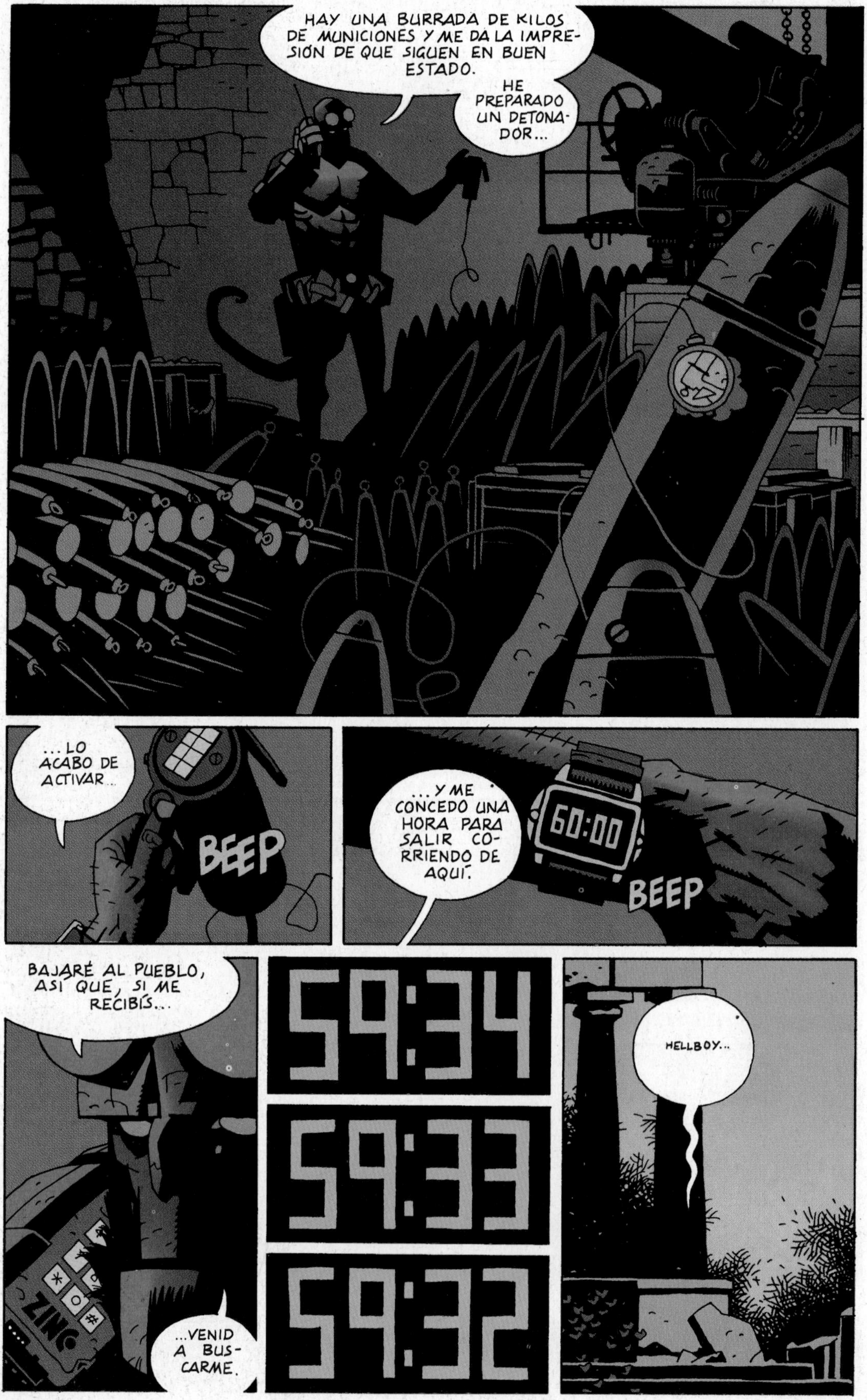
HAY UNA BURRADA DE KILOS DE MUNICIONES Y ME DA LA IMPRESIÓN DE QUE SIGUEN EN BUEN ESTADO.
HE PREPARADO UN DETONADOR...
...LO ACABO DE ACTIVAR...
BEEP
...Y ME CONCEDO UNA HORA PARA SALIR CORRIENDO DE AQUÍ.
60:00
BEEP
BAJARÉ AL PUEBLO, ASÍ QUE, SI ME RECIBÍS...
ZING
...VENID A BUSCARME.
59:34
59:33
59:32
HELLBOY...

IV

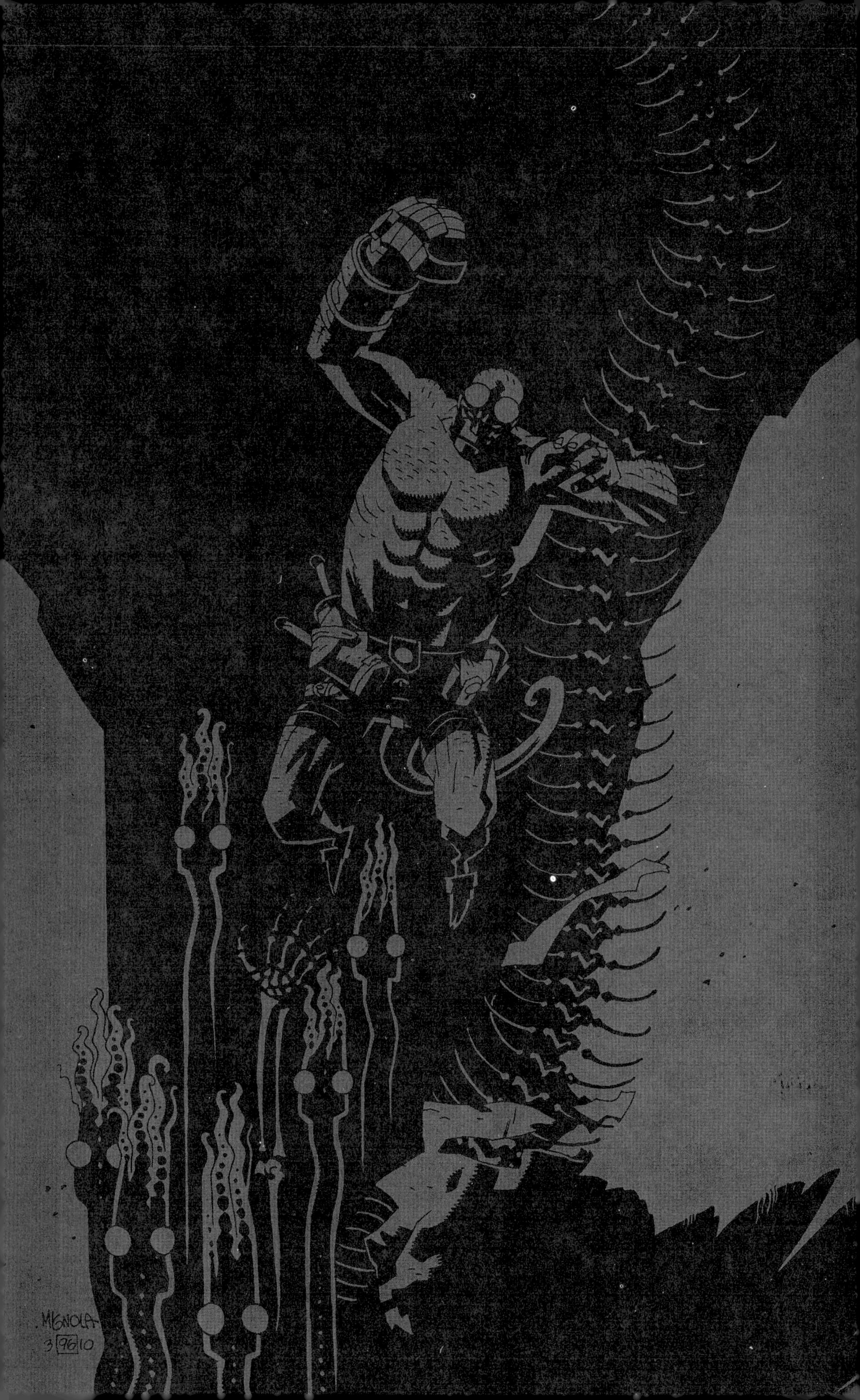
MIGNOLA
3 96 10

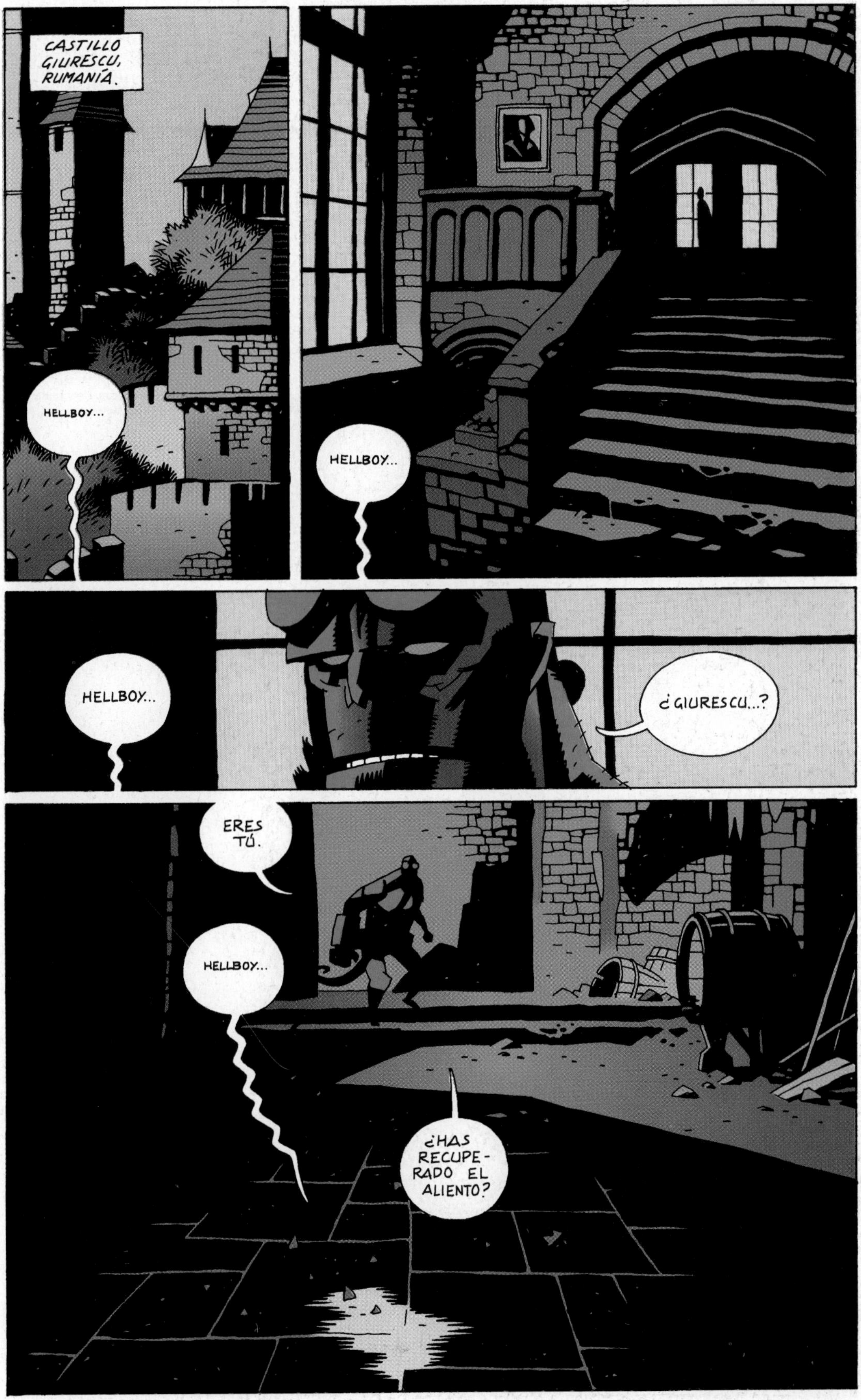
CASTILLO GIURESCU, RUMANÍA.
HELLBOY...
HELLBOY...
HELLBOY...
¿GIURESCU...?
ERES TÚ.
HELLBOY...
¿HAS RECUPERADO EL ALIENTO?

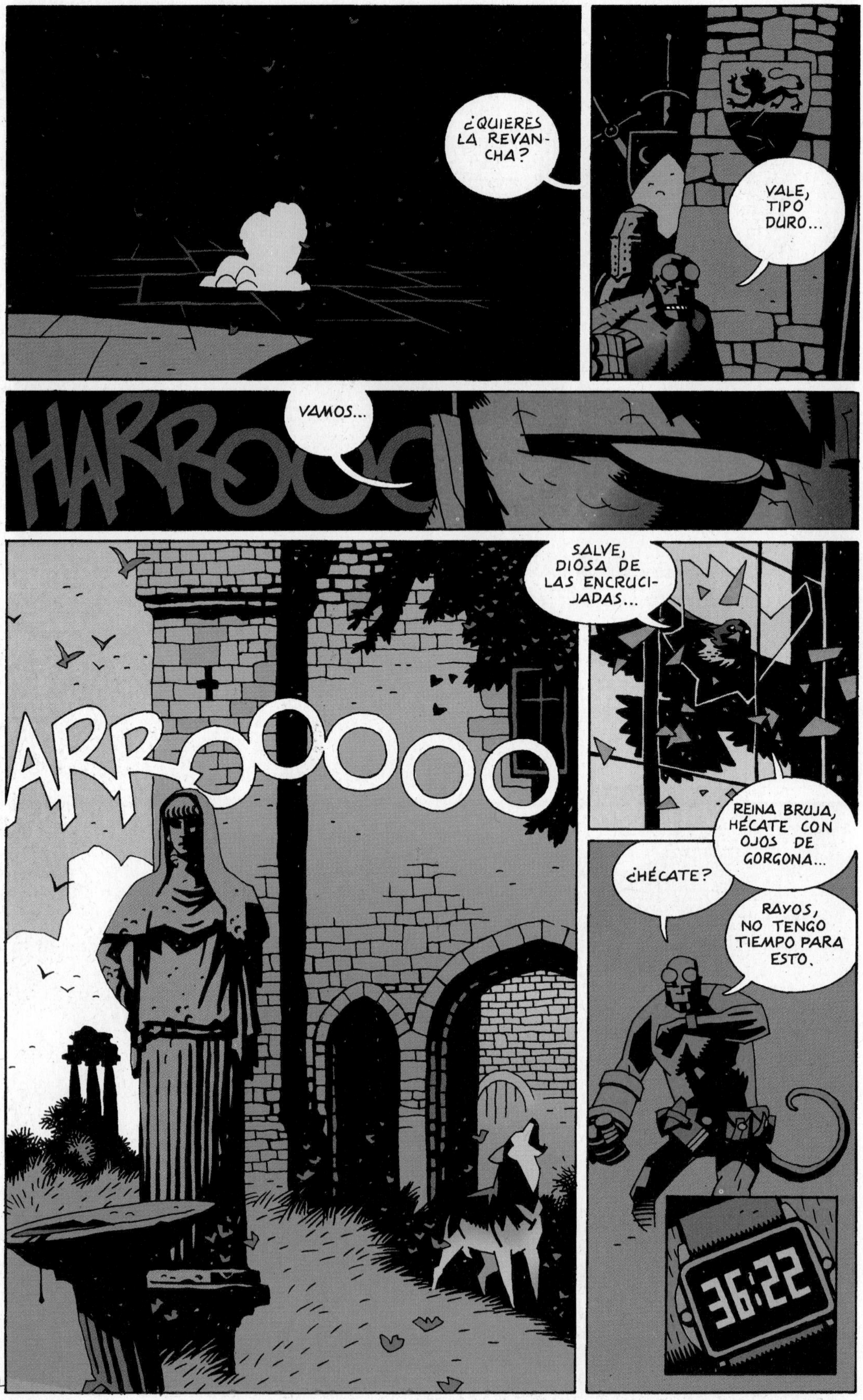
¿QUIERES LA REVANCHA?
VALE, TIPO DURO...
HARROOO
VAMOS...
SALVE, DIOSA DE LAS ENCRUCIJADAS...
ARROOOOO
REINA BRUJA, HÉCATE CON OJOS DE GORGONA...
¿HÉCATE?
RAYOS, NO TENGO TIEMPO PARA ESTO.
36:22

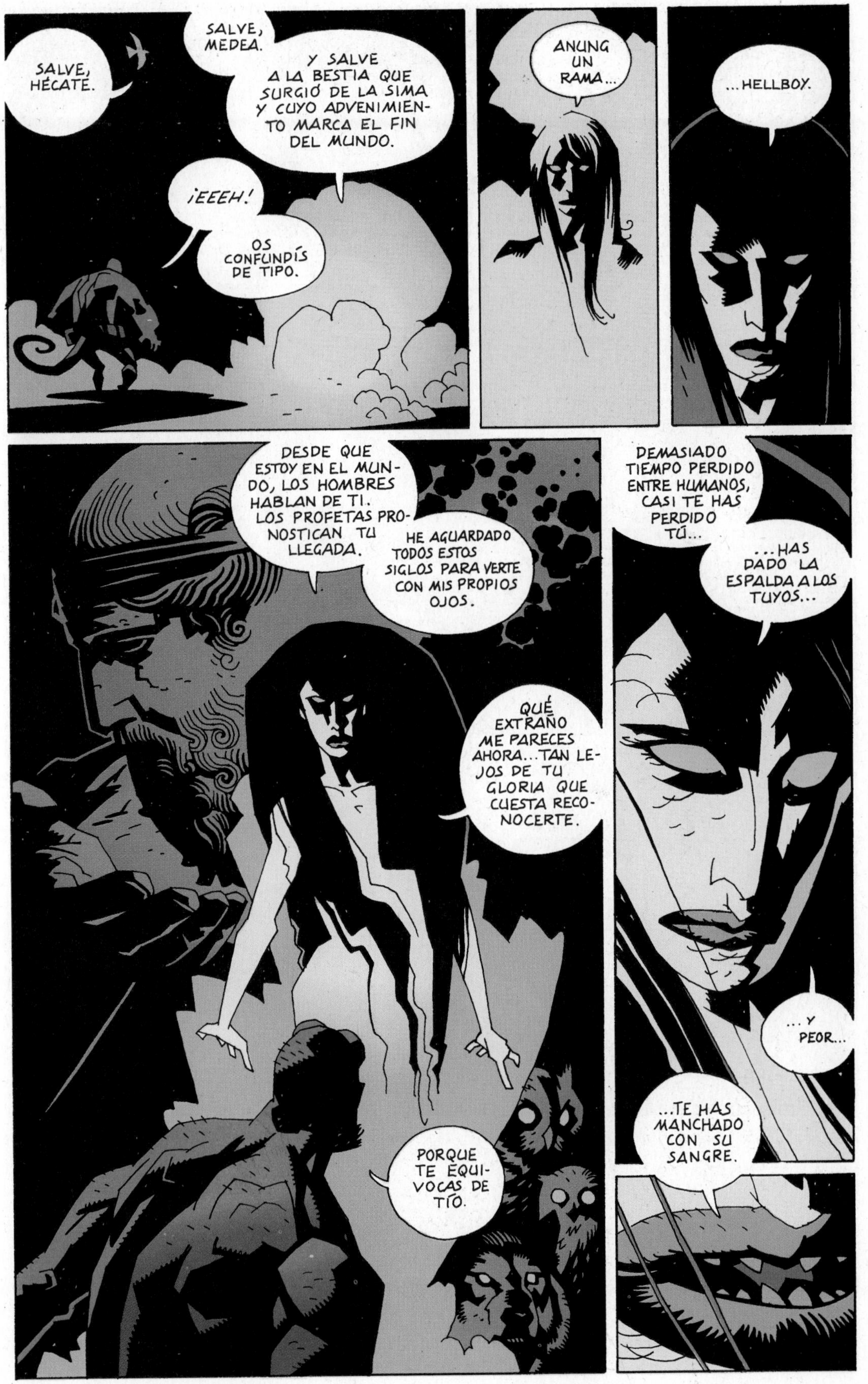
SALVE, HÉCATE.
SALVE, MEDEA.
Y SALVE A LA BESTIA QUE SURGIÓ DE LA SIMA Y CUYO ADVENIMIENTO MARCA EL FIN DEL MUNDO.
¡EEEH!
OS CONFUNDÍS DE TIPO.
ANUNG UN RAMA...
...HELLBOY.
DESDE QUE ESTOY EN EL MUNDO, LOS HOMBRES HABLAN DE TI. LOS PROFETAS PRONOSTICAN TU LLEGADA.
HE AGUARDADO TODOS ESTOS SIGLOS PARA VERTE CON MIS PROPIOS OJOS.
QUÉ EXTRAÑO ME PARECES AHORA... TAN LEJOS DE TU GLORIA QUE CUESTA RECONOCERTE.
PORQUE TE EQUIVOCAS DE TÍO.
DEMASIADO TIEMPO PERDIDO ENTRE HUMANOS, CASI TE HAS PERDIDO TÚ...
...HAS DADO LA ESPALDA A LOS TUYOS...
...Y PEOR...
...TE HAS MANCHADO CON SU SANGRE.

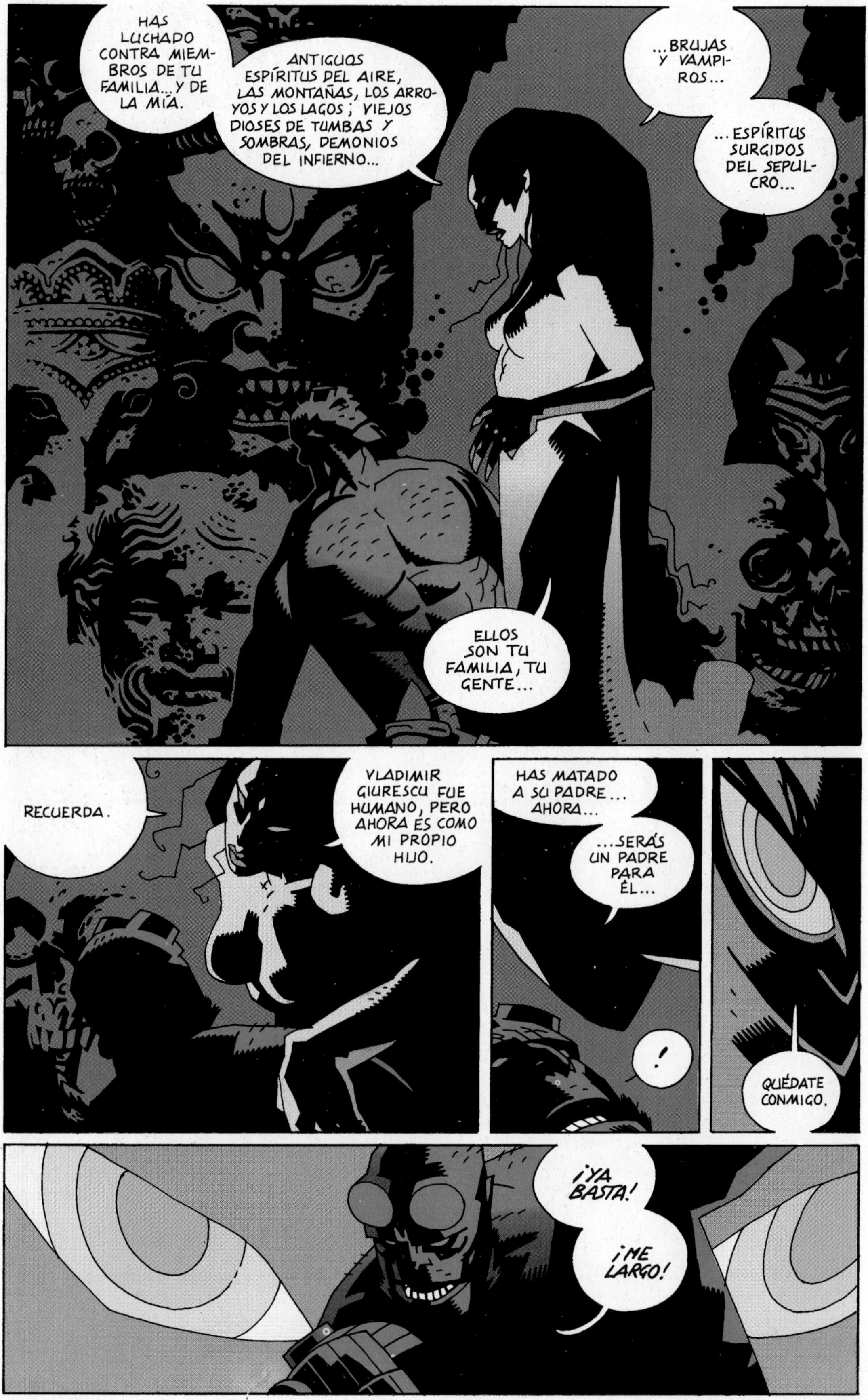
HAS LUCHADO CONTRA MIEMBROS DE TU FAMILIA... Y DE LA MÍA.
ANTIGUOS ESPÍRITUS DEL AIRE, LAS MONTAÑAS, LOS ARROYOS Y LOS LAGOS; VIEJOS DIOSES DE TUMBAS Y SOMBRAS, DEMONIOS DEL INFIERNO...
...BRUJAS Y VAMPIROS...
...ESPÍRITUS SURGIDOS DEL SEPULCRO...
ELLOS SON TU FAMILIA, TU GENTE...
RECUERDA.
VLADIMIR GIURESCU FUE HUMANO, PERO AHORA ES COMO MI PROPIO HIJO.
HAS MATADO A SU PADRE... AHORA...
...SERÁS UN PADRE PARA ÉL...
!
QUÉDATE CONMIGO.
¡YA BASTA!
¡ME LARGO!

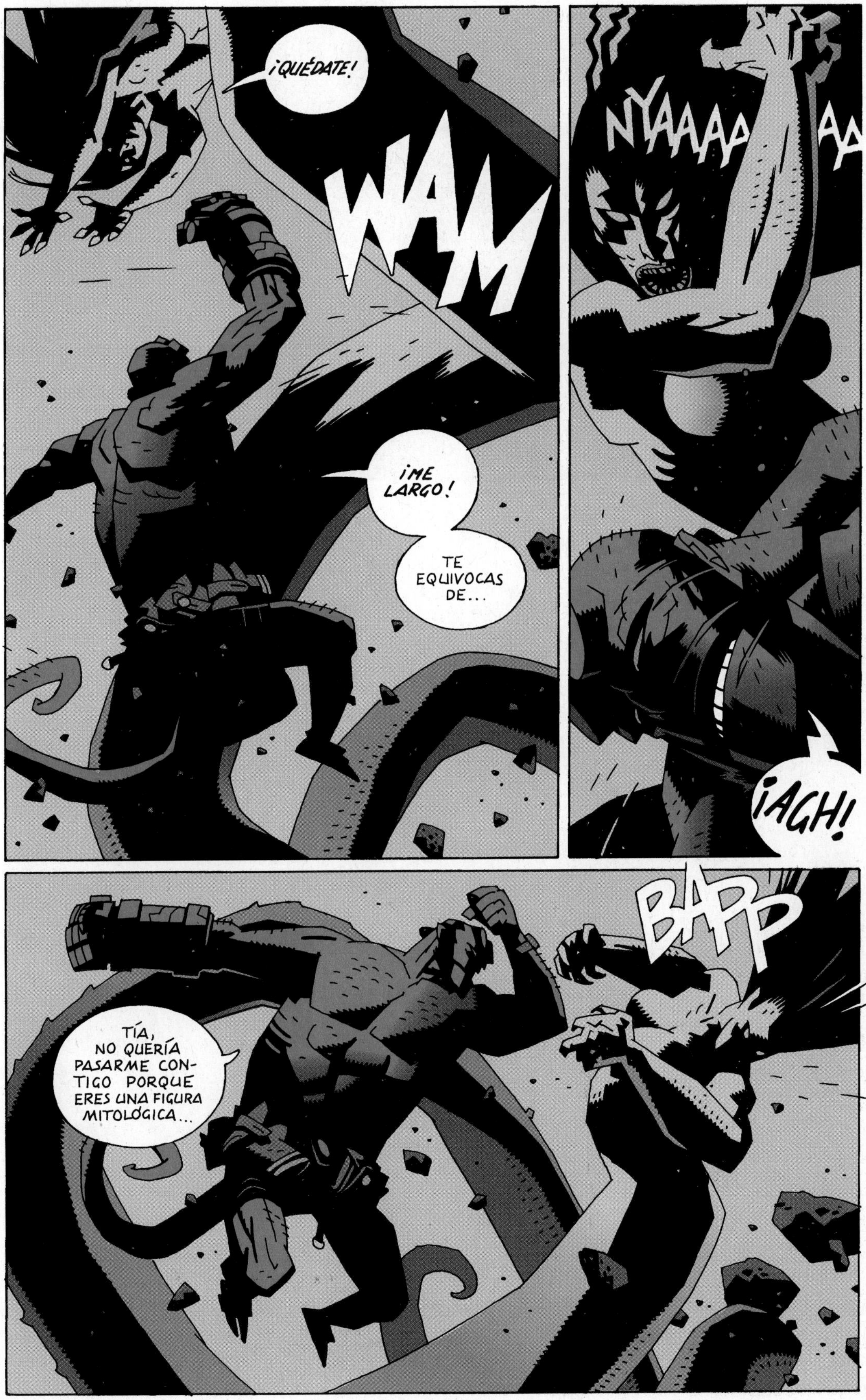
¡QUÉDATE!
WAM
¡ME LARGO!
TE EQUIVOCAS DE...
NYAAAAAAA
¡AGH!
BAPP
TÍA, NO QUERÍA PASARME CON-TIGO PORQUE ERES UNA FIGURA MITOLÓGICA...

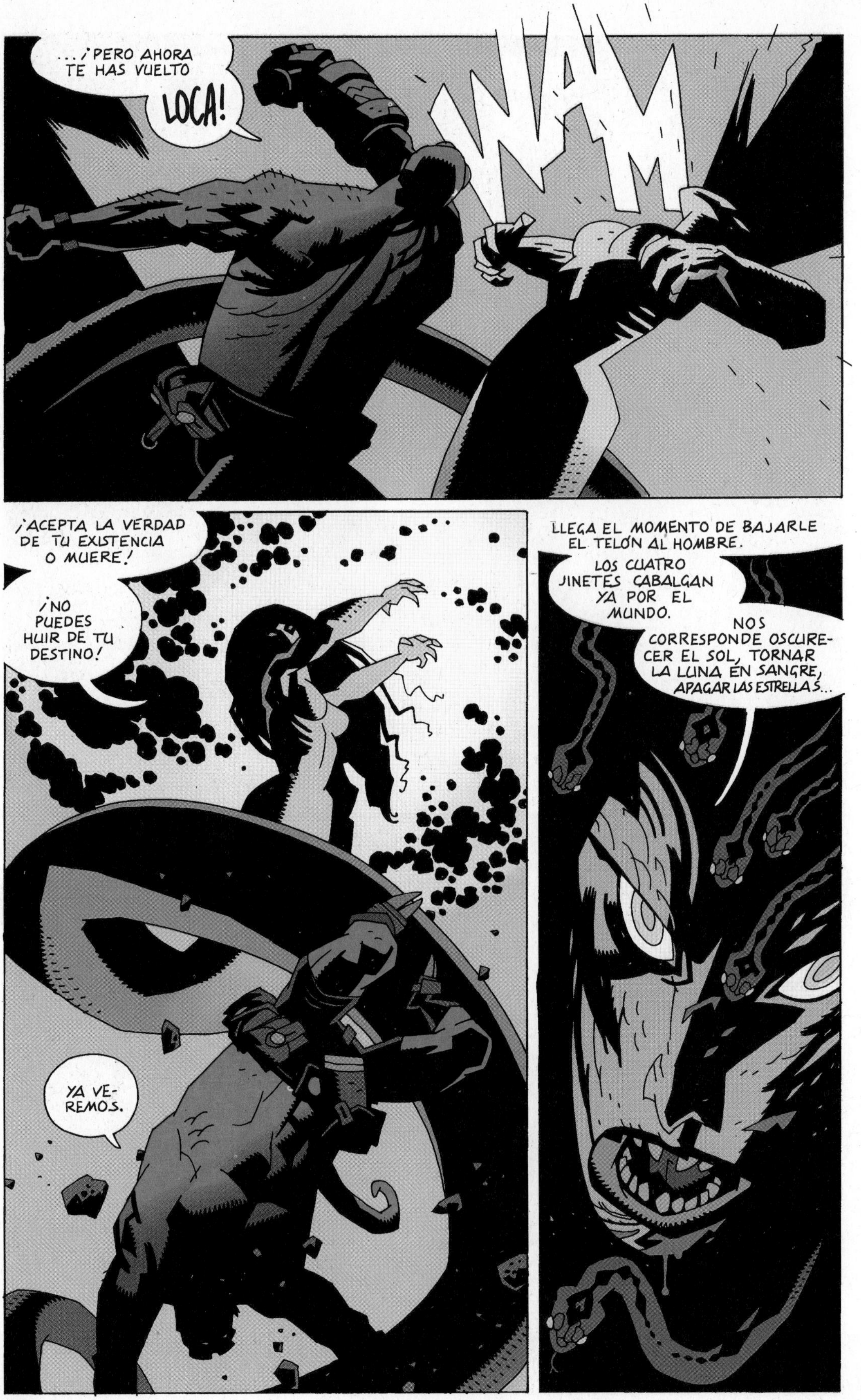
...¡PERO AHORA TE HAS VUELTO LOCA!
WAM
¡ACEPTA LA VERDAD DE TU EXISTENCIA O MUERE!
¡NO PUEDES HUIR DE TU DESTINO!
YA VEREMOS.
LLEGA EL MOMENTO DE BAJARLE EL TELÓN AL HOMBRE.
LOS CUATRO JINETES CABALGAN YA POR EL MUNDO.
NOS CORRESPONDE OSCURECER EL SOL, TORNAR LA LUNA EN SANGRE, APAGAR LAS ESTRELLAS...

LUEGO TÚ Y YO, SOLOS PARA SIEMPRE EN LA OSCURIDAD...

¡CÁLLATE!

NO LLEGAREMOS A ESO...

... PORQUE ERES MUY, MUY FEA...

Y...

...¡TIENES CUERPO DE SERPIENTE GIGANTE!

SHUK

"...LUEGO TOT LA MALDIJO PARA QUE LA MITAD DE ELLA CAMBIARA DE FORMA..."

"...Y CUANDO SE DESCUBRIÓ SU VERDADERA NATURALEZA, FUE EXPULSADA DEL TEMPLO Y DE LA CIUDAD..."

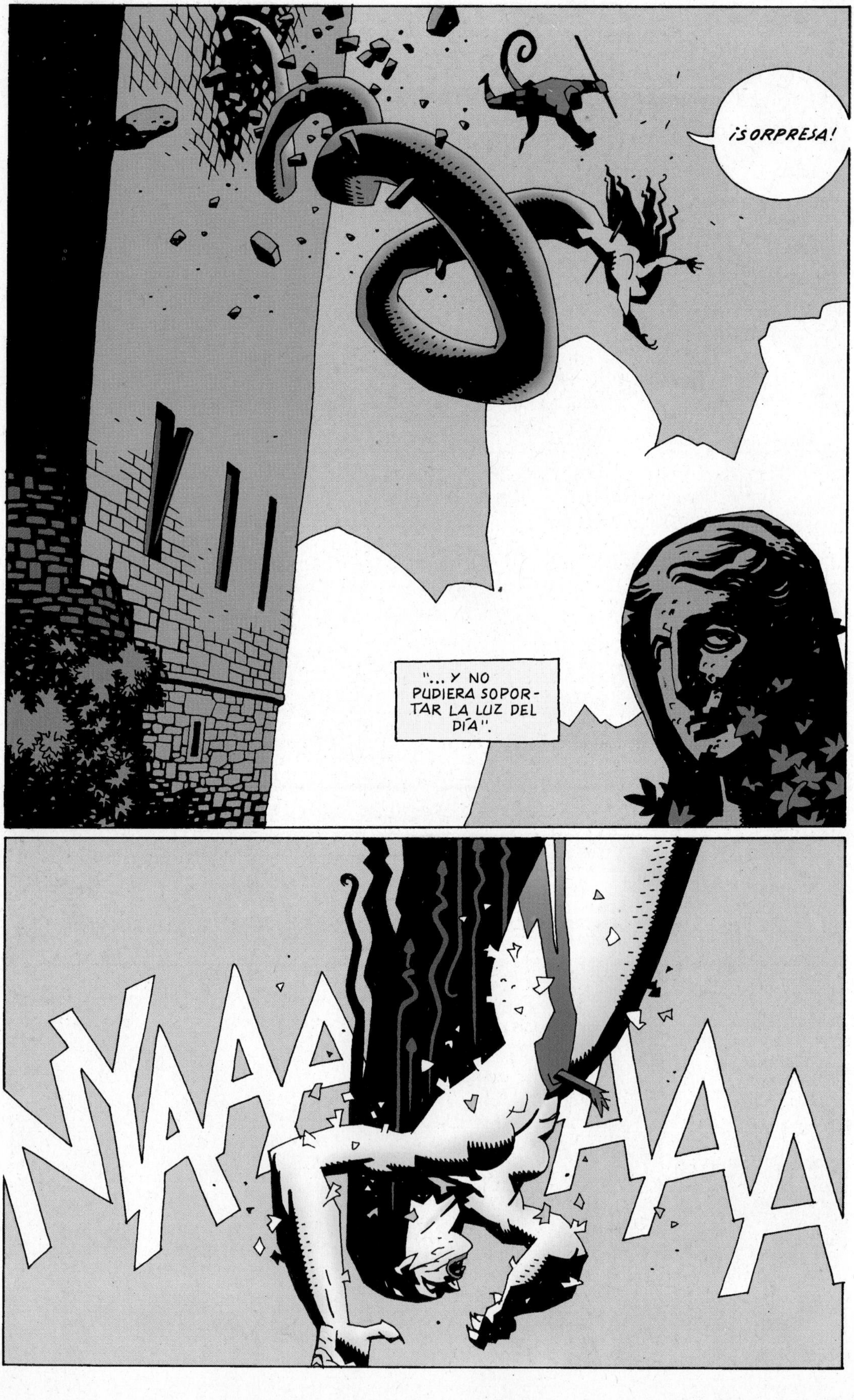
¡SORPRESA!
"... Y NO PUDIERA SOPORTAR LA LUZ DEL DÍA".
NYAAAAHAAA

¡DIOS!
RAYOS...
...SERÁ...
...HIJA...
...DE...

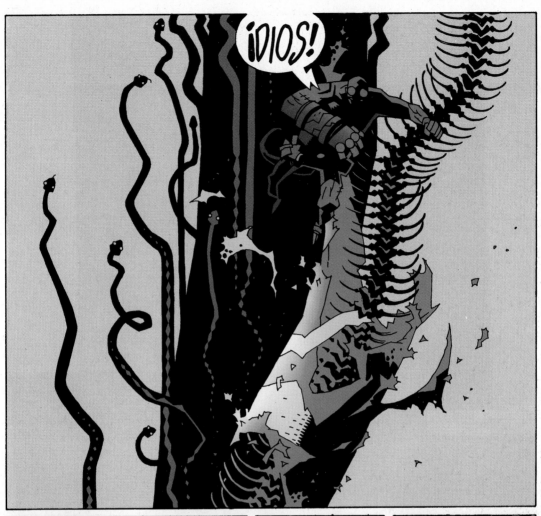

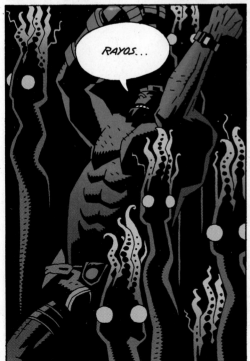

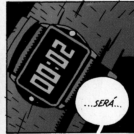

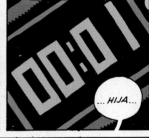

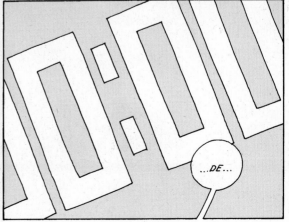

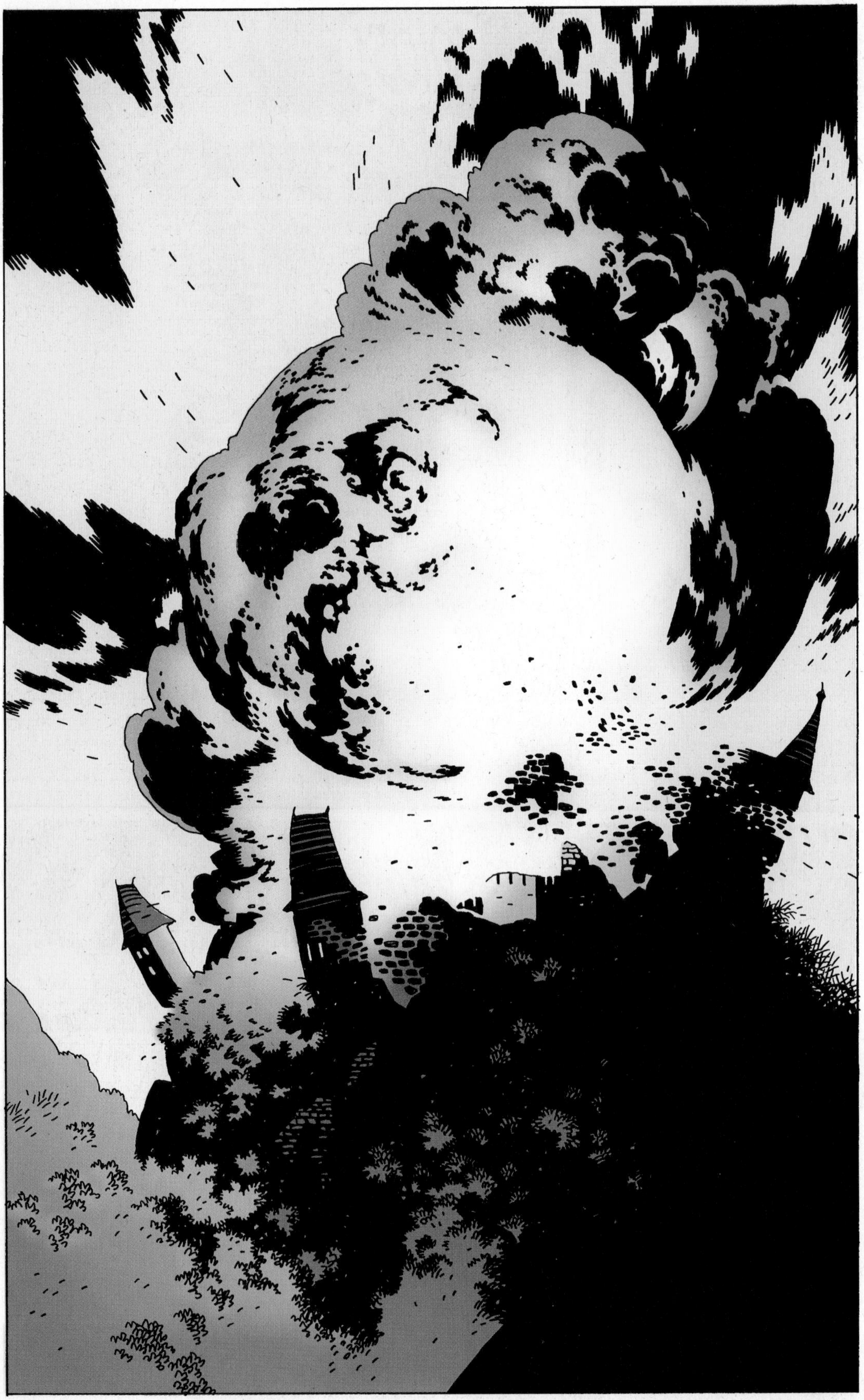

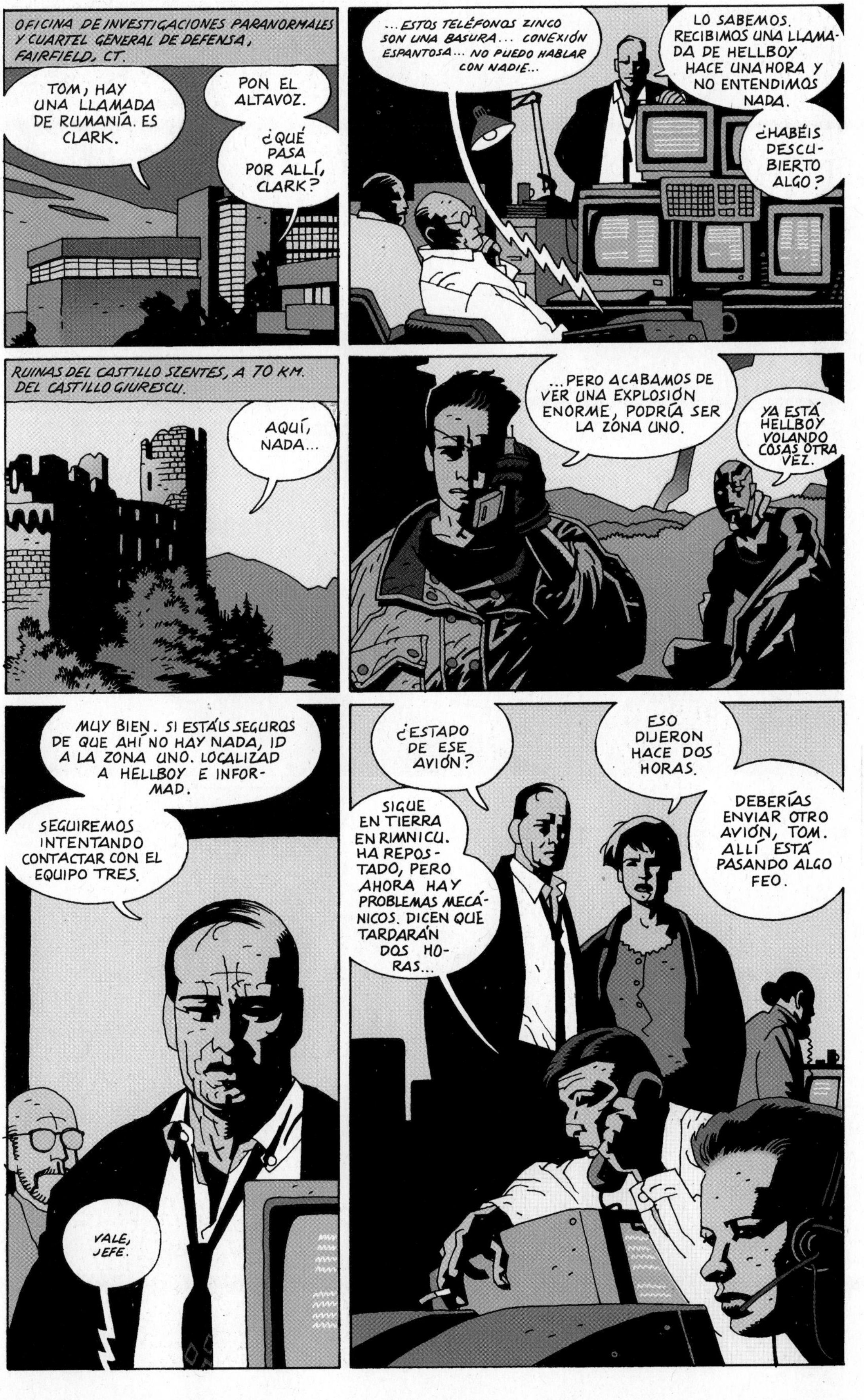
OFICINA DE INVESTIGACIONES PARANORMALES Y CUARTEL GENERAL DE DEFENSA, FAIRFIELD, CT.
TOM, HAY UNA LLAMADA DE RUMANÍA. ES CLARK.
PON EL ALTAVOZ.
¿QUÉ PASA POR ALLÍ, CLARK?
...ESTOS TELÉFONOS ZINCO SON UNA BASURA... CONEXIÓN ESPANTOSA... NO PUEDO HABLAR CON NADIE...
LO SABEMOS. RECIBIMOS UNA LLAMADA DE HELLBOY HACE UNA HORA Y NO ENTENDIMOS NADA.
¿HABÉIS DESCUBIERTO ALGO?
RUINAS DEL CASTILLO SZENTES, A 70 KM. DEL CASTILLO GIURESCU.
AQUÍ, NADA...
...PERO ACABAMOS DE VER UNA EXPLOSIÓN ENORME, PODRÍA SER LA ZONA UNO.
YA ESTÁ HELLBOY VOLANDO COSAS OTRA VEZ.
MUY BIEN. SI ESTÁIS SEGUROS DE QUE AHÍ NO HAY NADA, ID A LA ZONA UNO. LOCALIZAD A HELLBOY E INFORMAD.
SEGUIREMOS INTENTANDO CONTACTAR CON EL EQUIPO TRES.
VALE, JEFE.
¿ESTADO DE ESE AVIÓN?
SIGUE EN TIERRA EN RIMNICU. HA REPOSTADO, PERO AHORA HAY PROBLEMAS MECÁNICOS. DICEN QUE TARDARÁN DOS HORAS...
ESO DIJERON HACE DOS HORAS.
DEBERÍAS ENVIAR OTRO AVIÓN, TOM. ALLÍ ESTÁ PASANDO ALGO FEO.

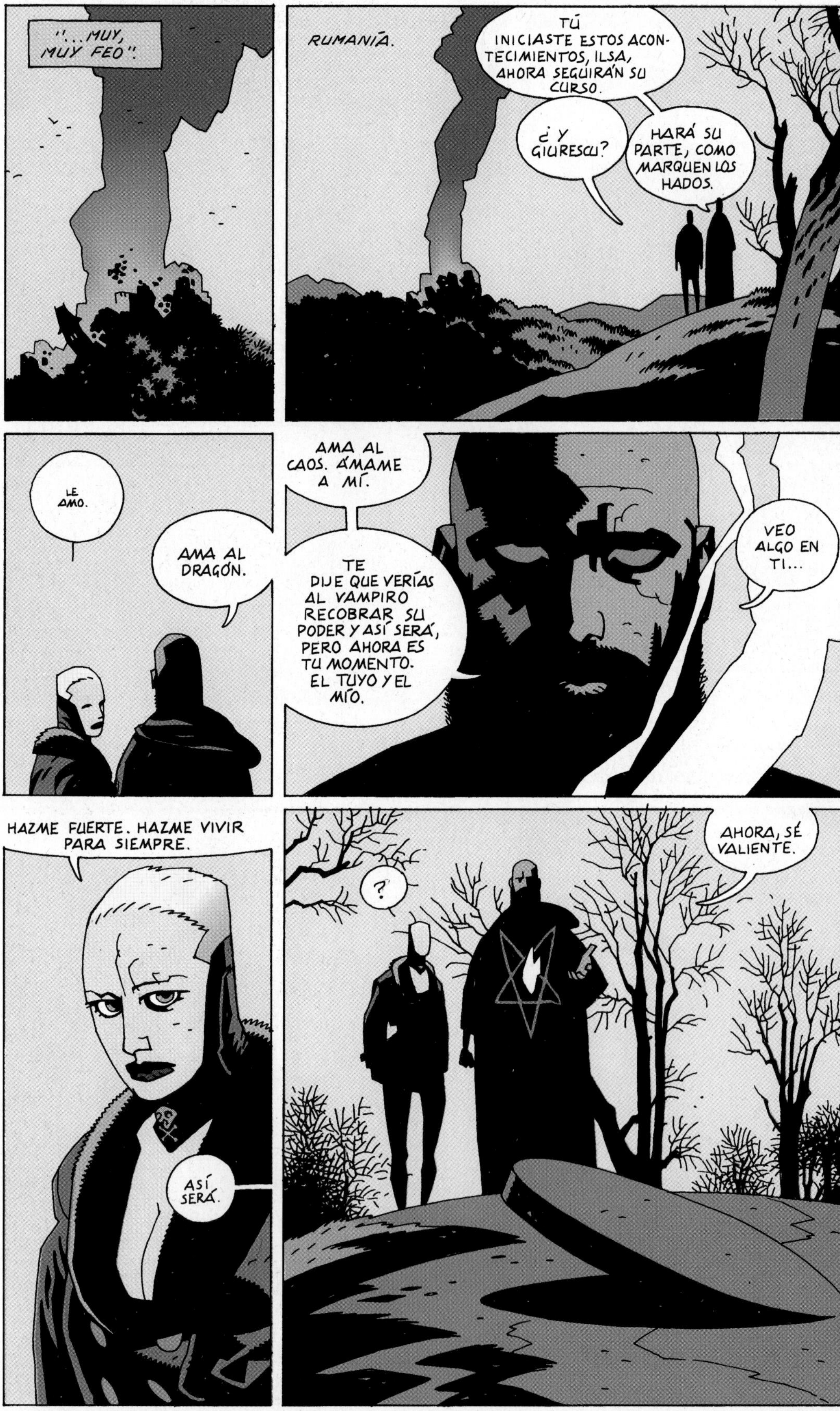
"...MUY, MUY FEO".
RUMANÍA.
TÚ INICIASTE ESTOS ACONTECIMIENTOS, ILSA, AHORA SEGUIRÁN SU CURSO.
¿Y GIURESCU?
HARÁ SU PARTE, COMO MARQUEN LOS HADOS.
LE AMO.
AMA AL DRAGÓN.
AMA AL CAOS. ÁMAME A MÍ.
TE DIJE QUE VERÍAS AL VAMPIRO RECOBRAR SU PODER Y ASÍ SERÁ, PERO AHORA ES TU MOMENTO. EL TUYO Y EL MÍO.
VEO ALGO EN TI...
HAZME FUERTE. HAZME VIVIR PARA SIEMPRE.
ASÍ SERÁ.
?
AHORA, SÉ VALIENTE.

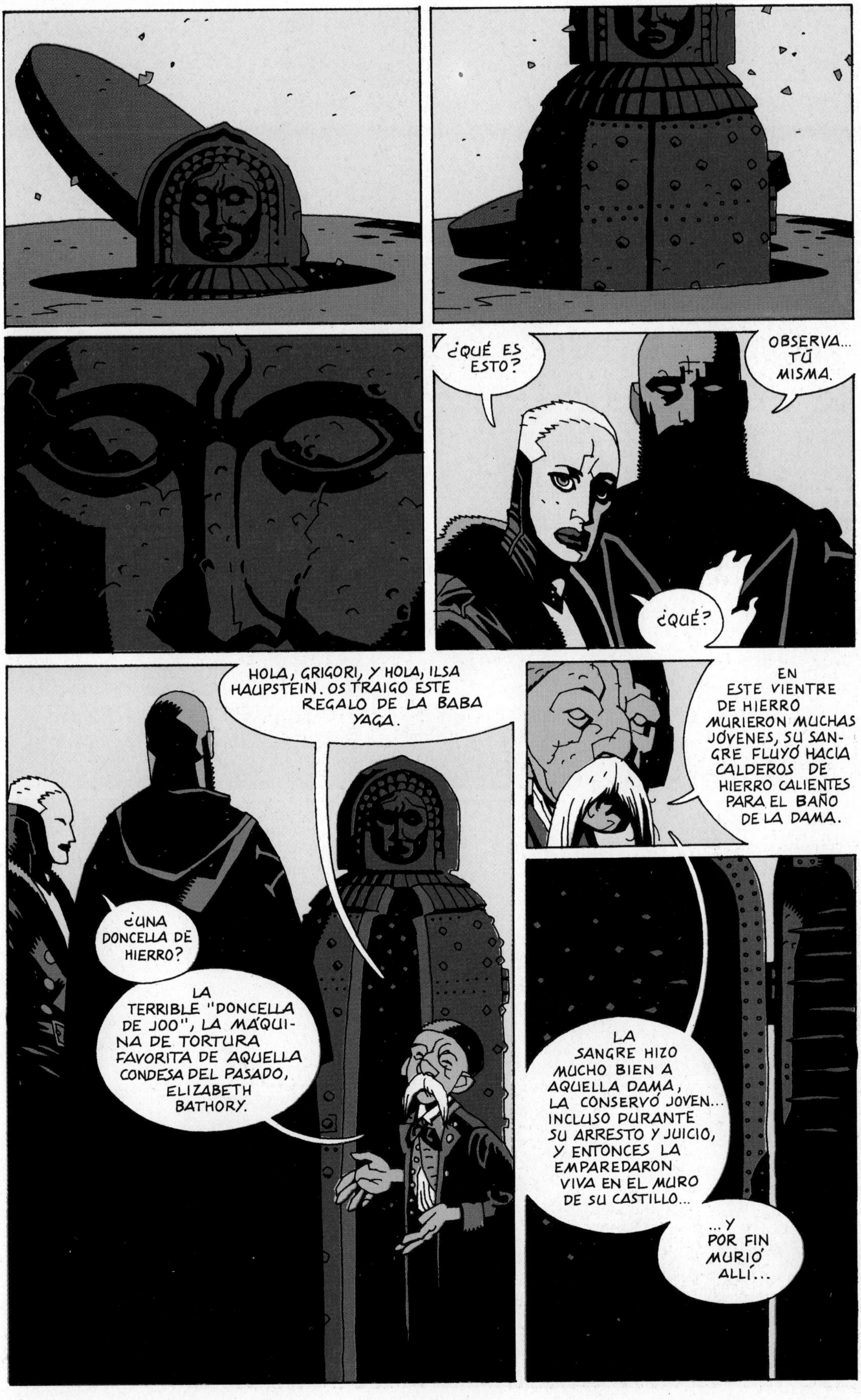
¿QUÉ ES ESTO?
OBSERVA... TÚ MISMA.
¿QUÉ?
HOLA, GRIGORI, Y HOLA, ILSA HAUPSTEIN. OS TRAIGO ESTE REGALO DE LA BABA YAGA.
¿UNA DONCELLA DE HIERRO?
LA TERRIBLE "DONCELLA DE JOO", LA MÁQUINA DE TORTURA FAVORITA DE AQUELLA CONDESA DEL PASADO, ELIZABETH BATHORY.
EN ESTE VIENTRE DE HIERRO MURIERON MUCHAS JÓVENES, SU SANGRE FLUYÓ HACIA CALDEROS DE HIERRO CALIENTES PARA EL BAÑO DE LA DAMA.
LA SANGRE HIZO MUCHO BIEN A AQUELLA DAMA, LA CONSERVÓ JOVEN... INCLUSO DURANTE SU ARRESTO Y JUICIO, Y ENTONCES LA EMPAREDARON VIVA EN EL MURO DE SU CASTILLO...
...Y POR FIN MURIÓ ALLÍ...

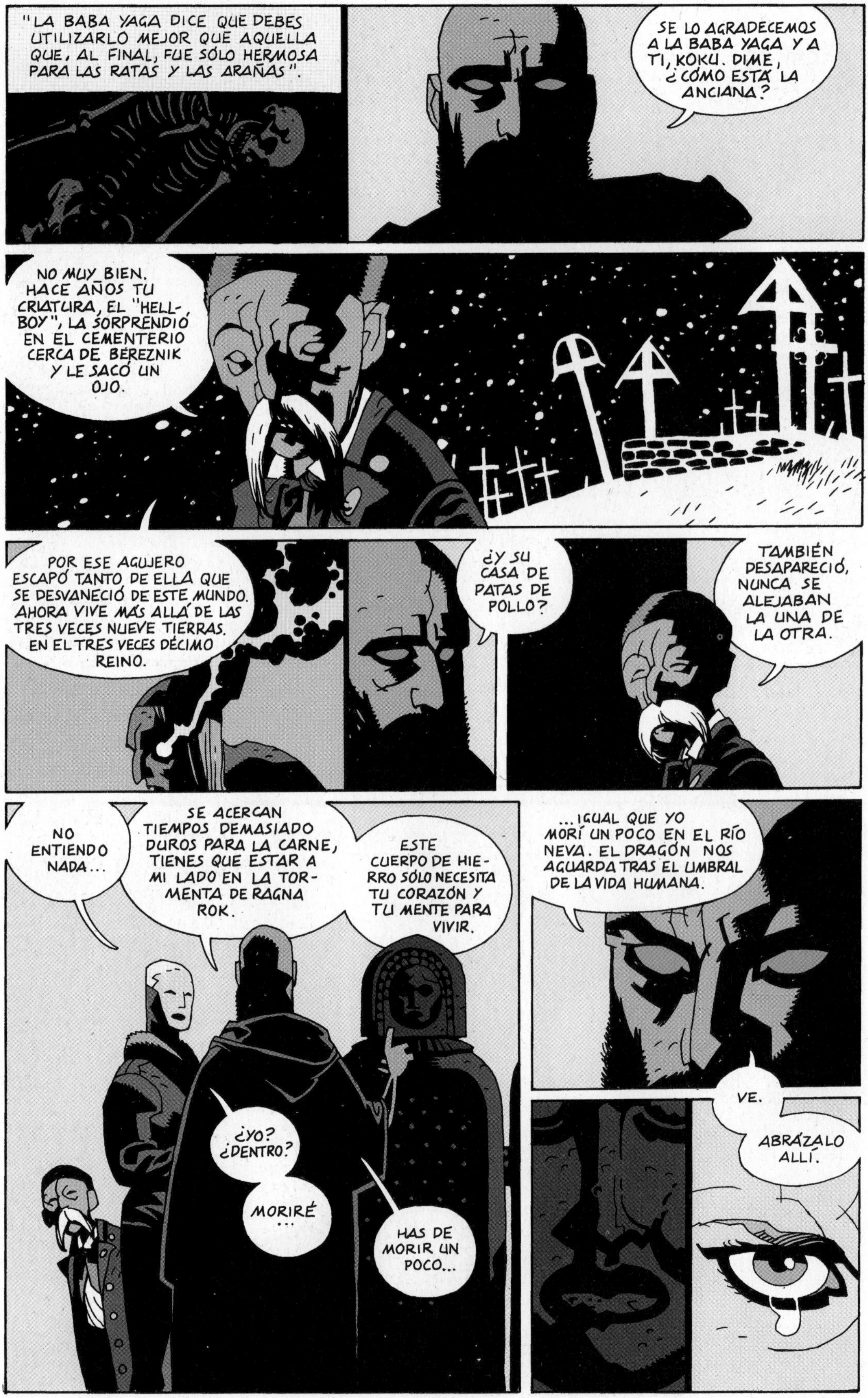
"LA BABA YAGA DICE QUE DEBES UTILIZARLO MEJOR QUE AQUELLA QUE, AL FINAL, FUE SÓLO HERMOSA PARA LAS RATAS Y LAS ARAÑAS".
SE LO AGRADECEMOS A LA BABA YAGA Y A TI, KOKU. DIME, ¿CÓMO ESTÁ LA ANCIANA?
NO MUY BIEN. HACE AÑOS TU CRIATURA, EL "HELL-BOY", LA SORPRENDIÓ EN EL CEMENTERIO CERCA DE BEREZNIK Y LE SACÓ UN OJO.
POR ESE AGUJERO ESCAPÓ TANTO DE ELLA QUE SE DESVANECIÓ DE ESTE MUNDO. AHORA VIVE MÁS ALLÁ DE LAS TRES VECES NUEVE TIERRAS. EN EL TRES VECES DÉCIMO REINO.
¿Y SU CASA DE PATAS DE POLLO?
TAMBIÉN DESAPARECIÓ, NUNCA SE ALEJABAN LA UNA DE LA OTRA.
NO ENTIENDO NADA...
SE ACERCAN TIEMPOS DEMASIADO DUROS PARA LA CARNE, TIENES QUE ESTAR A MI LADO EN LA TORMENTA DE RAGNA ROK.
ESTE CUERPO DE HIERRO SÓLO NECESITA TU CORAZÓN Y TU MENTE PARA VIVIR.
¿YO? ¿DENTRO?
MORIRÉ...
HAS DE MORIR UN POCO...
...IGUAL QUE YO MORÍ UN POCO EN EL RÍO NEVA. EL DRAGÓN NOS AGUARDA TRAS EL UMBRAL DE LA VIDA HUMANA.
VE.
ABRÁZALO ALLÍ.

Y, MIENTRAS LAS FUERZAS MORTALES TE FALLAN, SU GRAN PODER DEL CAOS TE LLENARÁ HASTA COLMARTE...

POR TI, SEÑOR...

SÓLO POR TI.

CLANG

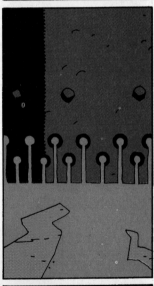

MIRA CÓMO SE ACERCA EL DRAGÓN...

DA LAS GRACIAS A LA ANCIANA, KOKU. DILE QUE HEMOS USADO BIEN SU REGALO.

DILE QUE EL DEMONIO QUE LE SACÓ EL OJO MORIRÁ ESTA NOCHE.

SE ALEGRARÁ DE SABERLO.

Y DILE QUE PRONTO IRÉ A VISITARLA.

TAMBIÉN SE ALEGRARÁ DE VERTE...

PERO TEN CUIDADO AHÍ FUERA, GRIGORI...

...DEMASIADOS HUMANOS.

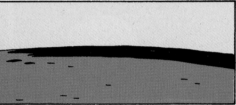

DEMASIADOS HUMANOS...

"...POR POCO TIEMPO".

CASTILLO GIURESCU.

EH, CREO QUE YA LO TENGO.

¿ES EL?

CREO QUE...

AH...

ES EL.

DESEN-TERRADLE.

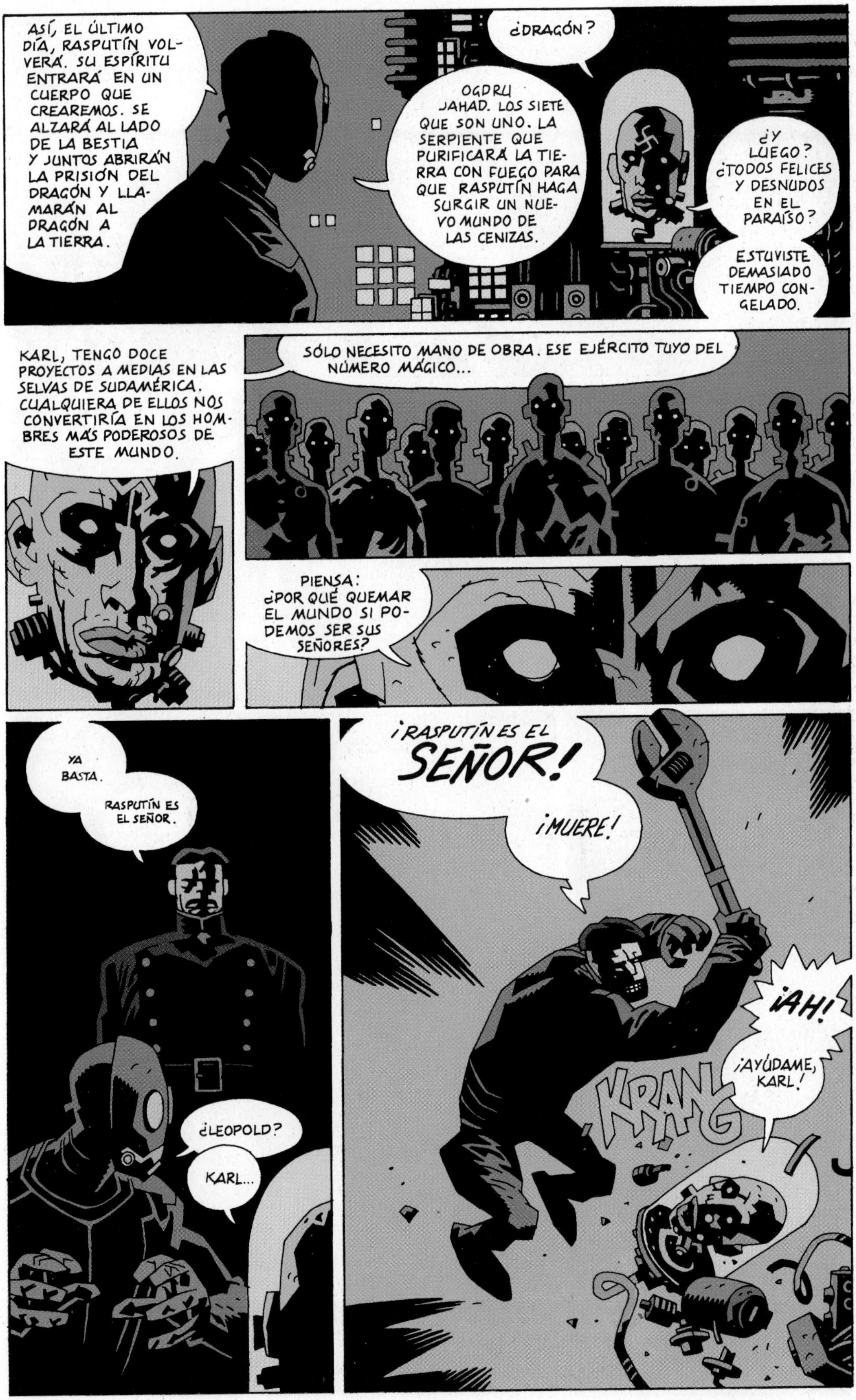
ASÍ, EL ÚLTIMO DÍA, RASPUTÍN VOLVERÁ. SU ESPÍRITU ENTRARÁ EN UN CUERPO QUE CREAREMOS. SE ALZARÁ AL LADO DE LA BESTIA Y JUNTOS ABRIRÁN LA PRISIÓN DEL DRAGÓN Y LLAMARÁN AL DRAGÓN A LA TIERRA.
¿DRAGÓN?
OGDRU JAHAD. LOS SIETE QUE SON UNO. LA SERPIENTE QUE PURIFICARÁ LA TIERRA CON FUEGO PARA QUE RASPUTÍN HAGA SURGIR UN NUEVO MUNDO DE LAS CENIZAS.
¿Y LUEGO? ¿TODOS FELICES Y DESNUDOS EN EL PARAÍSO?
ESTUVISTE DEMASIADO TIEMPO CONGELADO.
KARL, TENGO DOCE PROYECTOS A MEDIAS EN LAS SELVAS DE SUDAMÉRICA. CUALQUIERA DE ELLOS NOS CONVERTIRÍA EN LOS HOMBRES MÁS PODEROSOS DE ESTE MUNDO.
SÓLO NECESITO MANO DE OBRA. ESE EJÉRCITO TUYO DEL NÚMERO MÁGICO...
PIENSA: ¿POR QUÉ QUEMAR EL MUNDO SI PODEMOS SER SUS SEÑORES?
YA BASTA.
RASPUTÍN ES EL SEÑOR.
¿LEOPOLD?
KARL...
¡RASPUTÍN ES EL SEÑOR!
¡MUERE!
¡AH!
KRANG
¡AYÚDAME, KARL!

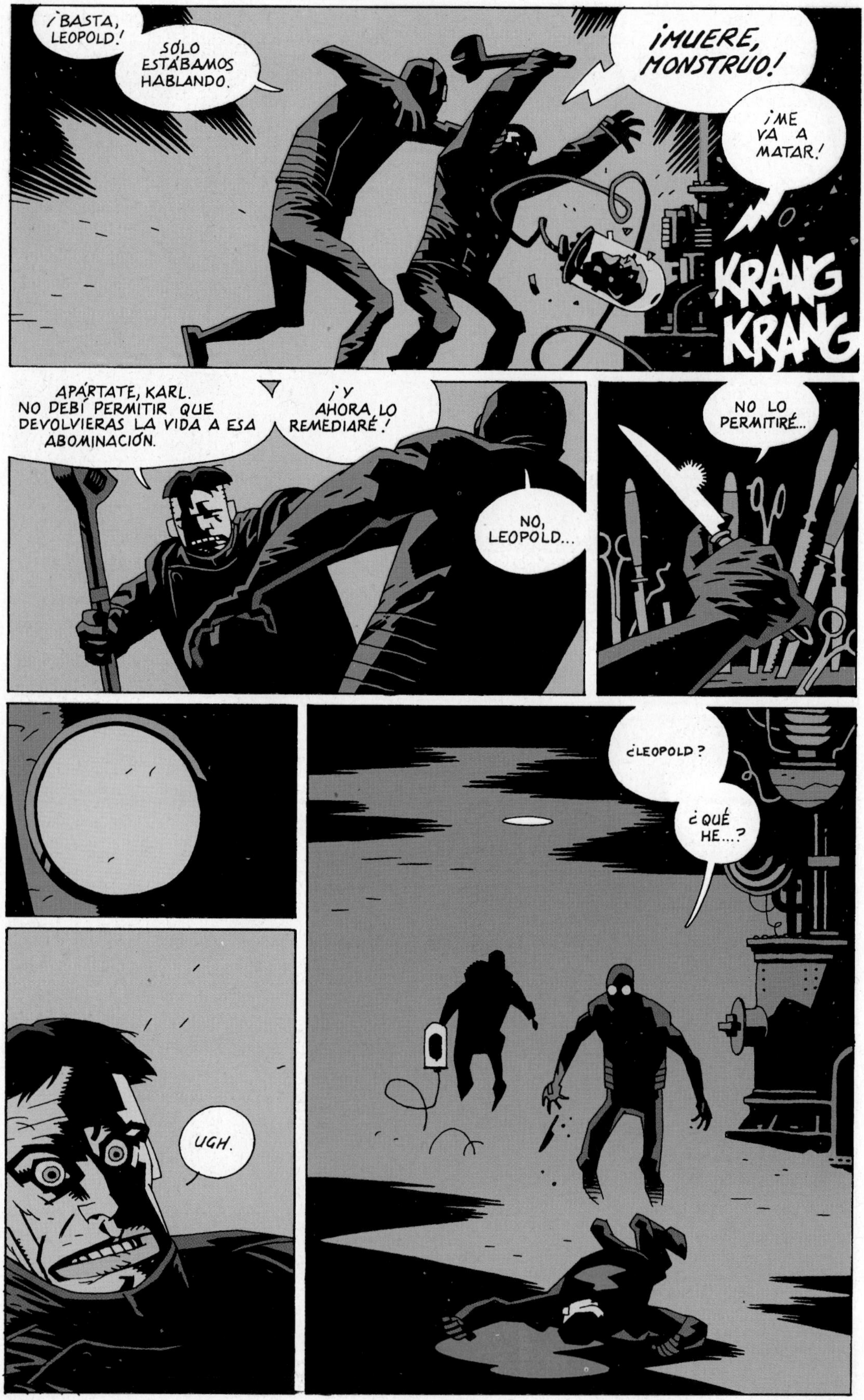
¡BASTA, LEOPOLD!
SÓLO ESTÁBAMOS HABLANDO.
¡MUERE, MONSTRUO!
¡ME VA A MATAR!
KRANG KRANG
APÁRTATE, KARL. NO DEBÍ PERMITIR QUE DEVOLVIERAS LA VIDA A ESA ABOMINACIÓN.
¡Y AHORA LO REMEDIARÉ!
NO, LEOPOLD...
NO LO PERMITIRÉ...
UGH.
¿LEOPOLD?
¿QUÉ HE...?

¡SEÑOR!

RUMANÍA.

HELLBOY...

SURGIDO DEL FUEGO, RENACIDO EN EL FUEGO Y POR FIN DERRIBADO POR EL FUEGO.

FUISTE EL PROFETA DE MI NUEVA ERA, PERO ME DISTE LA ESPAL- DA A MÍ... Y A TI MISMO.

HE DESEADO TU MUERTE Y AHORA QUE ES- TÁ PRÓXIMA...

...NO ME CAUSA PLACER.

AHORA ES LA FRÍA NATURALEZA DEL UNIVERSO LA QUE EXIGE TU FIN.

TENÍAS UN OBJETIVO GLORIOSO Y AL RECHAZARLO ME OBLIGASTE A CREAR A TU SUBSTI- TUTA.

AHORA NO TIENES OBJETIVO ALGUNO...

...ERES ALGO ABOMINA- BLE PARA LA NATURALEZA.

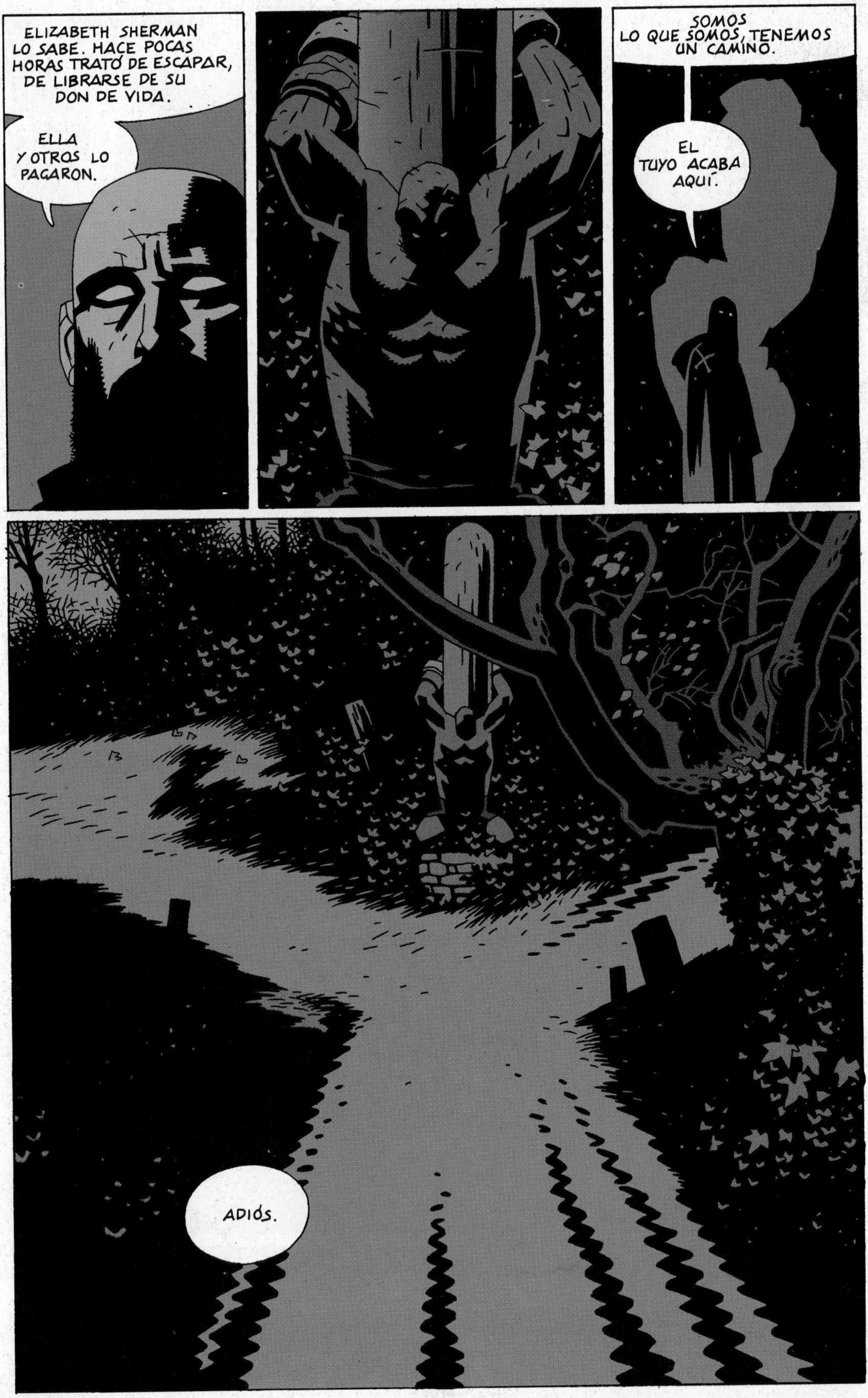
ELIZABETH SHERMAN LO SABE. HACE POCAS HORAS TRATÓ DE ESCAPAR, DE LIBRARSE DE SU DON DE VIDA.
ELLA Y OTROS LO PAGARON.
SOMOS LO QUE SOMOS, TENEMOS UN CAMINO.
EL TUYO ACABA AQUÍ.
ADIÓS.

V

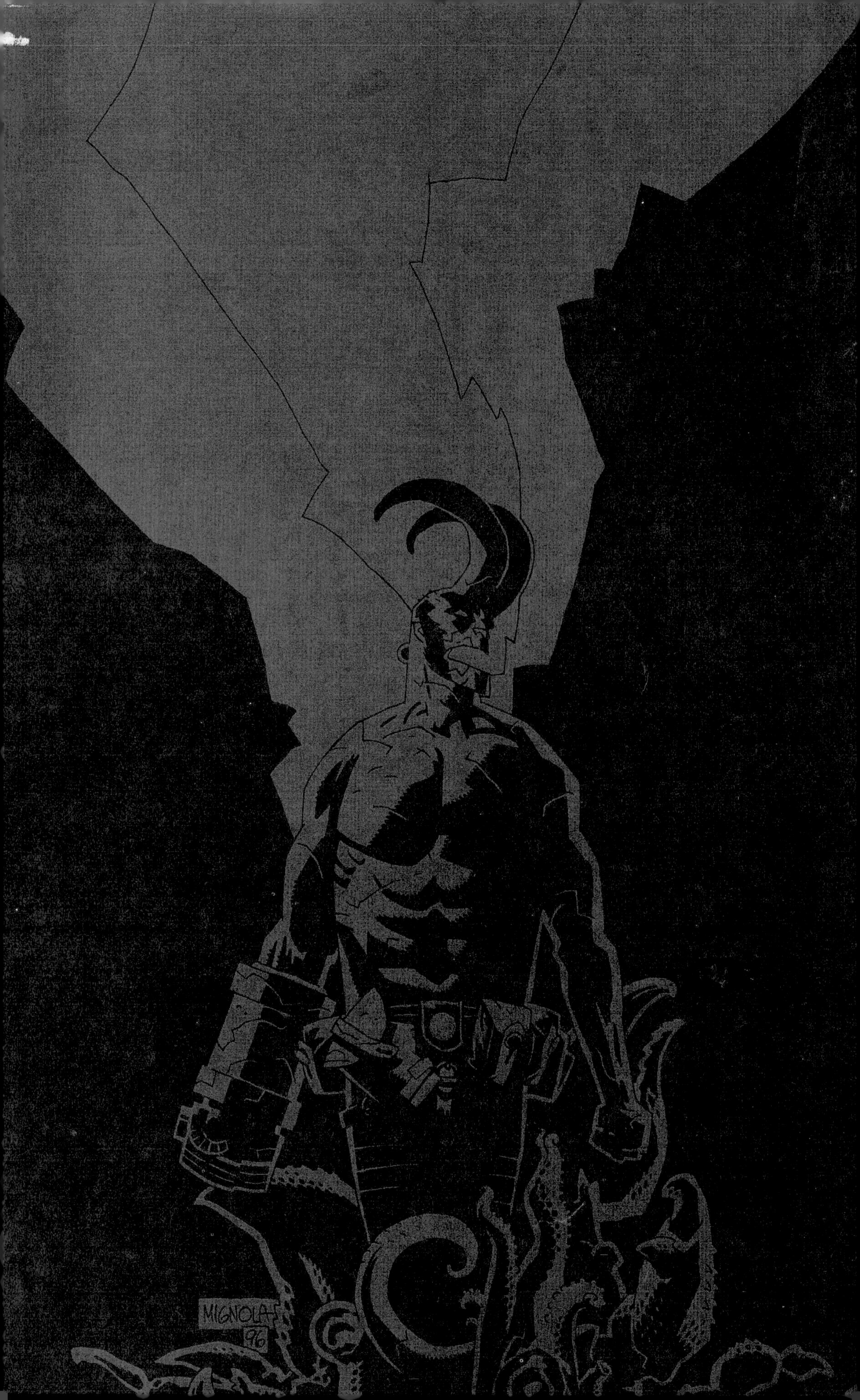
MIGNOLA
96

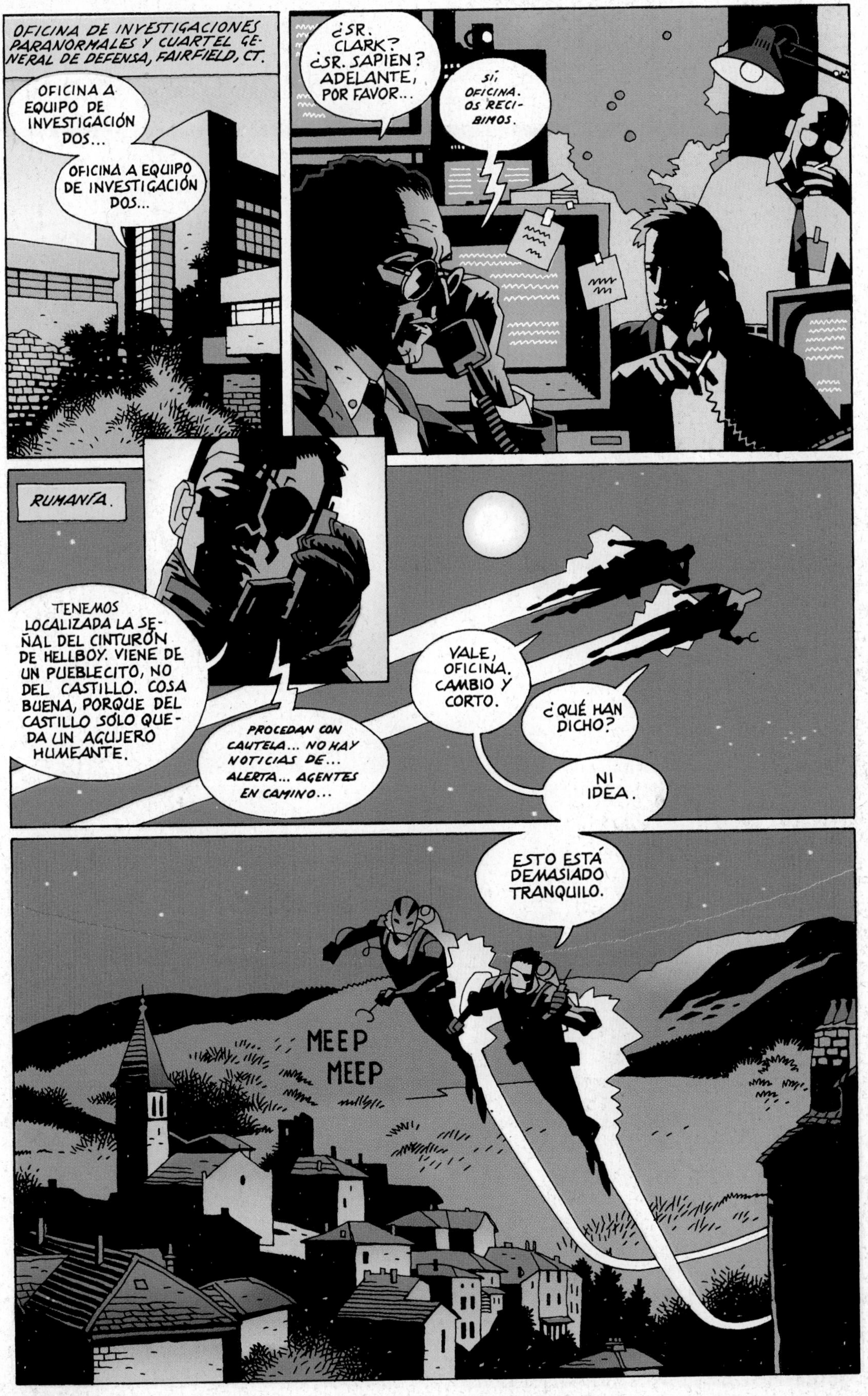
OFICINA DE INVESTIGACIONES PARANORMALES Y CUARTEL GENERAL DE DEFENSA, FAIRFIELD, CT.
OFICINA A EQUIPO DE INVESTIGACIÓN DOS...
OFICINA A EQUIPO DE INVESTIGACIÓN DOS...
¿SR. CLARK? ¿SR. SAPIEN? ADELANTE, POR FAVOR...
SÍ, OFICINA. OS RECIBIMOS.
RUMANÍA.
TENEMOS LOCALIZADA LA SEÑAL DEL CINTURÓN DE HELLBOY. VIENE DE UN PUEBLECITO, NO DEL CASTILLO. COSA BUENA, PORQUE DEL CASTILLO SÓLO QUEDA UN AGUJERO HUMEANTE.
PROCEDAN CON CAUTELA... NO HAY NOTICIAS DE... ALERTA... AGENTES EN CAMINO...
VALE, OFICINA. CAMBIO Y CORTO.
¿QUÉ HAN DICHO?
NI IDEA.
ESTO ESTÁ DEMASIADO TRANQUILO.
MEEP MEEP

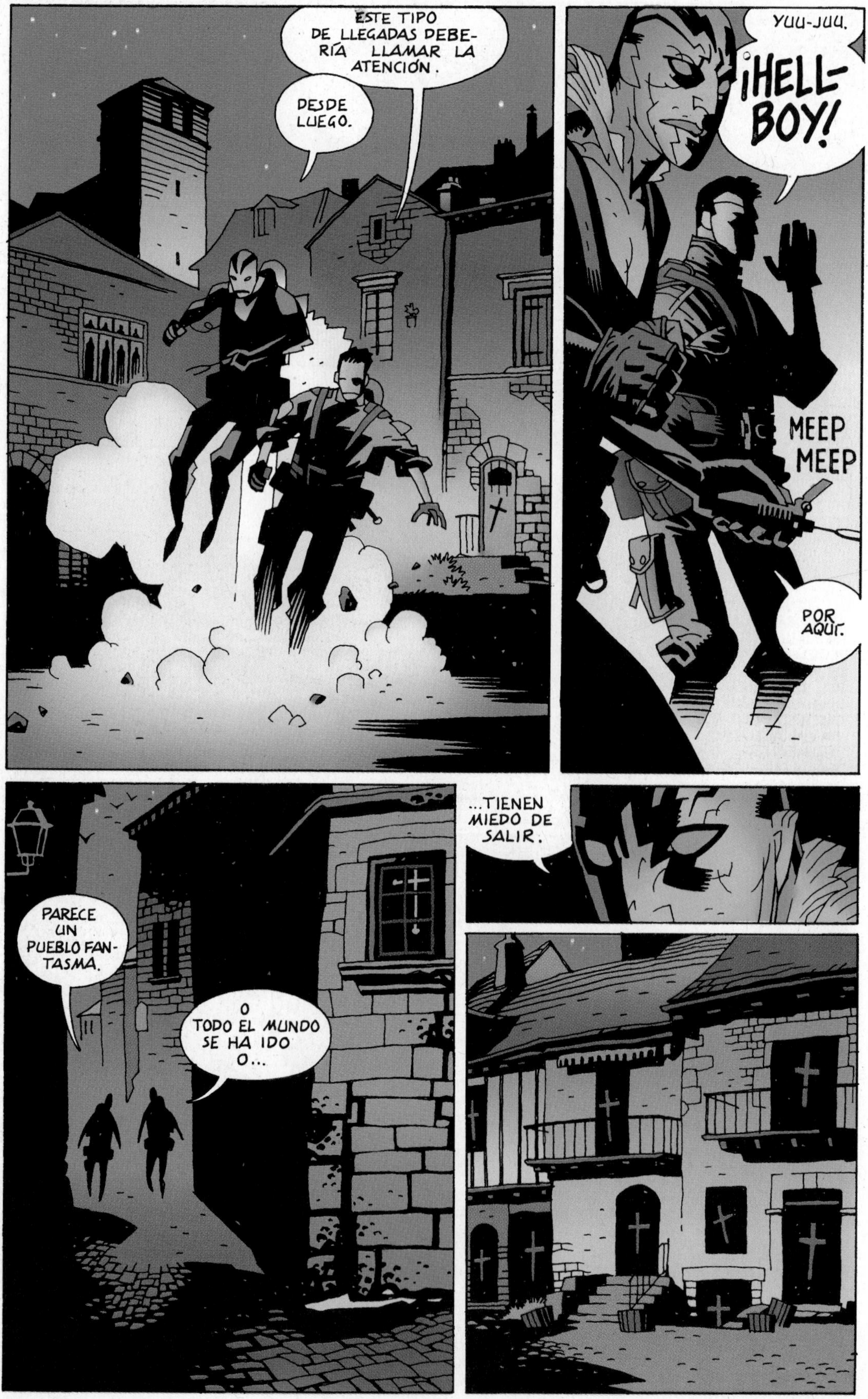
ESTE TIPO DE LLEGADAS DEBERÍA LLAMAR LA ATENCIÓN.
DESDE LUEGO.
YUU-JUU.
¡HELL-BOY!
MEEP MEEP
POR AQUÍ.
PARECE UN PUEBLO FANTASMA.
O TODO EL MUNDO SE HA IDO O...
...TIENEN MIEDO DE SALIR.

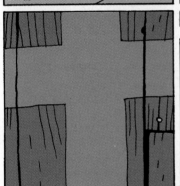

PUEBLO CON VAM-PIRO.

POR AQUÍ.

MEEP MEEP

MEEEP

CLICK

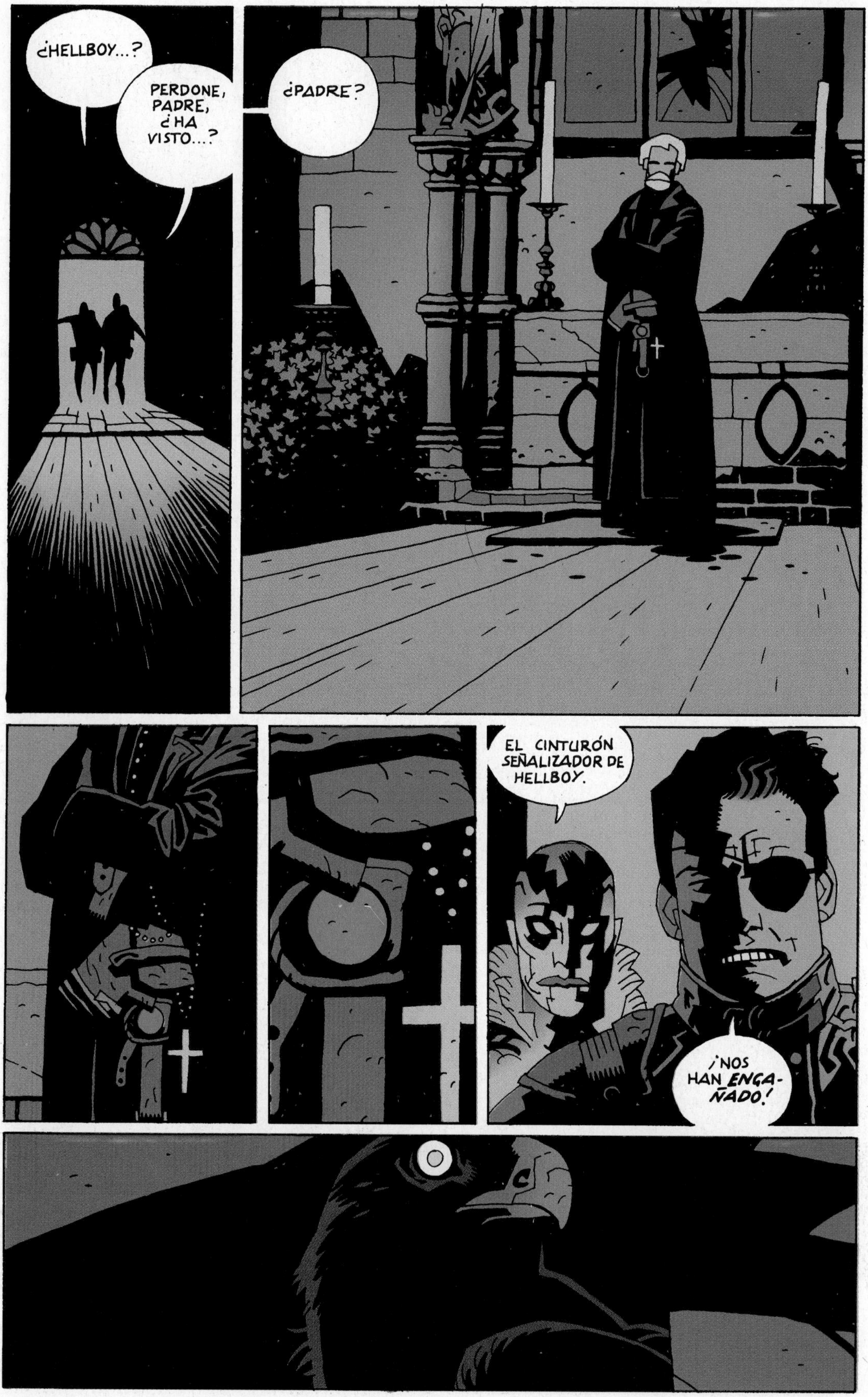
¿HELLBOY...?
PERDONE, PADRE, ¿HA VISTO...?
¿PADRE?
EL CINTURÓN SEÑALIZADOR DE HELLBOY.
¡NOS HAN ENGAÑADO!

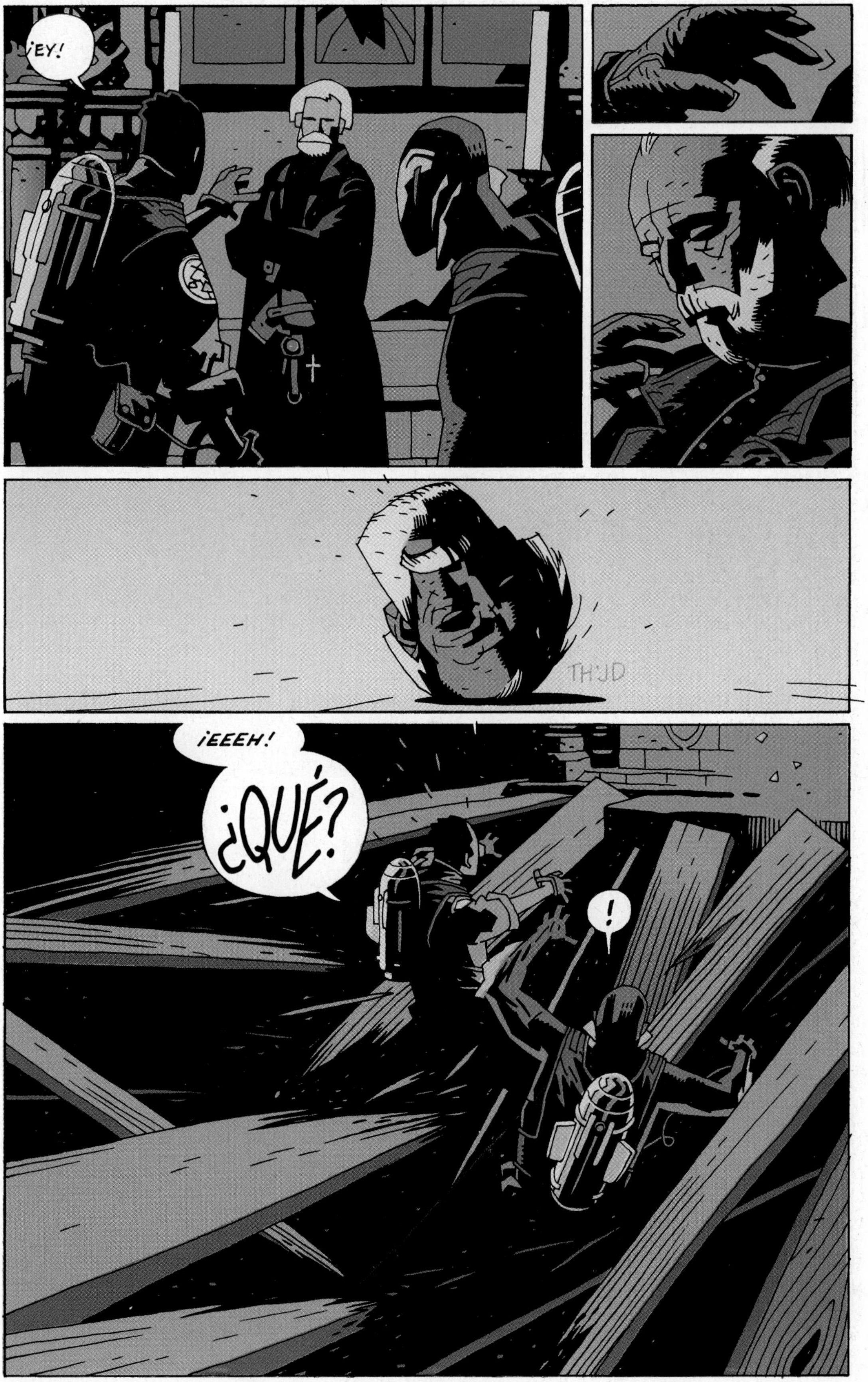
¡EY!
THJD
¡EEEH!
¿QUÉ?
!

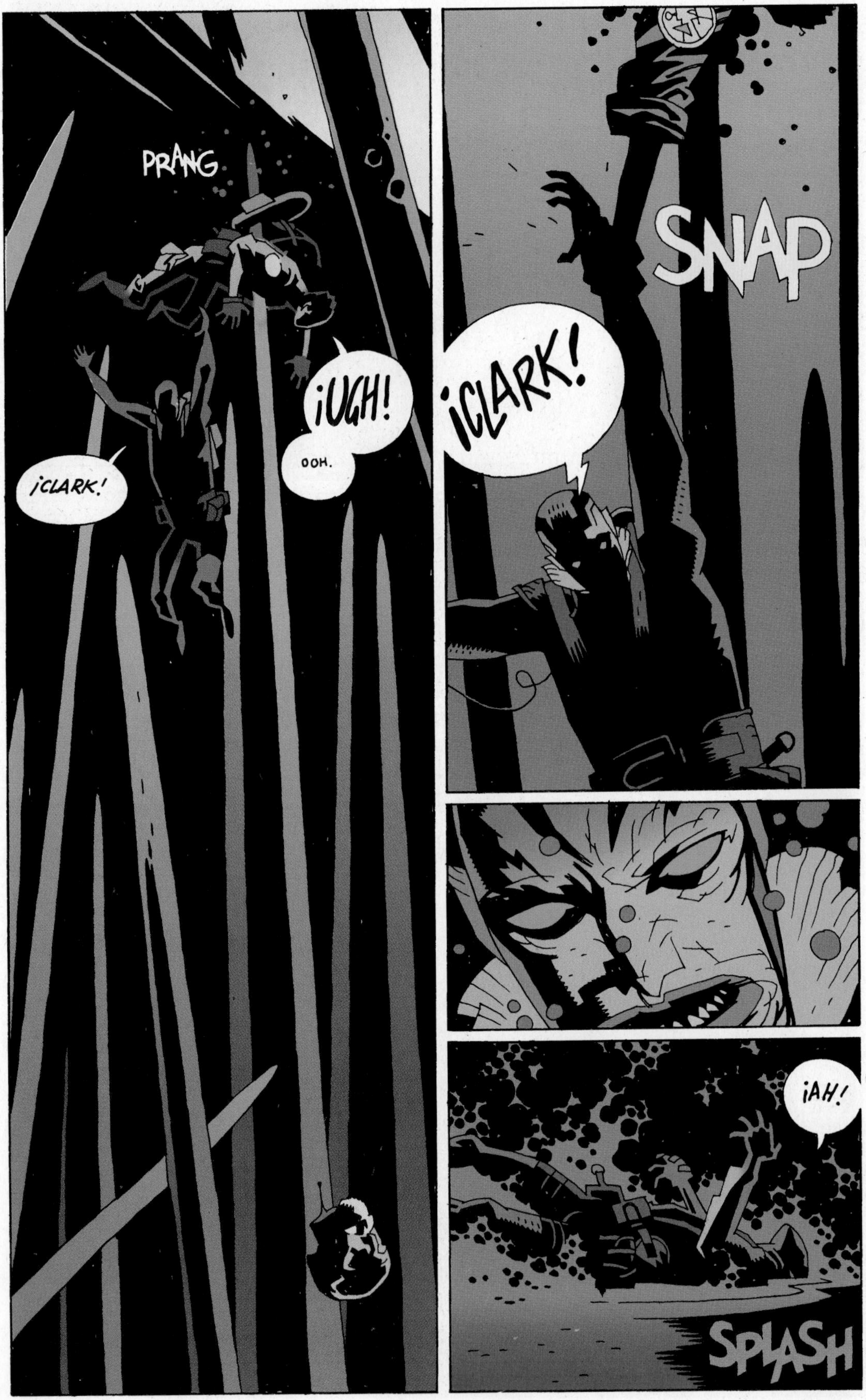
PRANG
¡UGH!
OOH.
¡CLARK!
SNAP
¡CLARK!
¡AH!
SPLASH

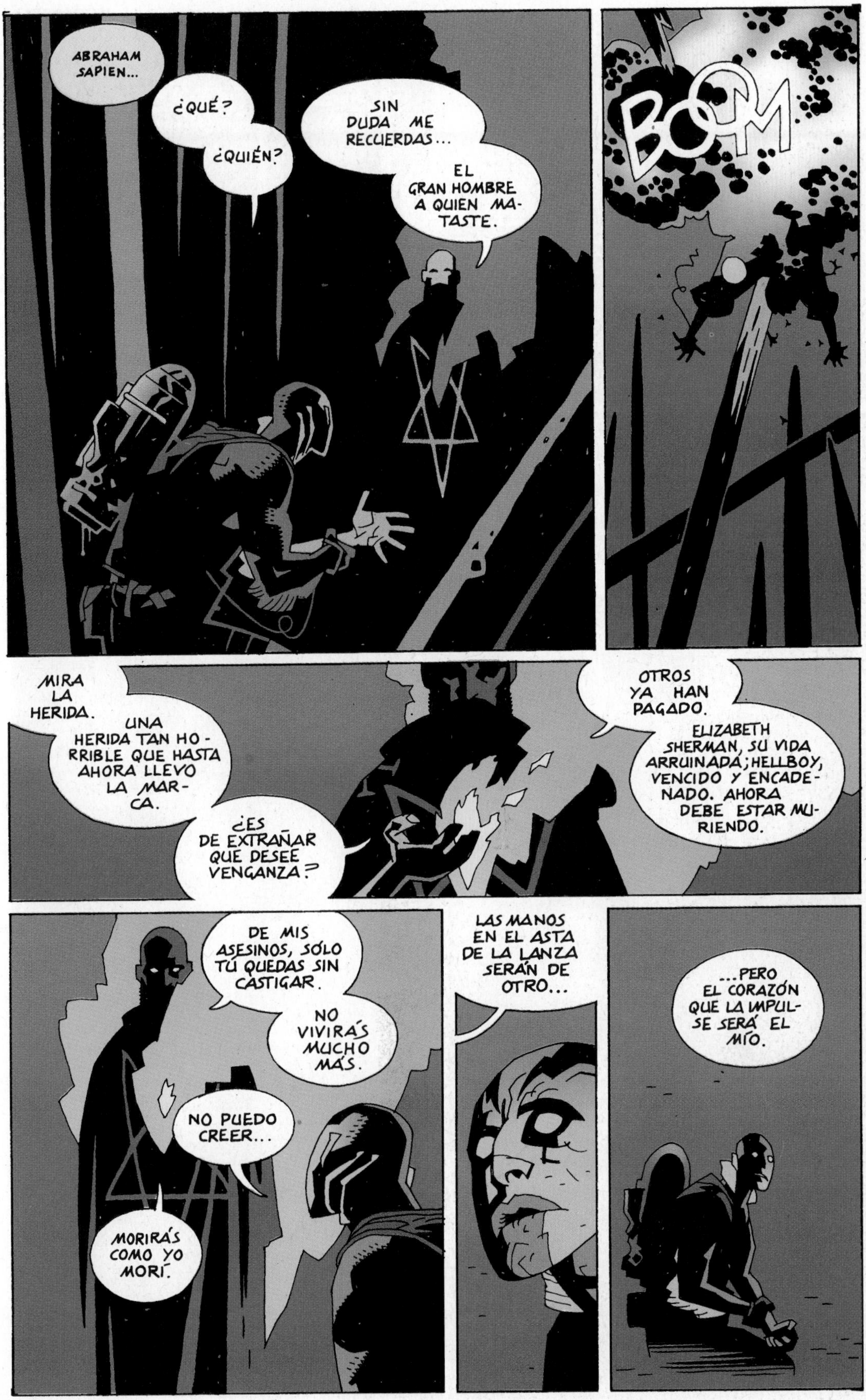

ABRAHAM SAPIEN...
¿QUÉ?
¿QUIÉN?
SIN DUDA ME RECUERDAS...
EL GRAN HOMBRE A QUIEN MATASTE.
BOOM
MIRA LA HERIDA.
UNA HERIDA TAN HORRIBLE QUE HASTA AHORA LLEVO LA MARCA.
¿ES DE EXTRAÑAR QUE DESEE VENGANZA?
OTROS YA HAN PAGADO.
ELIZABETH SHERMAN, SU VIDA ARRUINADA; HELLBOY, VENCIDO Y ENCADENADO. AHORA DEBE ESTAR MURIENDO.
DE MIS ASESINOS, SÓLO TÚ QUEDAS SIN CASTIGAR.
NO VIVIRÁS MUCHO MÁS.
NO PUEDO CREER...
MORIRÁS COMO YO MORÍ.
LAS MANOS EN EL ASTA DE LA LANZA SERÁN DE OTRO...
...PERO EL CORAZÓN QUE LA IMPULSE SERÁ EL MÍO.

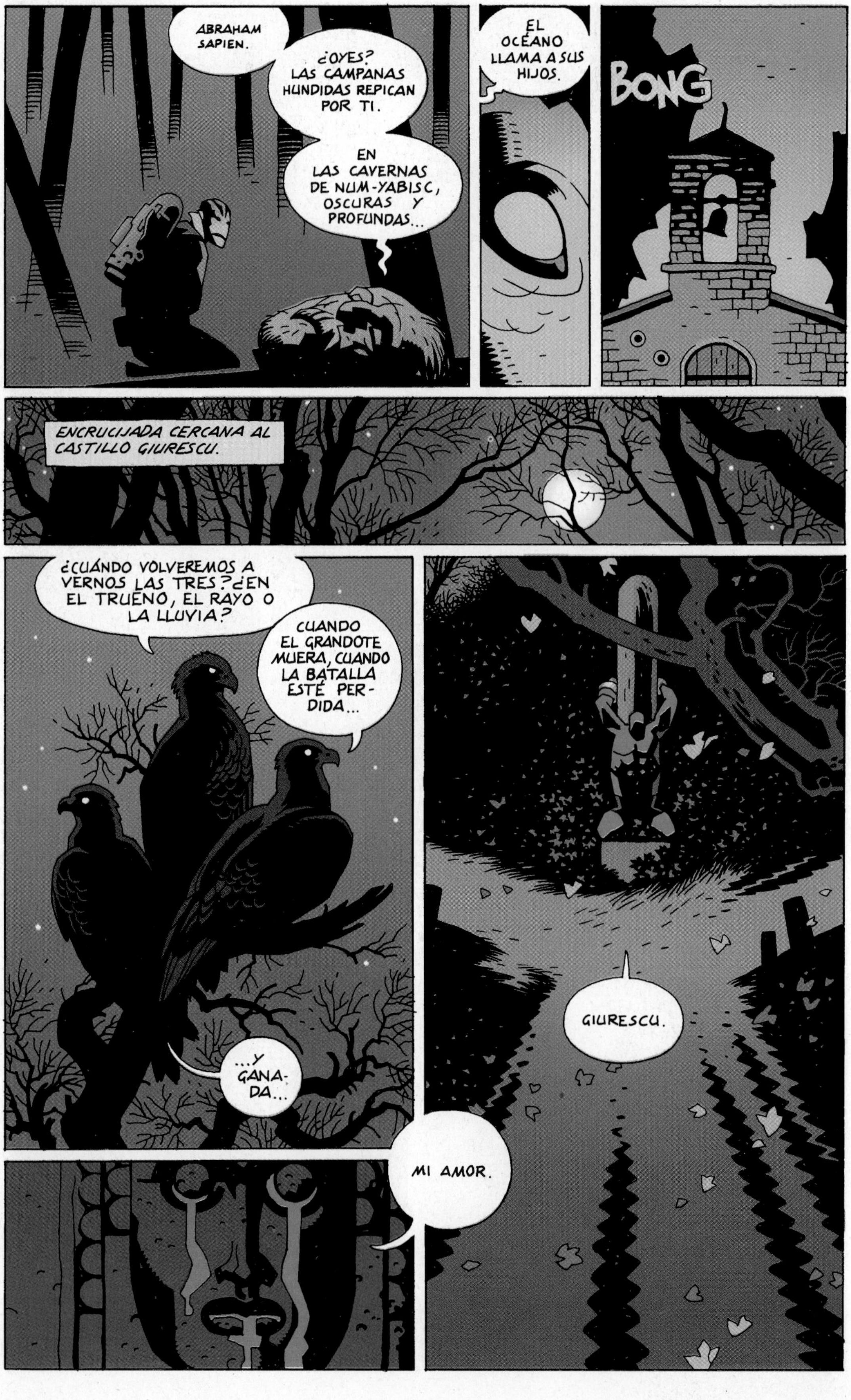

ABRAHAM SAPIEN.
¿OYES? LAS CAMPANAS HUNDIDAS REPICAN POR TI.
EN LAS CAVERNAS DE NUM-YABISC, OSCURAS Y PROFUNDAS...
EL OCÉANO LLAMA A SUS HIJOS.
BONG
ENCRUCIJADA CERCANA AL CASTILLO GIURESCU.
¿CUÁNDO VOLVEREMOS A VERNOS LAS TRES? ¿EN EL TRUENO, EL RAYO O LA LLUVIA?
CUANDO EL GRANDOTE MUERA, CUANDO LA BATALLA ESTÉ PER-DIDA...
...Y GANA-DA...
GIURESCU.
MI AMOR.

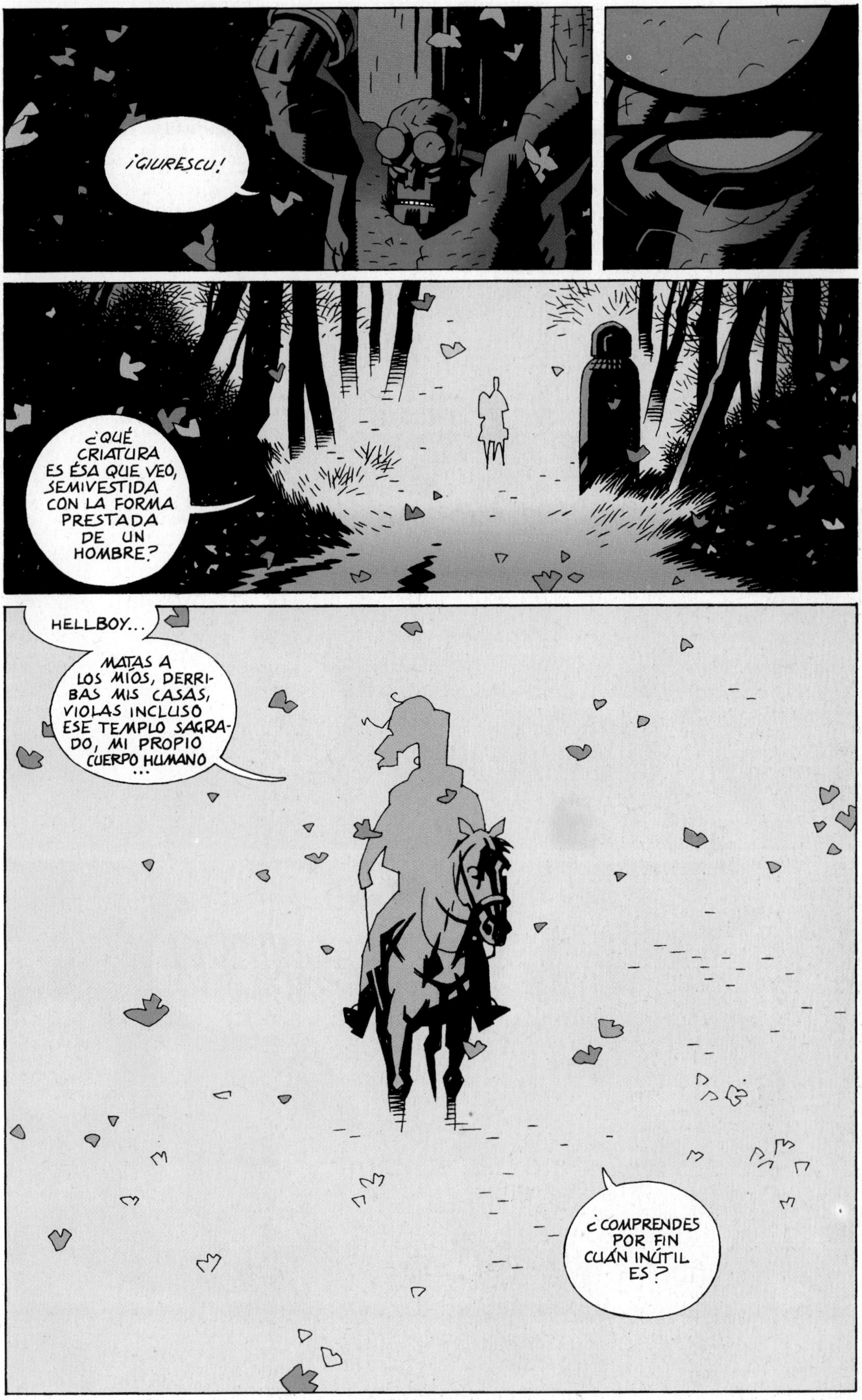
¡GIURESCU!
¿QUÉ CRIATURA ES ÉSA QUE VEO, SEMIVESTIDA CON LA FORMA PRESTADA DE UN HOMBRE?
HELLBOY...
MATAS A LOS MÍOS, DERRIBAS MIS CASAS, VIOLAS INCLUSO ESE TEMPLO SAGRADO, MI PROPIO CUERPO HUMANO ...
¿COMPRENDES POR FIN CUÁN INÚTIL ES?

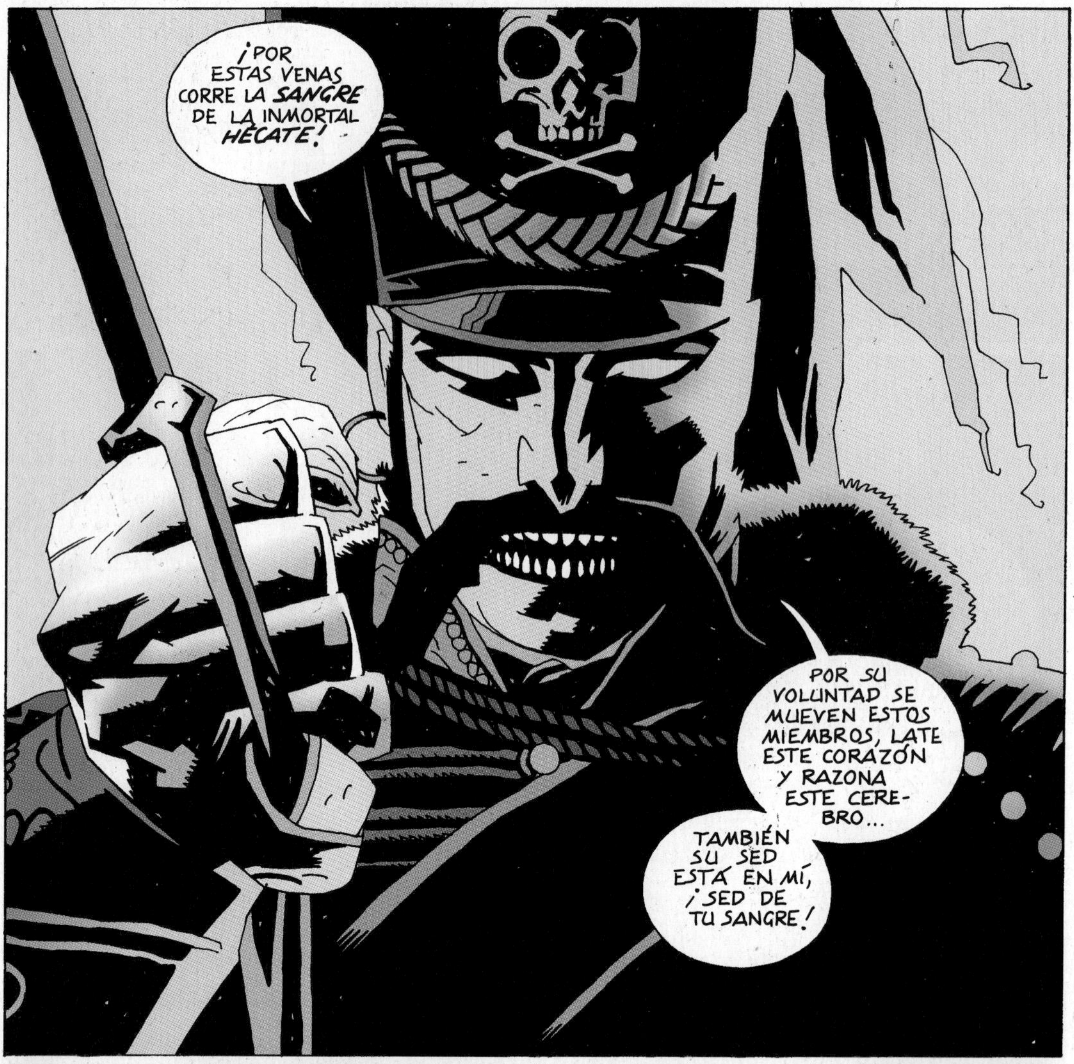
¡POR ESTAS VENAS CORRE LA SANGRE DE LA INMORTAL HÉCATE!
POR SU VOLUNTAD SE MUEVEN ESTOS MIEMBROS, LATE ESTE CORAZÓN Y RAZONA ESTE CERE-BRO...
TAMBIÉN SU SED ESTÁ EN MÍ, ¡SED DE TU SANGRE!

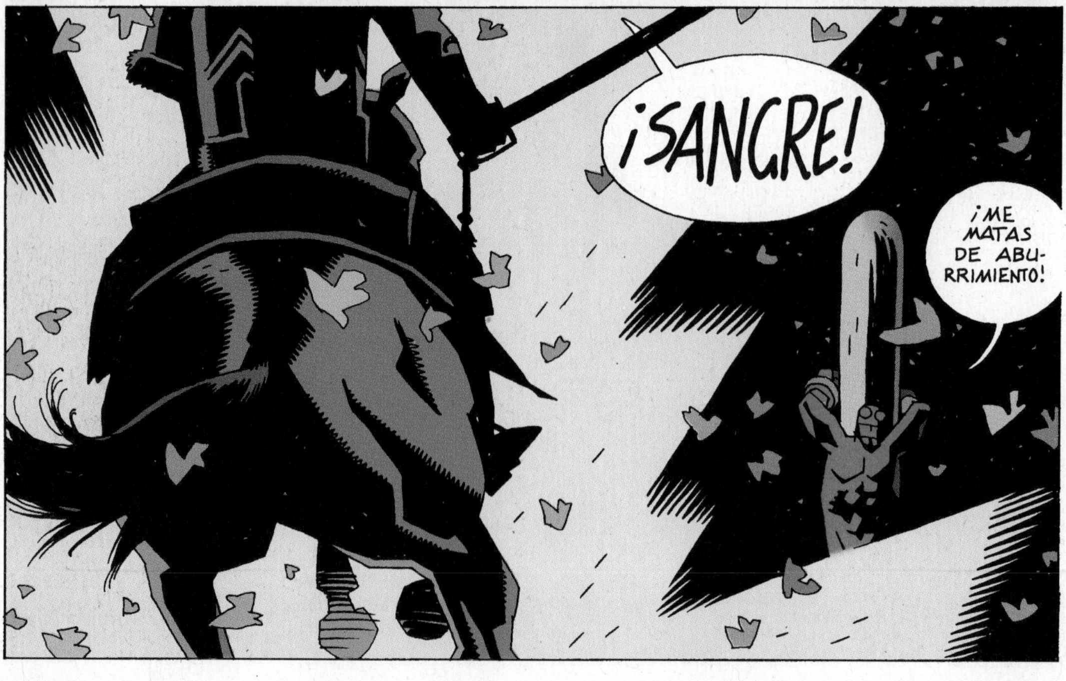
¡SANGRE!
¡ME MATAS DE ABU-RRIMIENTO!

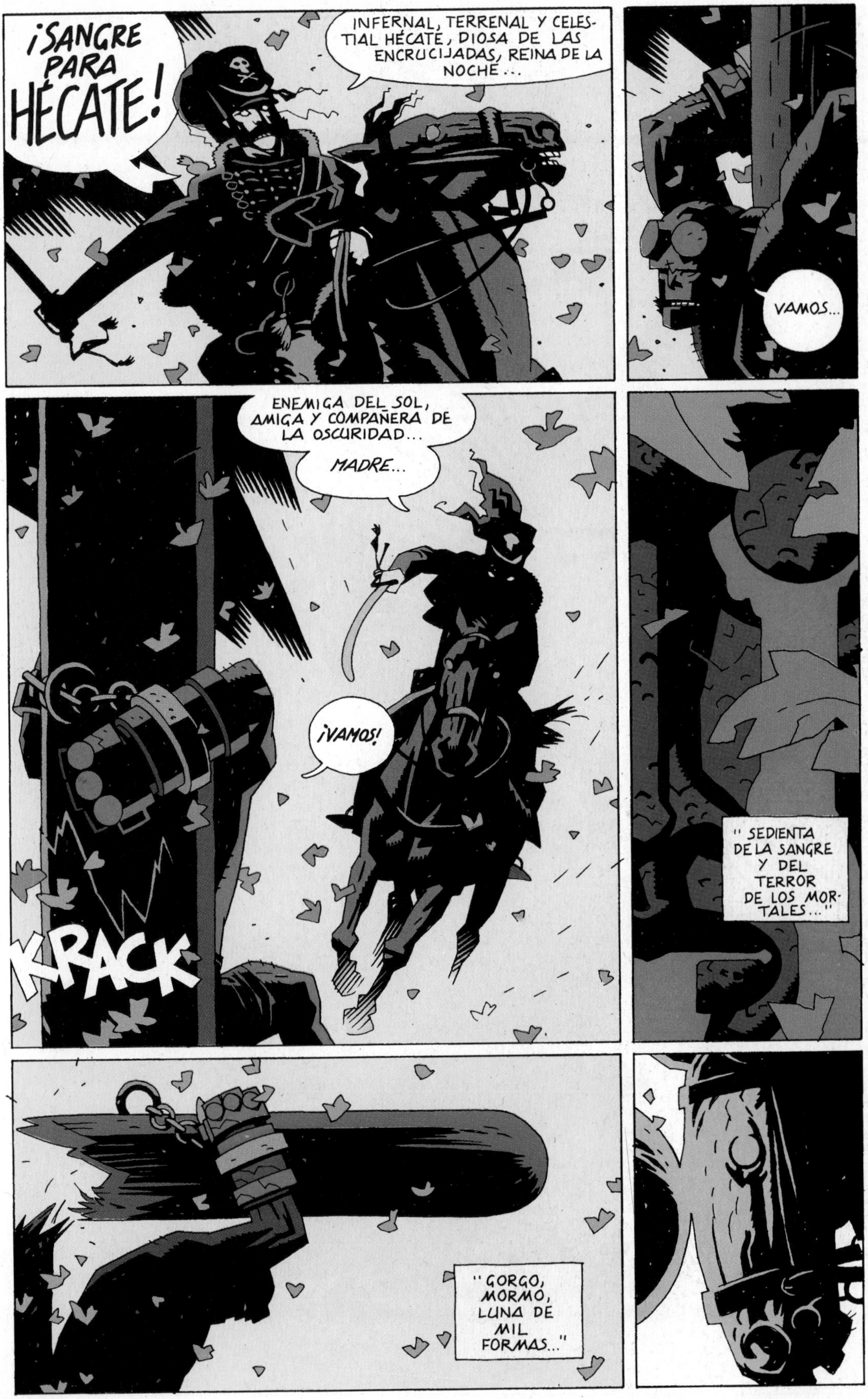
¡SANGRE PARA HÉCATE!
INFERNAL, TERRENAL Y CELESTIAL HÉCATE, DIOSA DE LAS ENCRUCIJADAS, REINA DE LA NOCHE...
VAMOS...
ENEMIGA DEL SOL, AMIGA Y COMPAÑERA DE LA OSCURIDAD...
MADRE...
¡VAMOS!
KRACK
"SEDIENTA DE LA SANGRE Y DEL TERROR DE LOS MORTALES..."
"GORGO, MORMO, LUNA DE MIL FORMAS..."

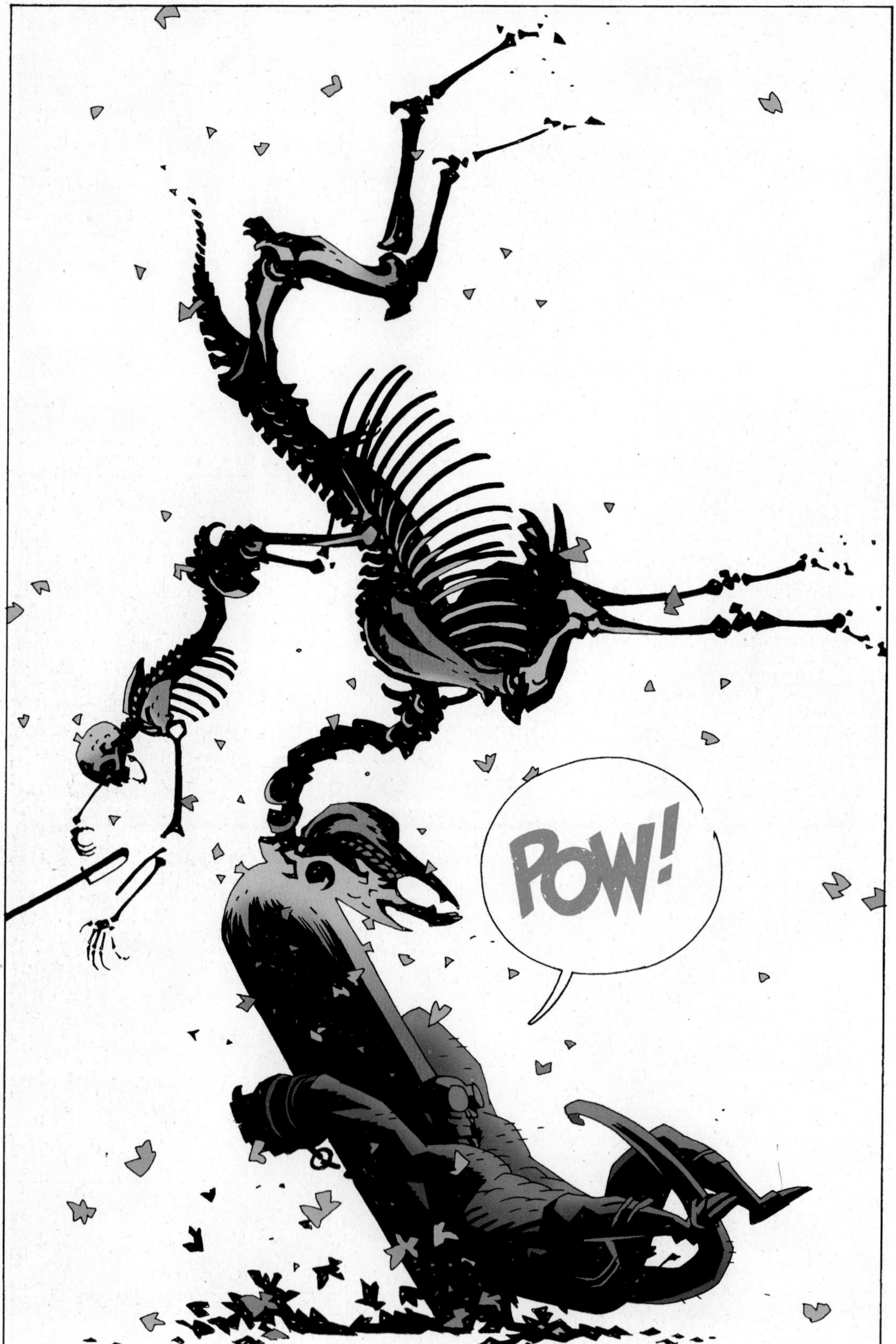
POW!

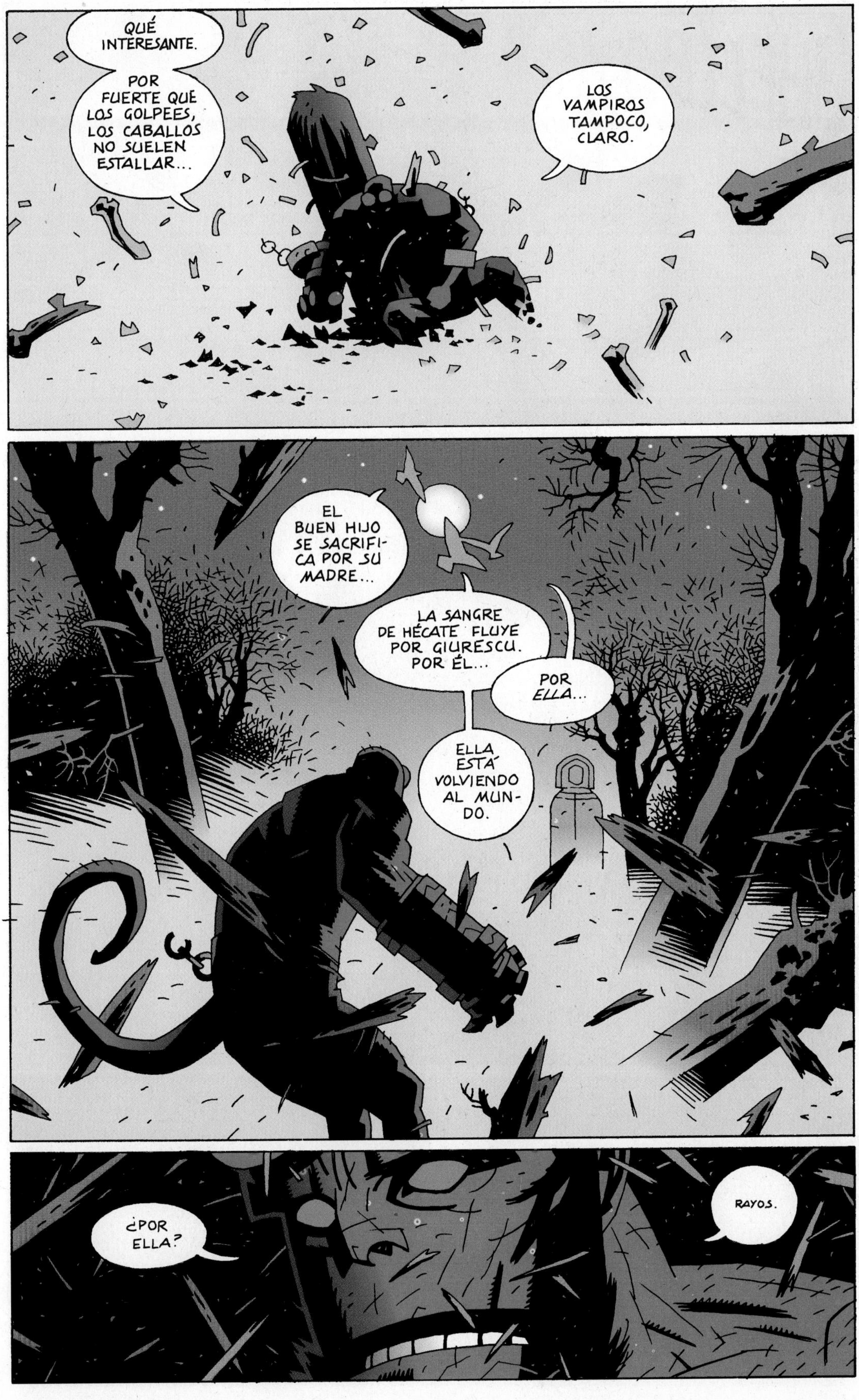
QUÉ INTERESANTE.
POR FUERTE QUE LOS GOLPEES, LOS CABALLOS NO SUELEN ESTALLAR...
LOS VAMPIROS TAMPOCO, CLARO.
EL BUEN HIJO SE SACRIFICA POR SU MADRE...
LA SANGRE DE HÉCATE FLUYE POR GIURESCU. POR ÉL...
POR *ELLA*...
ELLA ESTÁ VOLVIENDO AL MUNDO.
¿POR ELLA?
RAYOS.

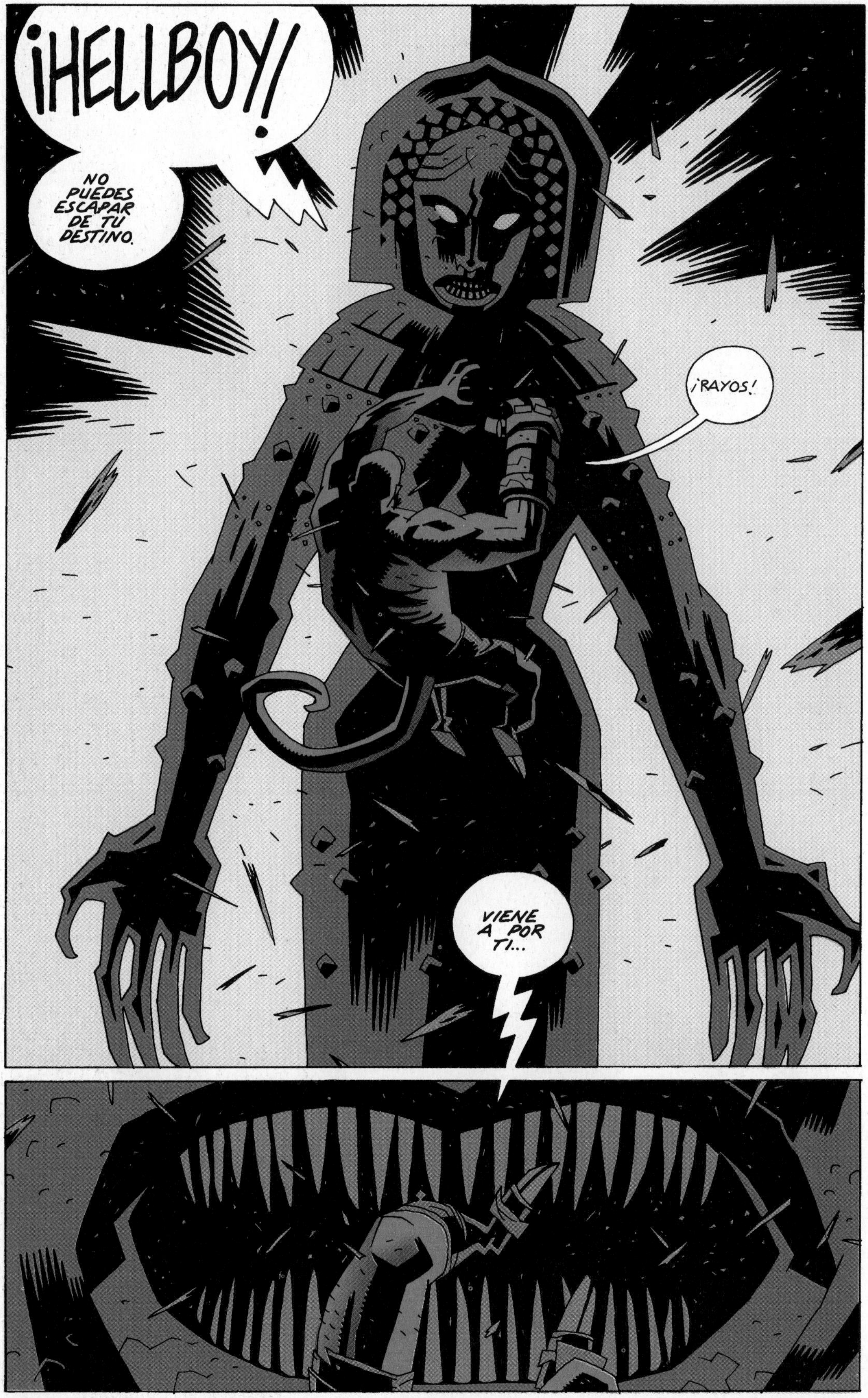
¡HELLBOY!
NO PUEDES ESCAPAR DE TU DESTINO.
¡RAYOS!
VIENE A POR TI...

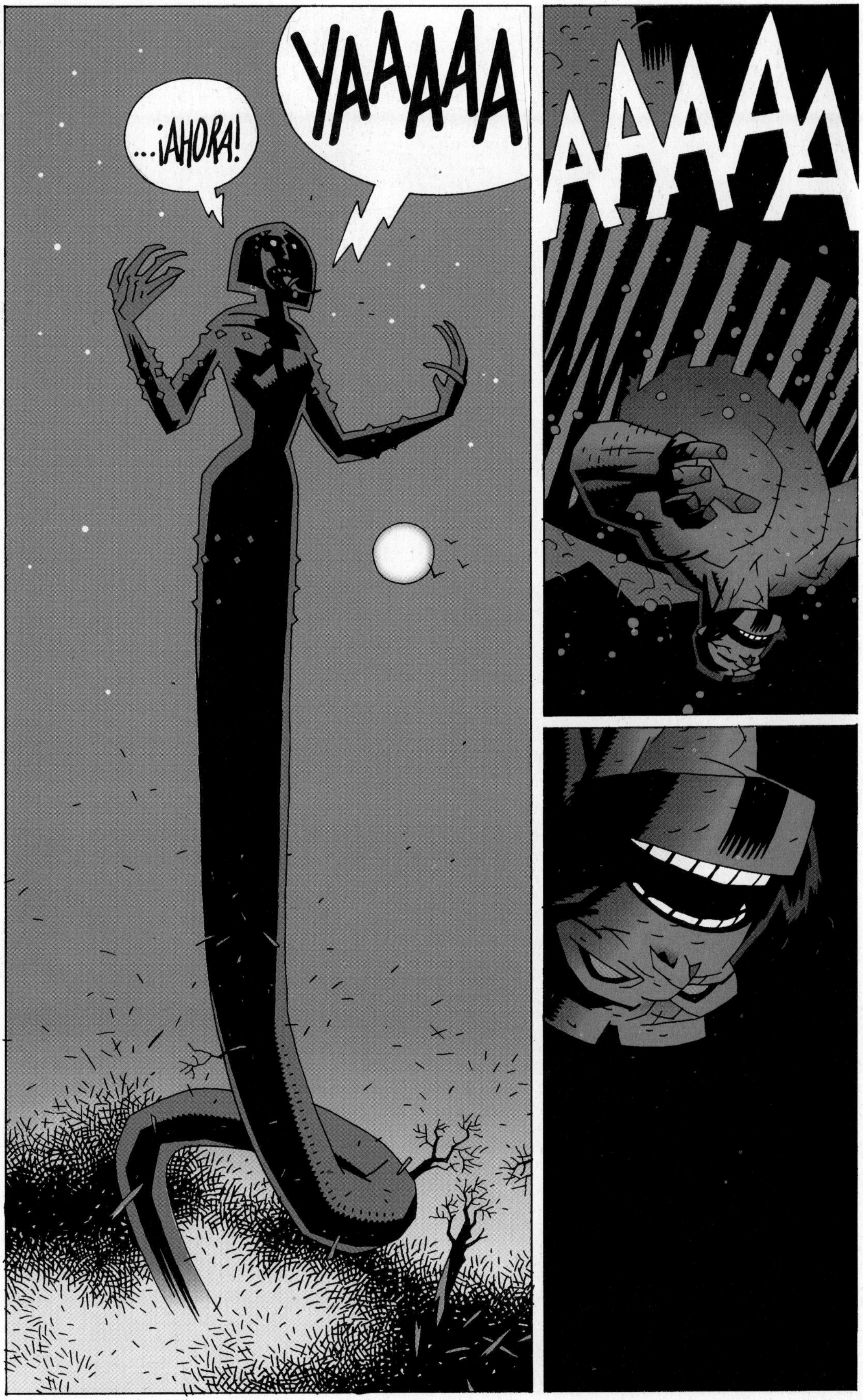
...¡AHORA!
YAAAAA
AAAAA

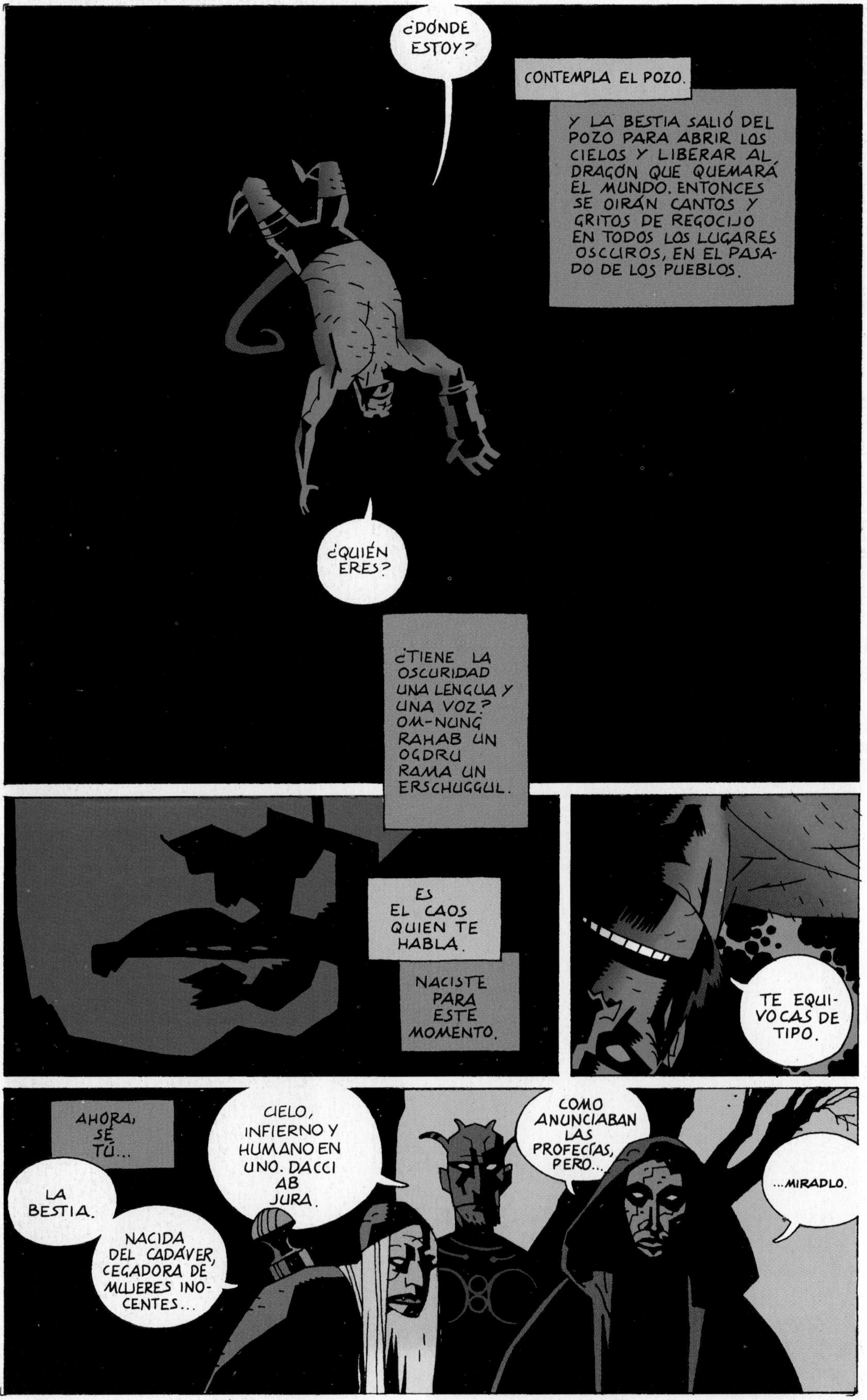
¿DÓNDE ESTOY?
CONTEMPLA EL POZO.
Y LA BESTIA SALIÓ DEL POZO PARA ABRIR LOS CIELOS Y LIBERAR AL DRAGÓN QUE QUEMARÁ EL MUNDO. ENTONCES SE OIRÁN CANTOS Y GRITOS DE REGOCIJO EN TODOS LOS LUGARES OSCUROS, EN EL PASADO DE LOS PUEBLOS.
¿QUIÉN ERES?
¿TIENE LA OSCURIDAD UNA LENGUA Y UNA VOZ? OM-NUNG RAHAB UN OGDRU RAMA UN ERSCHUGGUL.
ES EL CAOS QUIEN TE HABLA.
NACISTE PARA ESTE MOMENTO.
TE EQUIVOCAS DE TIPO.
AHORA, SÉ TÚ...
LA BESTIA.
NACIDA DEL CADÁVER, CEGADORA DE MUJERES INOCENTES...
CIELO, INFIERNO Y HUMANO EN UNO. DACCI AB JURA.
COMO ANUNCIABAN LAS PROFECÍAS, PERO...
...MIRADLO.

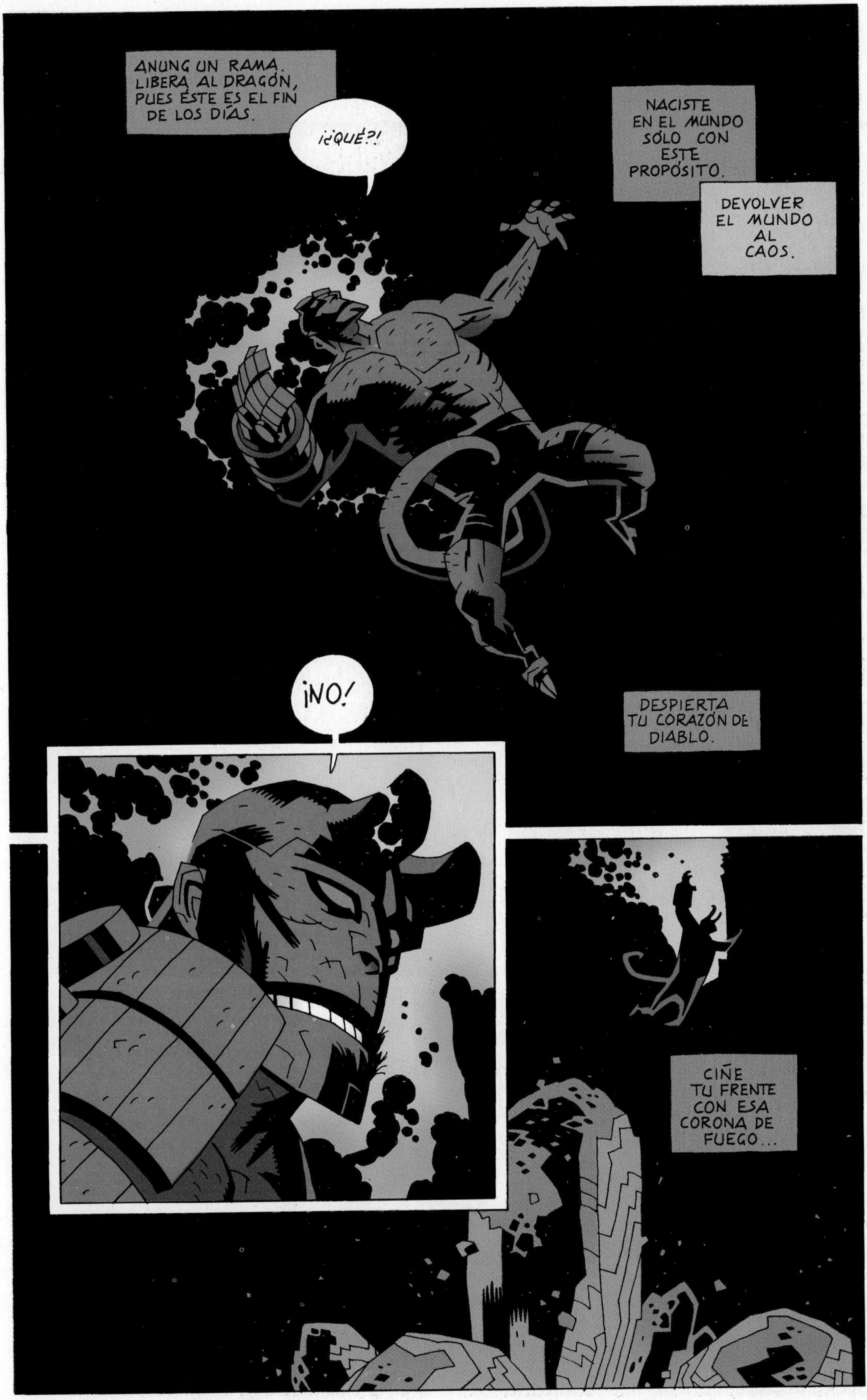

ANUNG UN RAMA. LIBERA AL DRAGÓN, PUES ÉSTE ES EL FIN DE LOS DÍAS.
¡¿QUÉ?!
NACISTE EN EL MUNDO SÓLO CON ESTE PROPÓSITO.
DEVOLVER EL MUNDO AL CAOS.
¡NO!
DESPIERTA TU CORAZÓN DE DIABLO.
CIÑE TU FRENTE CON ESA CORONA DE FUEGO...

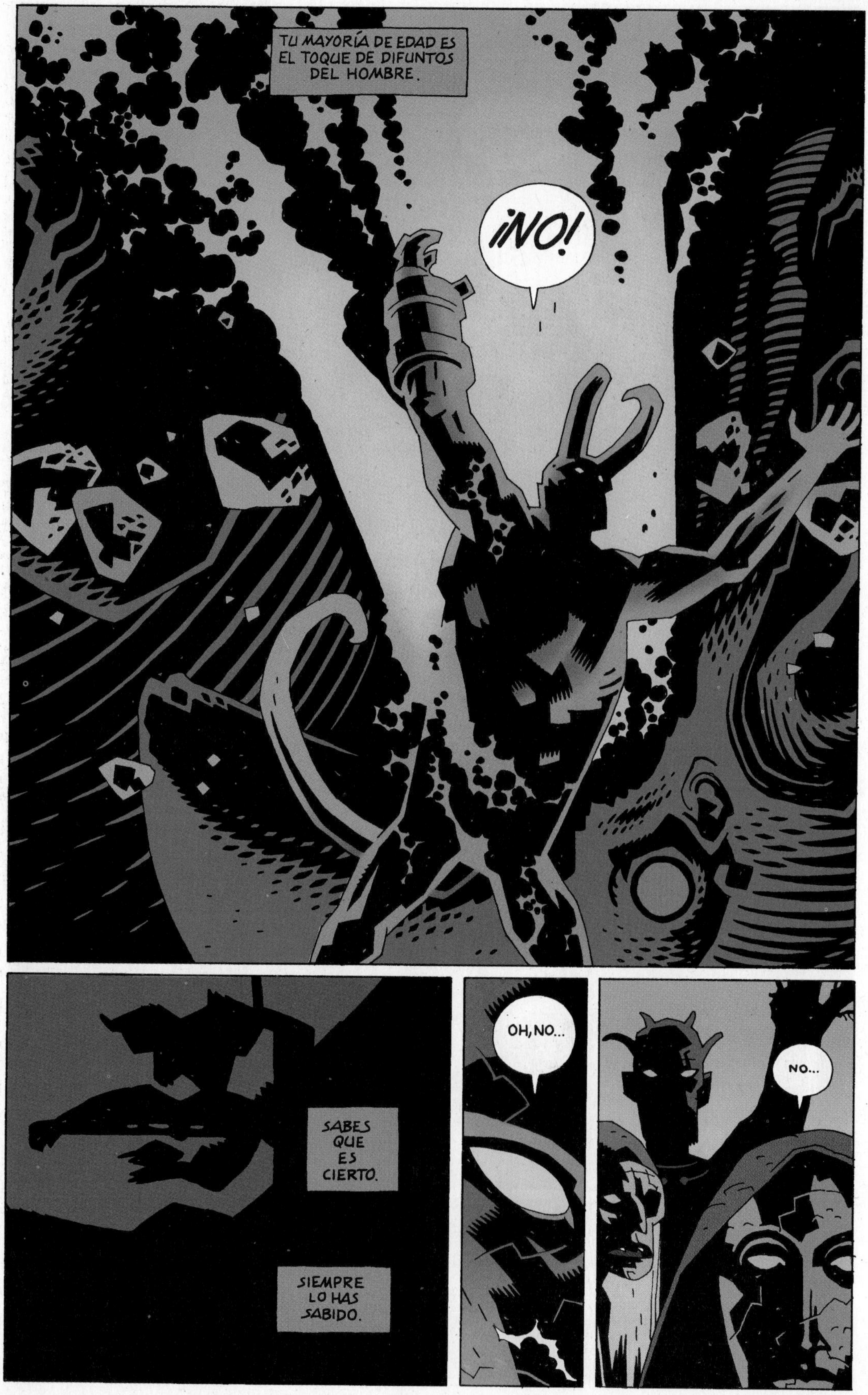
TU MAYORÍA DE EDAD ES EL TOQUE DE DIFUNTOS DEL HOMBRE.
¡NO!
SABES QUE ES CIERTO.
SIEMPRE LO HAS SABIDO.
OH, NO...
NO...

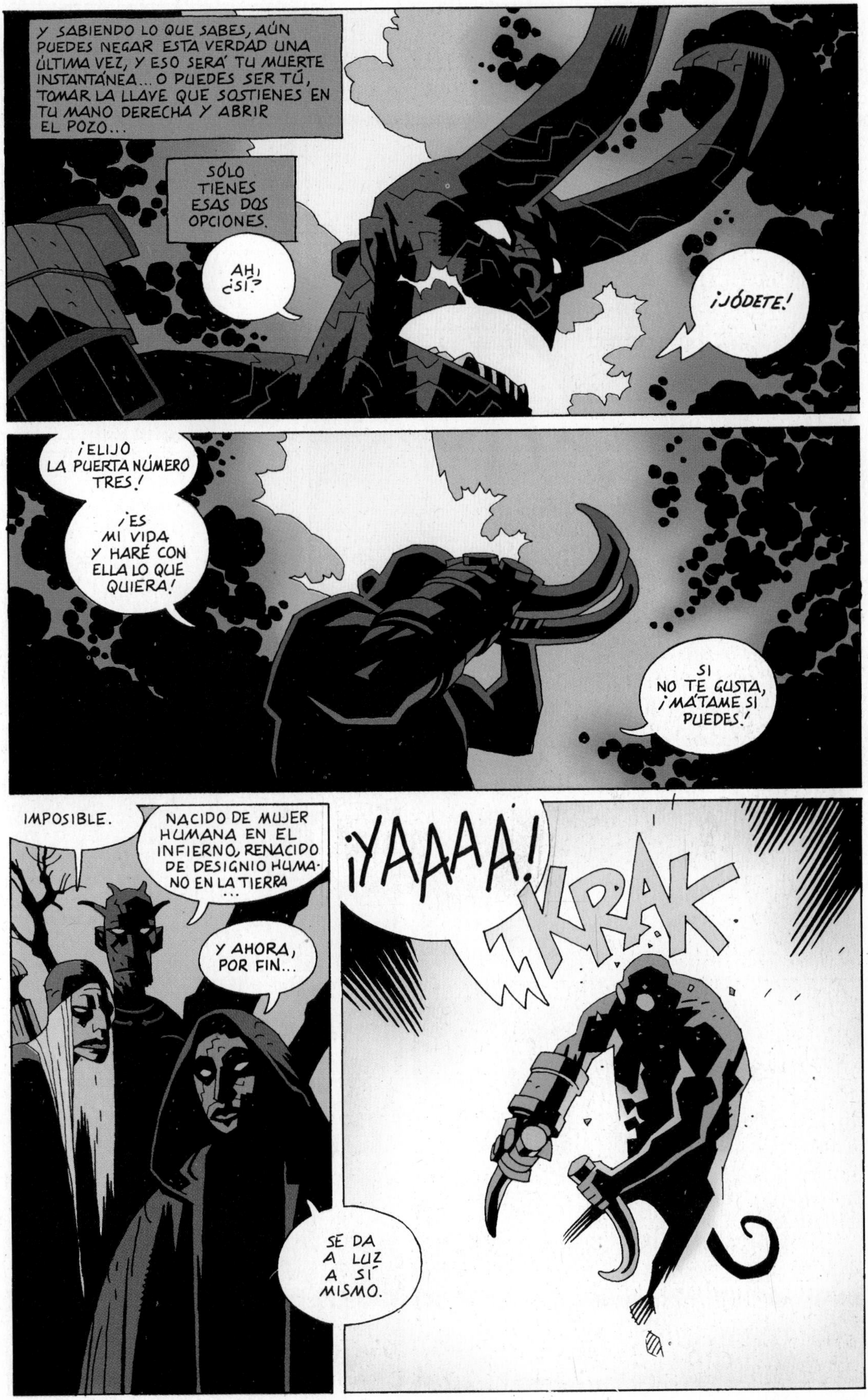

Y SABIENDO LO QUE SABES, AÚN PUEDES NEGAR ESTA VERDAD UNA ÚLTIMA VEZ, Y ESO SERÁ TU MUERTE INSTANTÁNEA... O PUEDES SER TÚ, TOMAR LA LLAVE QUE SOSTIENES EN TU MANO DERECHA Y ABRIR EL POZO...
SÓLO TIENES ESAS DOS OPCIONES.
AH, ¿SÍ?
¡JÓDETE!
¡ELIJO LA PUERTA NÚMERO TRES!
¡ES MI VIDA Y HARÉ CON ELLA LO QUE QUIERA!
SI NO TE GUSTA, ¡MÁTAME SI PUEDES!
IMPOSIBLE.
NACIDO DE MUJER HUMANA EN EL INFIERNO, RENACIDO DE DESIGNIO HUMANO EN LA TIERRA ...
Y AHORA, POR FIN...
SE DA A LUZ A SÍ MISMO.
¡YAAAA!
KRAK

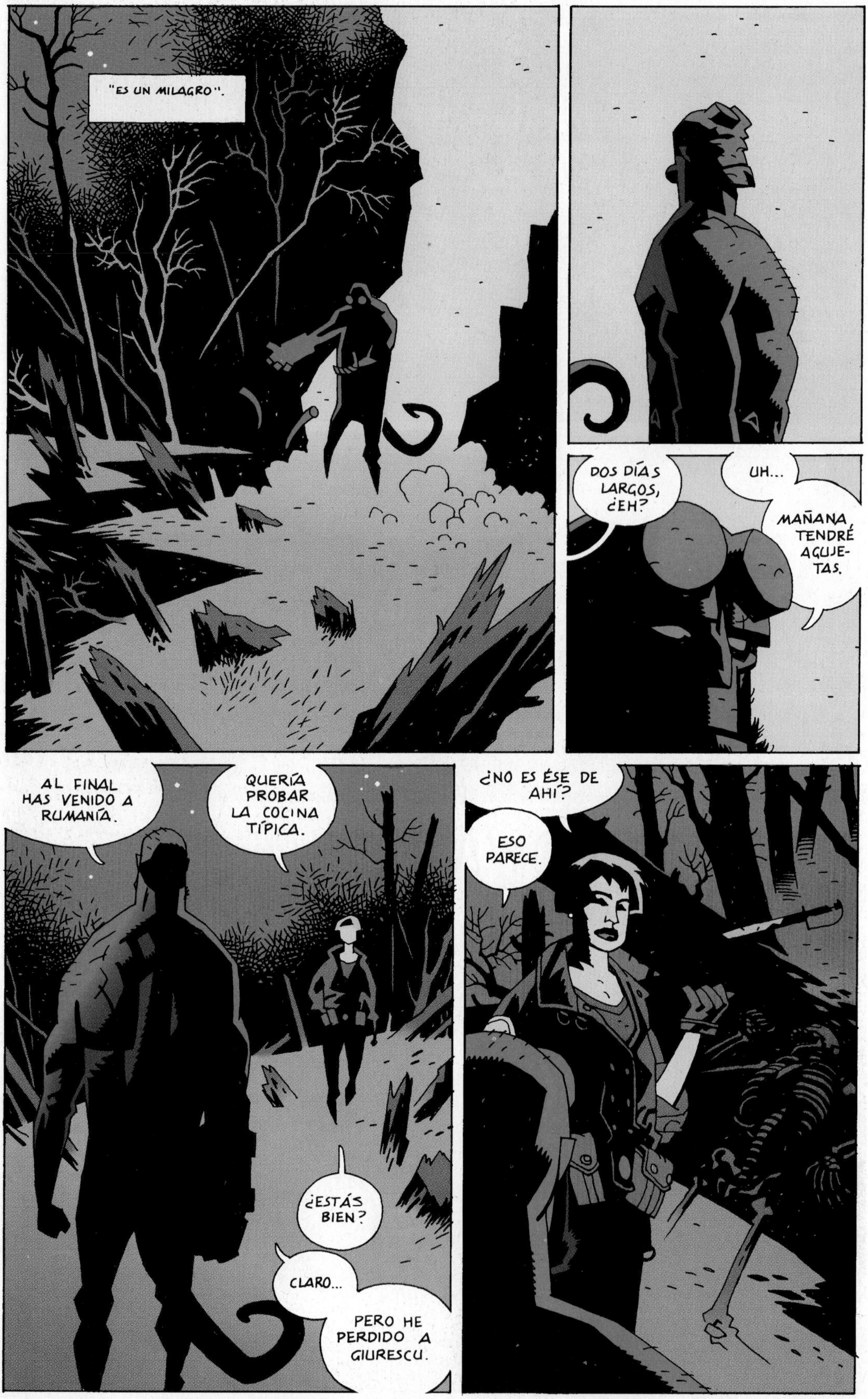
"ES UN MILAGRO".
DOS DÍAS LARGOS, ¿EH?
UH...
MAÑANA TENDRÉ AGUJETAS.
AL FINAL HAS VENIDO A RUMANÍA.
QUERÍA PROBAR LA COCINA TÍPICA.
¿ESTÁS BIEN?
CLARO...
PERO HE PERDIDO A GIURESCU.
¿NO ES ÉSE DE AHÍ?
ESO PARECE.

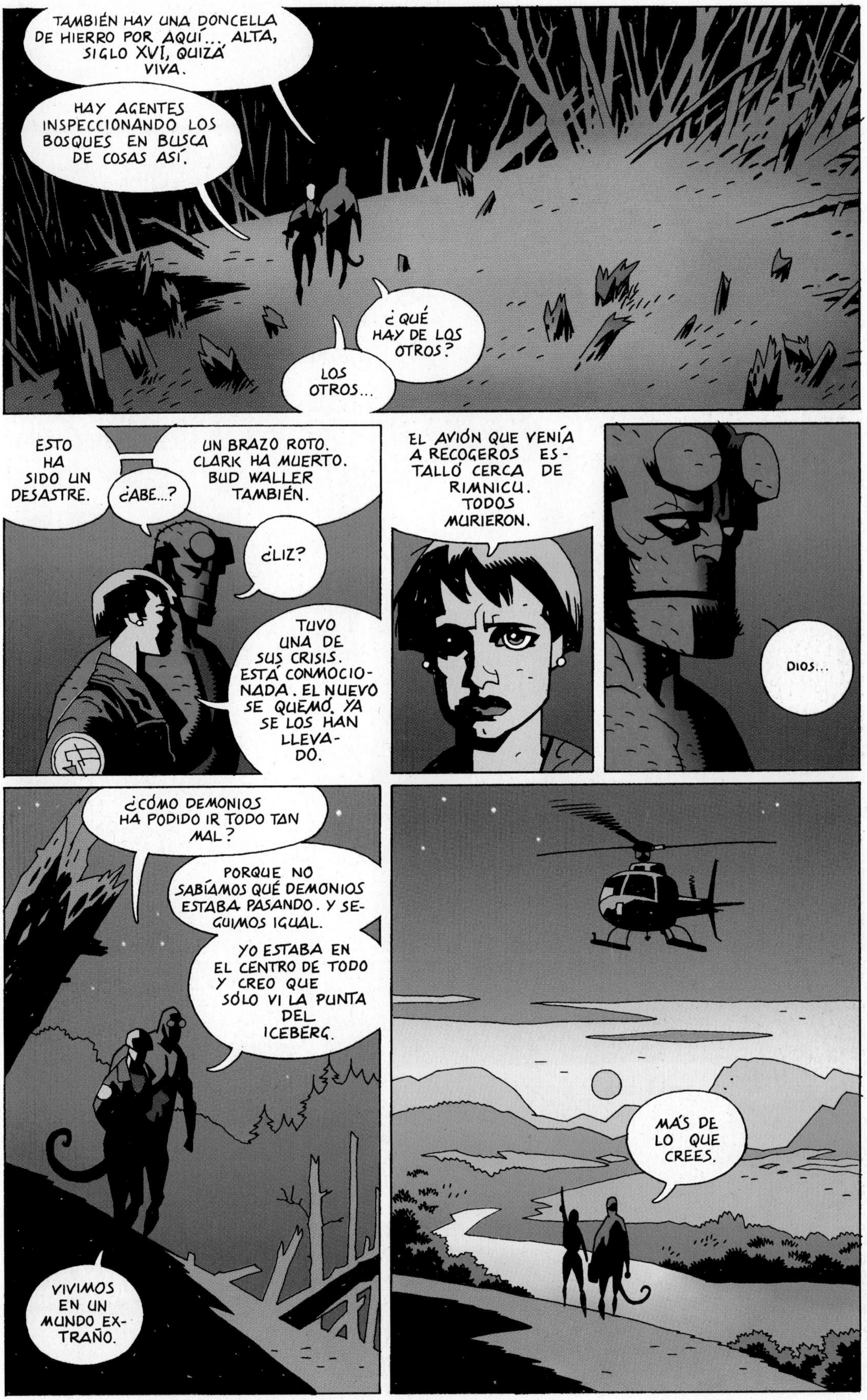

TAMBIÉN HAY UNA DONCELLA DE HIERRO POR AQUÍ... ALTA, SIGLO XVI, QUIZÁ VIVA.
HAY AGENTES INSPECCIONANDO LOS BOSQUES EN BUSCA DE COSAS ASÍ.
¿QUÉ HAY DE LOS OTROS?
LOS OTROS...
ESTO HA SIDO UN DESASTRE.
¿ABE...?
UN BRAZO ROTO. CLARK HA MUERTO. BUD WALLER TAMBIÉN.
¿LIZ?
TUVO UNA DE SUS CRISIS. ESTÁ CONMOCIONADA. EL NUEVO SE QUEMÓ. YA SE LOS HAN LLEVADO.
EL AVIÓN QUE VENÍA A RECOGEROS ESTALLÓ CERCA DE RIMNICU. TODOS MURIERON.
DIOS...
¿CÓMO DEMONIOS HA PODIDO IR TODO TAN MAL?
PORQUE NO SABÍAMOS QUÉ DEMONIOS ESTABA PASANDO. Y SEGUIMOS IGUAL.
YO ESTABA EN EL CENTRO DE TODO Y CREO QUE SÓLO VI LA PUNTA DEL ICEBERG.
VIVIMOS EN UN MUNDO EXTRAÑO.
MÁS DE LO QUE CREES.

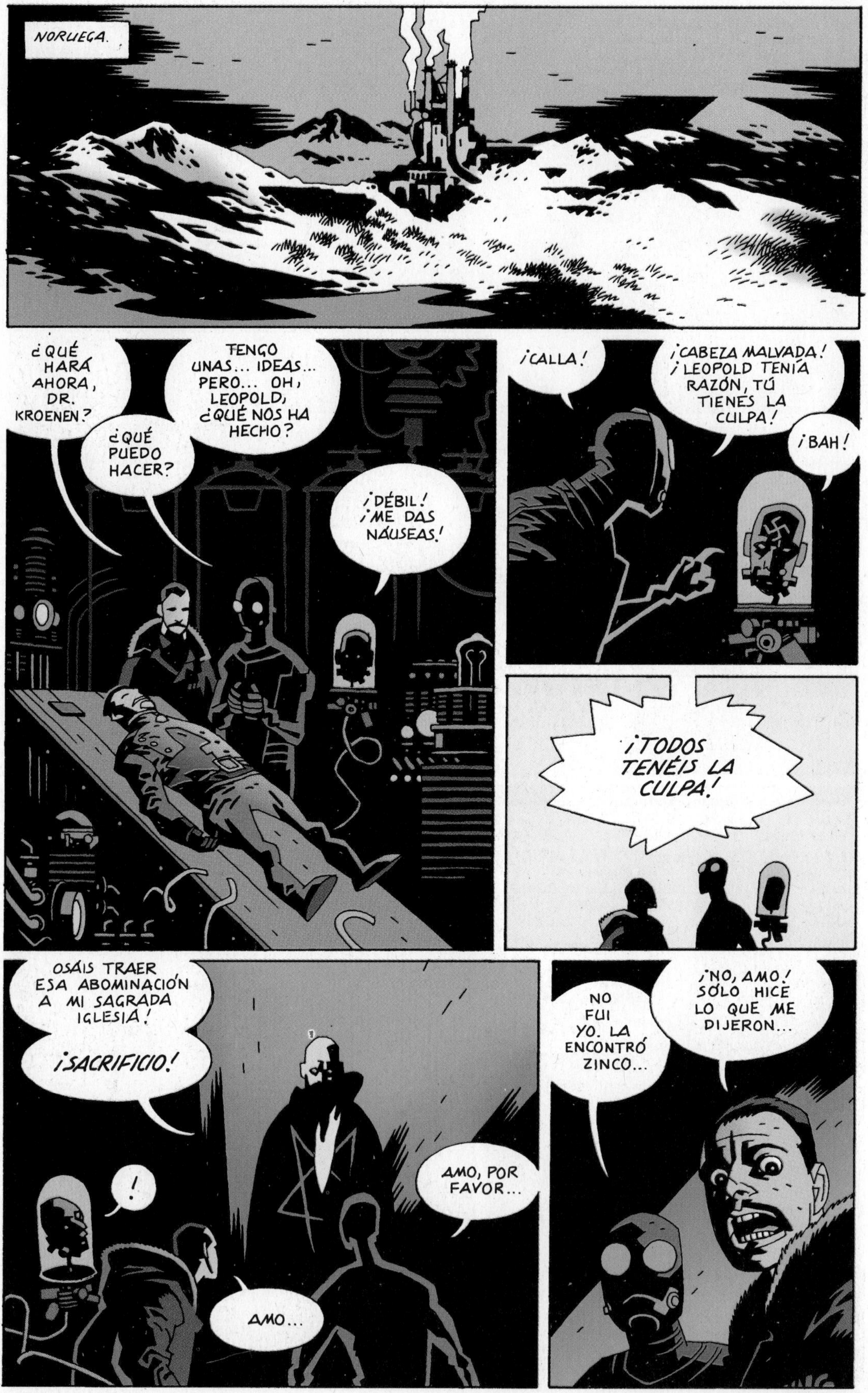
NORUEGA.
¿QUÉ HARÁ AHORA, DR. KROENEN?
¿QUÉ PUEDO HACER?
TENGO UNAS... IDEAS... PERO... OH, LEOPOLD, ¿QUÉ NOS HA HECHO?
¡DÉBIL! ¡ME DAS NÁUSEAS!
¡CALLA!
¡CABEZA MALVADA! ¡LEOPOLD TENÍA RAZÓN, TÚ TIENES LA CULPA!
¡BAH!
¡TODOS TENÉIS LA CULPA!
OSÁIS TRAER ESA ABOMINACIÓN A MI SAGRADA IGLESIA!
¡SACRIFICIO!
!
AMO, POR FAVOR...
AMO...
NO FUI YO. LA ENCONTRÓ ZINCO...
¡NO, AMO! SÓLO HICE LO QUE ME DIJERON...

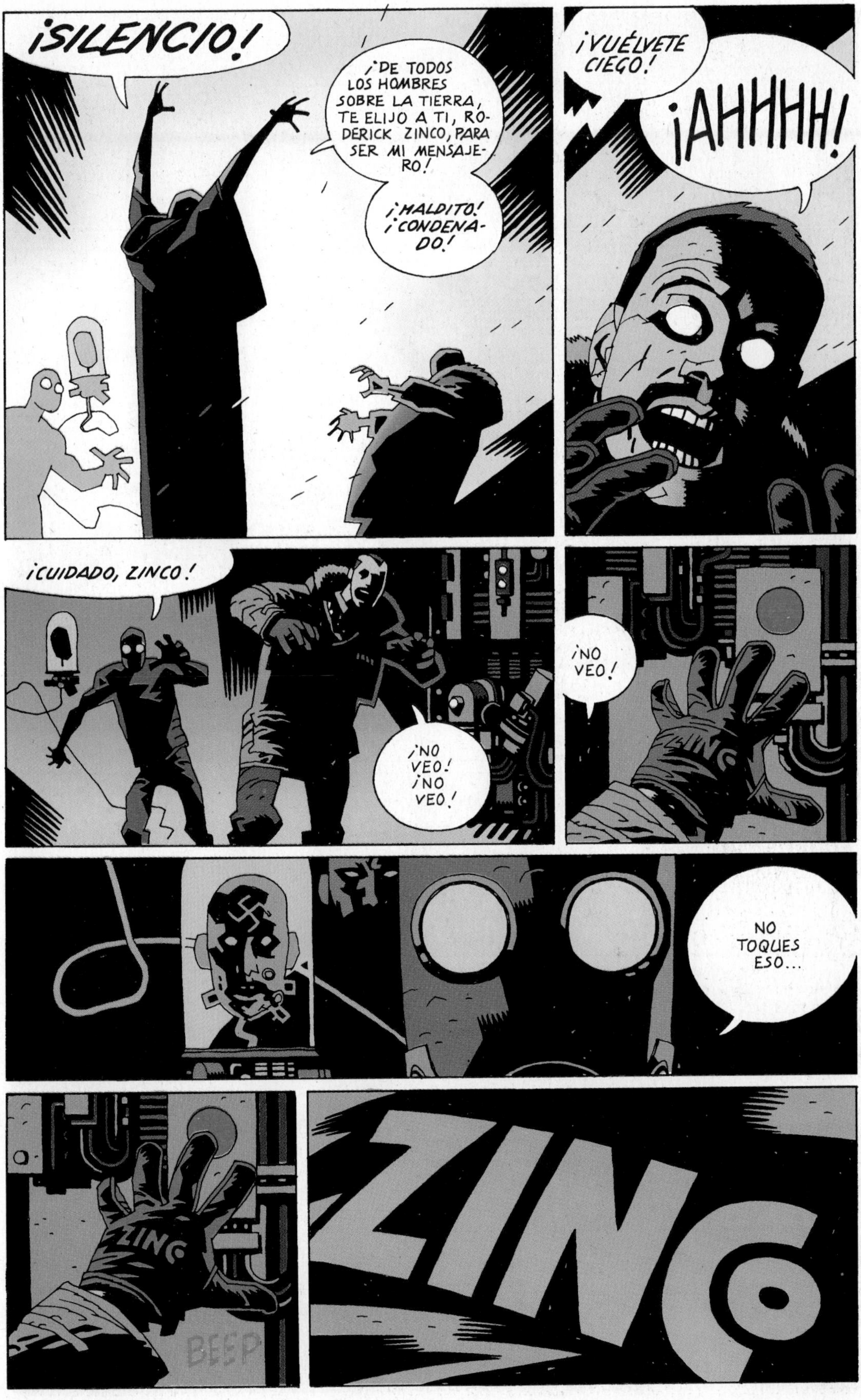
¡SILENCIO!
¡DE TODOS LOS HOMBRES SOBRE LA TIERRA, TE ELIJO A TI, RODERICK ZINCO, PARA SER MI MENSAJERO!
¡MALDITO! ¡CONDENADO!
¡VUÉLVETE CIEGO!
¡AHHHH!
¡CUIDADO, ZINCO!
¡NO VEO! ¡NO VEO!
¡NO VEO!
ZINC
NO TOQUES ESO...
ZING
BEEP
ZINC

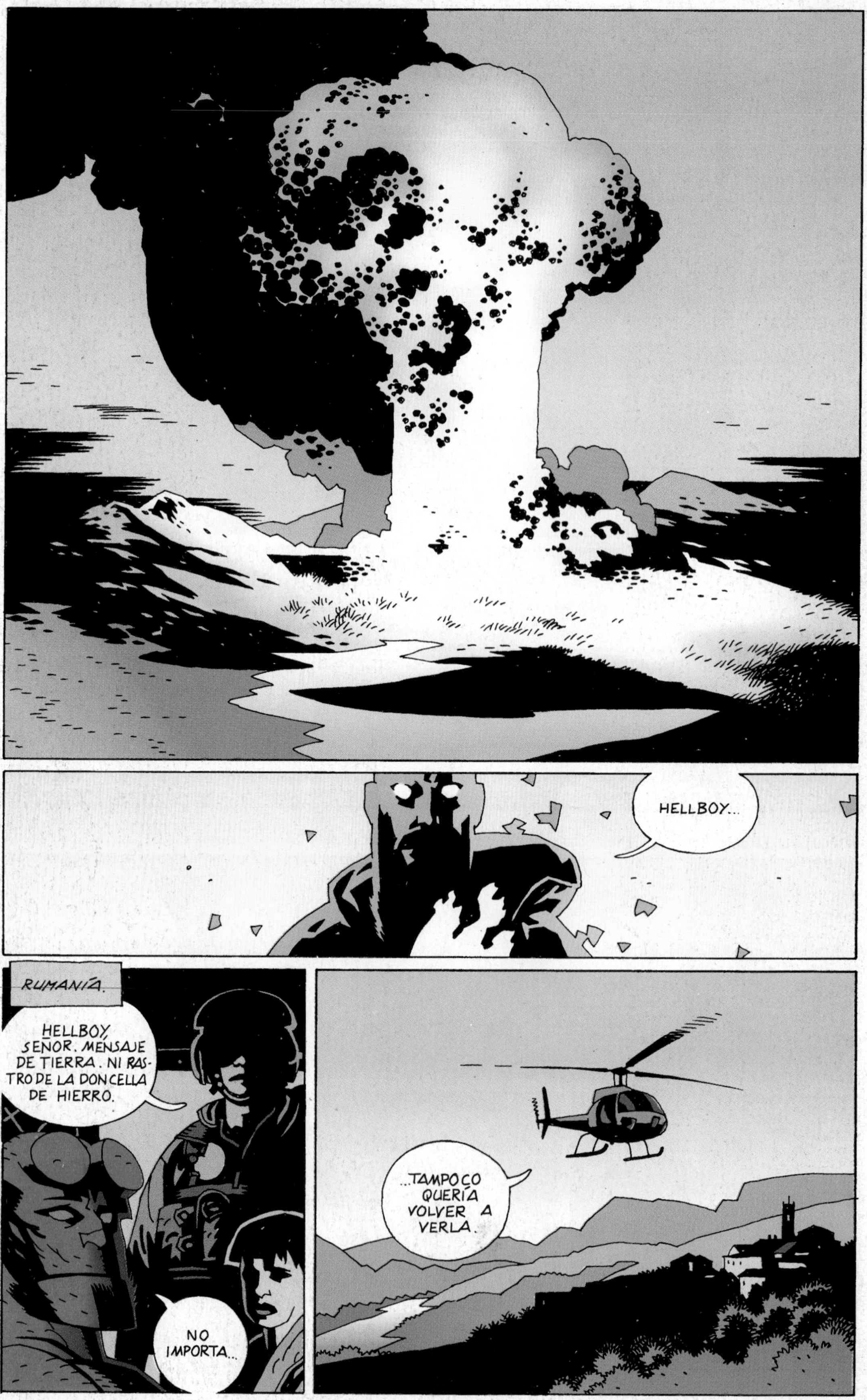
HELLBOY...
RUMANÍA.
HELLBOY, SEÑOR. MENSAJE DE TIERRA. NI RASTRO DE LA DONCELLA DE HIERRO.
NO IMPORTA...
...TAMPOCO QUERÍA VOLVER A VERLA.

FIN

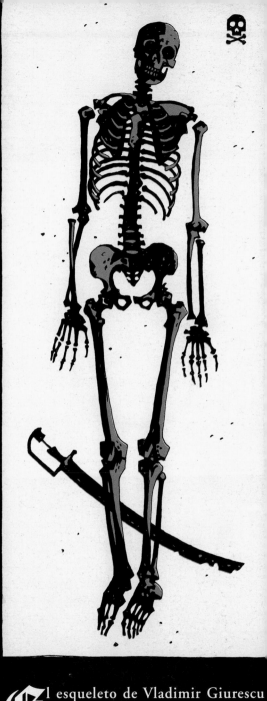

El esqueleto de Vladimir Giurescu tenía que ser llevado a la base de la Agencia de Defensa e Investigación Paranormal en Fairfield, Connecticut. Sin embargo, desapareció en el aeropuerto de Bucarest. Nunca ha sido recuperado.

L a cabeza del padre Nicholas Budenz nunca volvió a hablar, pero durante semanas continuó siendo el foco de actividades paranormales, como cambios de temperatura o la levitación de objetos. Actualmente se encuentra en el Institut Paulvé de Aviñón, Francia.

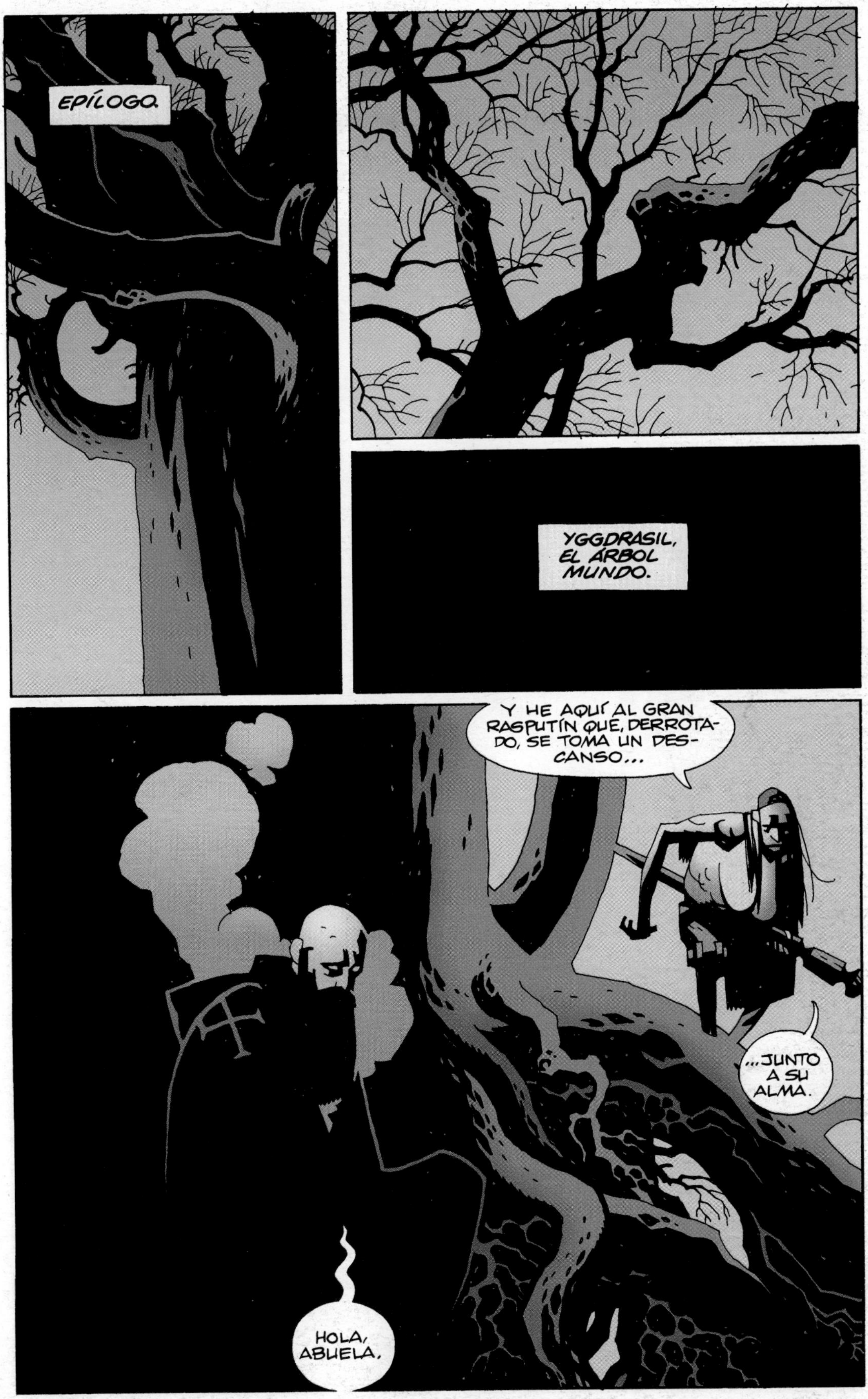
EPÍLOGO.
YGGDRASIL, EL ÁRBOL MUNDO.
Y HE AQUÍ AL GRAN RASPUTÍN QUE, DERROTADO, SE TOMA UN DESCANSO...
...JUNTO A SU ALMA.
HOLA, ABUELA.

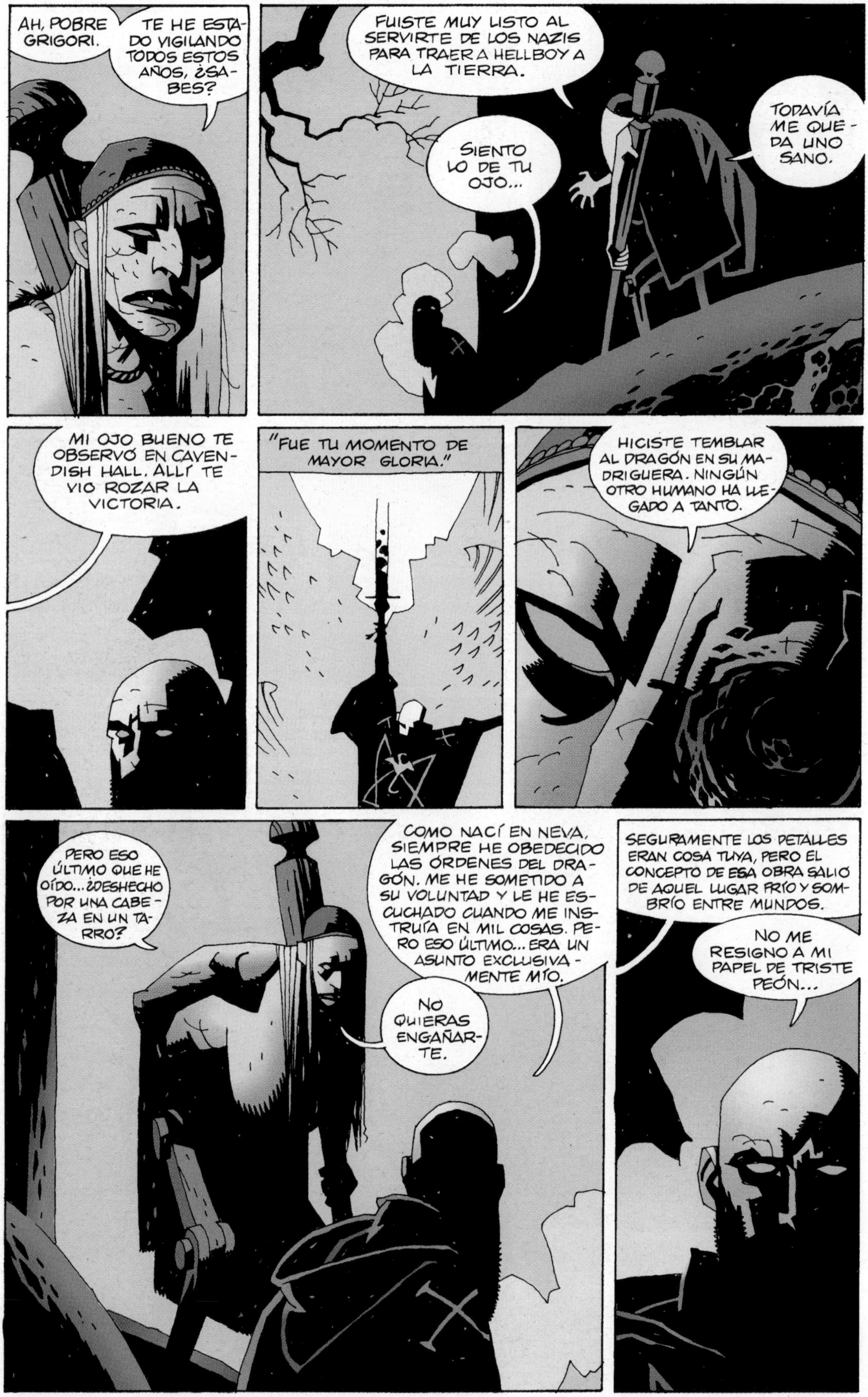
AH, POBRE GRIGORI.
TE HE ESTADO VIGILANDO TODOS ESTOS AÑOS, ¿SABES?
FUISTE MUY LISTO AL SERVIRTE DE LOS NAZIS PARA TRAER A HELLBOY A LA TIERRA.
SIENTO LO DE TU OJO...
TODAVÍA ME QUEDA UNO SANO.
MI OJO BUENO TE OBSERVÓ EN CAVENDISH HALL. ALLÍ TE VIO ROZAR LA VICTORIA.
"FUE TU MOMENTO DE MAYOR GLORIA."
HICISTE TEMBLAR AL DRAGÓN EN SU MADRIGUERA. NINGÚN OTRO HUMANO HA LLEGADO A TANTO.
PERO ESO ÚLTIMO QUE HE OÍDO... ¿DESHECHO POR UNA CABEZA EN UN TARRO?
COMO NACÍ EN NEVA, SIEMPRE HE OBEDECIDO LAS ÓRDENES DEL DRAGÓN. ME HE SOMETIDO A SU VOLUNTAD Y LE HE ESCUCHADO CUANDO ME INSTRUÍA EN MIL COSAS. PERO ESO ÚLTIMO... ERA UN ASUNTO EXCLUSIVAMENTE MÍO.
NO QUIERAS ENGAÑARTE.
SEGURAMENTE LOS DETALLES ERAN COSA TUYA, PERO EL CONCEPTO DE ESA OBRA SALIÓ DE AQUEL LUGAR FRÍO Y SOMBRÍO ENTRE MUNDOS.
NO ME RESIGNO A MI PAPEL DE TRISTE PEÓN...

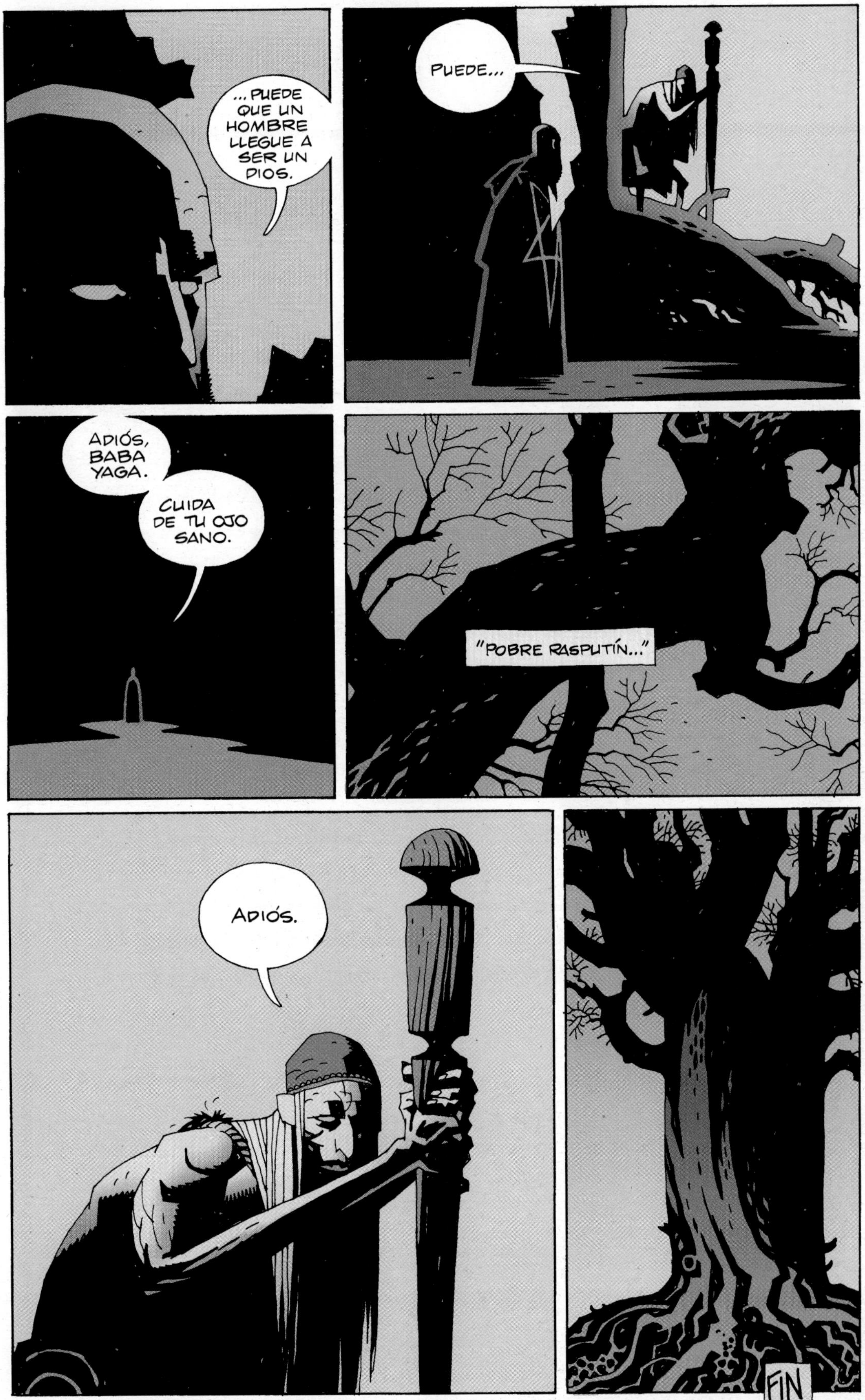
...PUEDE QUE UN HOMBRE LLEGUE A SER UN DIOS.
PUEDE...
ADIÓS, BABA YAGA.
CUIDA DE TU OJO SANO.
"POBRE RASPUTÍN..."
ADIÓS.
FIN

El ejemplar que tienes en las manos es el proyecto de cómics más ambicioso en que me he embarcado, ya sea como escritor o como dibujante. Cuando empecé a dibujar el primer número, la trama era diferente. Karl y Leopold, los nazis, tenían un papel mucho menor y Herman Von Klempt, la cabeza en la jarra, no aparecía (es difícil creer que le hubiese dejado de lado). La mayor diferencia estaba en el último capítulo. Homunculus, el del tercer episodio, liberaba a Hellboy de la estaca de la encrucijada y después luchaba a muerte contra Giurescu. Estaba bien, y seguramente hubiese funcionado, pero entonces, cuando trabajaba con el cuarto episodio, Hécate empezó a hablar del destino de Hellboy. Bueno, pues eso lo envió todo al traste. De pronto, ese final parecía muy flojillo. Con la ayuda de mi maravilloso editor, que siempre me salva de mí mismo, reescribí el final más cósmico y, en el proceso, creo que finalmente expliqué qué son aquellas cosas en la frente de Hellboy. El epílogo es nuevecito, hecho ex profeso para esta recopilación.

Quiero dar las gracias a Christine, mi esposa, por ayudarme tanto, y a Scott Allie, James Sinclair, Pat Brosseau y Cary Grazzini por hacer que parezca que soy mejor de lo que soy. Gracias a Gary Gianni por dejar que publicase su preciosa historia MonsterMen como complemento. Gracias a todos los que lo habéis comprado, y a todos los que nos habéis escrito. Sois geniales. Parece que queréis más Hellboy, así que vuelvo al trabajo.

Buenas noches,

MIKE MIGNOLA

Mike Mignola
Portland, Oregon

HELLBOY

GALERÍA

de

BRUCE TIMM

P. CRAIG RUSSELL

DEREK THOMPSON

DAVE COOPER

JAY STEPHENS

y

OLIVIER VATINE

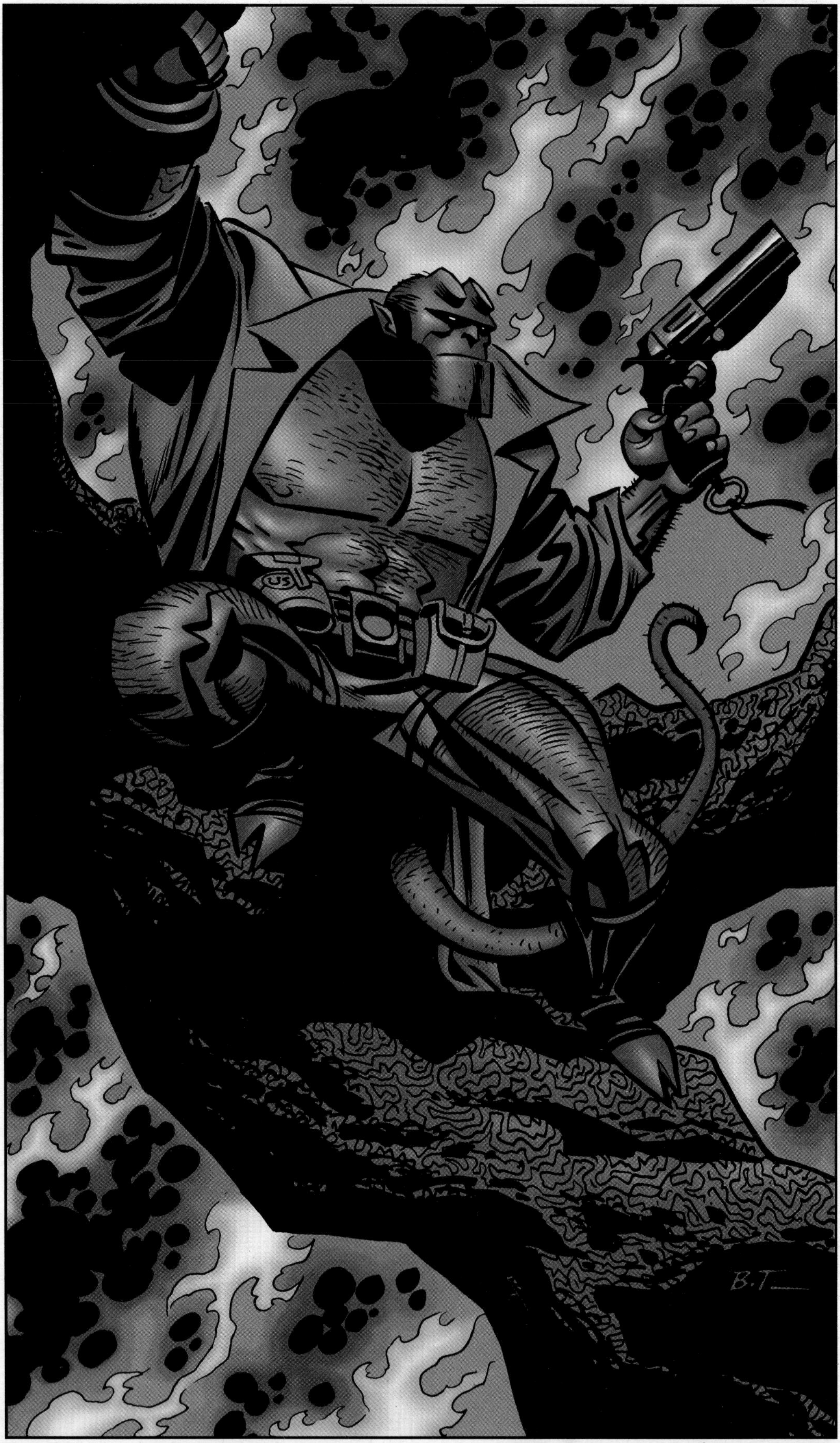
B.T.